Pendo

Ken Bray

WIE MAN RICHTIG

TORE SCHIESST

Die geheimen Gesetze des Fußballs

Aus dem Englischen von Annika Tschöpe

Pendo München Zürich

Für Susan –
Dank für ihre Ermutigung und ihren
unerschöpflichen Optimismus

Inhalt

Einleitung

Fußball, so wie wir ihn heute kennen, gibt es seit etwa 150 Jahren. Die Entstehungsgeschichte ist zwar unklar, aber im Laufe der Zeit hat Fußball sich zum beliebtesten Sport der Welt entwickelt, den in über 200 Ländern der Erde knapp 240 Millionen Menschen ausüben. Große Turniere wie die Weltmeisterschaft locken regelmäßig mehrere Milliarden Fernsehzuschauer vor die Bildschirme, mehr als jede andere Sportart.

Von Anfang an gab es bei diesem Spiel ständig Neuerungen, doch die meisten Änderungen, die das Spektakel zu dem gemacht haben, was es heute ist, haben sich erst in den letzten 50 Jahren ergeben. Manches hat sich dabei durchaus zum Nachteil entwickelt: Während sich die Mitbegründer der englischen Football Association in den 60er Jahren des 19. Jahrhunderts noch an den Idealen der griechischen Antike orientierten, ist heute von diesem hehren Amateurgedanken nicht mehr viel zu spüren.

In den Anfangsjahren brauchte man zum Beispiel keine Schiedsrichter, sondern die Mannschaftskapitäne legten Streitigkeiten in gütlichen Gesprächen bei. Und das, obwohl der Körperkontakt im Spiel damals deutlich intensiver war als heute. Auch für Verstöße wie vorsätzliches Foulspiel waren ursprünglich keine Strafen festgelegt, da kein Spieler mit Absicht so etwas Niederträchtiges getan hätte. Bei Einführung des Strafstoßes im Jahre 1891 versuchten manche Torhüter erst gar nicht, den Schuss zu halten – schließlich hatte sich der eigene Mannschaftskamerad unsportlich verhalten und einen Gegner gefoult, um ein Tor zu verhindern.

Das vergleiche man nun mit dem Spektakel, das heute um Elfmeterschüsse veranstaltet wird, oder mit den Diskussionen bei umstrittenen Schiedsrichterentscheidungen!

Diese Veränderungen sind in erster Linie auf die Kommerzialisierung des Fußballs zurückzuführen. Wer daran zweifelt, sollte sich einmal die Einnahmen der »Top Five« im europäischen Fußball vor Augen führen (also der höchsten Spielklassen in England, Italien, Deutschland, Spanien und Frankreich). In der Saison 2003/04 beliefen sich die Einnahmen brutto auf etwa 5,8 Milliarden Euro. In Italien, Deutschland, Spanien und Frankreich lagen sie im Durchschnitt bei jeweils 957 Millionen Euro, während allein in England 1,9 Milliarden Euro verzeichnet werden konnten, also doppelt so viel wie in den anderen vier Ländern. Von diesen 1,9 Milliarden stammen etwa 45 Prozent aus Fernsehgeldern, was auch als »Geschäft mit hundertprozentiger Marge« bezeichnet wird. Die Zuschauer – also die Fans – kauften allein in England für 592 Millionen Euro Eintrittskarten, dazu Trikots im Wert von 150 Millionen Euro. Wenn man bedenkt, wie häufig die Teams heutzutage ihr Outfit wechseln, ist dieses Merchandising-Geschäft wirklich äußerst rentabel.

Auch wenn der kommerzielle Aspekt zynisch stimmen mag: Fußball ist deshalb so faszinierend, weil er so simpel ist. Im 19. Jahrhundert gingen die Innovationen in erster Linie von einigen wenigen Einzelpersonen aus, vor allem Spieler und Trainer, die sich eingehend mit dem Wesen des Spiels befasst hatten. Die modernen Spielformationen entstanden aufgrund bestimmter Änderungen der bis heute umstrittenen Abseitsregel. Durch diese Änderungen entwickelte sich der individualistische Dribbelwahn der frühen Jahre zu dem vom Passspiel charakterisierten Mannschaftssport, der dem heutigen Zuschauer so vertraut ist.

Das Passspiel unterliegt jedoch einer eisernen Regel, einem der geheimen Gesetze des Fußballspiels, die man erst richtig erkannte, als die quantitative Wissenschaft in den 60er Jahren auf diesen Sport angewandt wurde. Ganz einfach gesagt: Je länger ein Spielzug dauert, desto geringer ist statistisch gesehen die Chance, eine Reihe von ununterbrochenen Pässen zu spielen; mehr als sechs sind selbst in den obersten Spielklassen äußerst selten. Diese Behauptung stößt oft auf Unglauben: Schließlich weiß jeder eingefleischte Fußballfan mindestens über eine Folge von acht phantastischen Pässen zu berichten, die zu einem spektakulären Tor führte. Die Erinnerung ist eben sehr selektiv, und der ganze Mist in einem durchschnittlichen Spiel – das öde Gekicke mit einem oder zwei Pässen bis zum nächsten Ballverlust – gerät sofort wieder in Vergessenheit.

Letzten Endes kommt es nicht auf die Quantität, sondern auf die Qualität der Pässe und den erfolgreichen Abschluss an. Man stelle sich vor, das Spielfeld sei der Länge nach in ein Abwehr-, ein mittleres und ein Angriffsdrittel unterteilt: Studien haben ergeben, dass 80 Prozent aller Tore nach drei oder weniger aufeinander folgenden Pässen im Angriffsdrittel fallen, und mehr als 60 Prozent werden erzielt, wenn der Ball in diesem Teil des Spielfelds erobert wurde. Besonders merkwürdig ist im Profifußball das Verhältnis von Torschüssen und erfolgten Toren. Die Trefferquote liegt zwischen 1 : 9 und 1 : 10, allerdings kann niemand erklären, wieso das so ist.

Derartige Erkenntnisse sind stets äußerst umstritten, weil viele Zuschauer einfach nicht wahrhaben wollen, dass die Statistik in diesem zielgerichteten Sport durchaus eine Rolle spielt. Im Jahre 1969 brachte der Sportredakteur der *Times* die Meinung der Andersdenkenden auf den Punkt: »Verlassen Sie sich beim Toto lieber auf Stecknadeln und nicht auf die Form der Mannschaften.«

Dieser spöttische Satz richtete sich an die vielen Millionen Menschen, die beim Toto ihr Glück machen wollten. Wer die Sache ernsthaft anging, verließ sich auf wissenschaftliche Ergebnisse und studierte die Formkurve der Mannschaften, doch zahlreiche glückliche Gewinner gaben zu, dass sie einfach blind mit einer Stecknadel auf den Spielplan gepiekst hatten. Mit dieser Theorie machte sich der *Times*-Reporter also über die statistische Spielanalyse lustig, doch ein paar Trainer waren von den neuen Forschungen überzeugt und zeigten, dass sie durchaus ihre Berechtigung hatten. Anhand der statistischen Daten entwickelten sie das effektive, wenn auch nicht gerade sonderlich attraktive »direkte« oder »Langpass«-Spiel, bei dem es in erster Linie darauf ankam, den Ball ohne Umschweife ins Angriffsdrittel zu befördern. Einige Mannschaften in der englischen Liga brachten es darin zur Perfektion.

In den 60er Jahren wendete man dann auch die Verfahren aus anderen Forschungsbereichen auf den Fußball an und trug so entscheidend dazu bei, den Sport besser zu verstehen und weiterzuentwickeln. Damals begann auch ich mich dafür zu interessieren, was aus wissenschaftlicher Sicht dem Fußball zugrunde lag. Als Thema für die theoretische Physik schien mir der angeschnittene Freistoß genauso geeignet wie Probleme der Quantenmechanik.

Diese spektakuläre Art, eine Abwehrmauer zu überwinden, hatte sich in den Jahren zuvor in Südamerika etabliert und hielt nun Einzug in den europäischen Fußball. Was mochte in den acht Zehntelsekunden zwischen dem Schuss und dem Treffer geschehen, dass sich die Flugbahn des Balls derart grundlegend änderte? Ich wandte mich an einen englischen Nationalspieler, der 1966 im legendären WM-Finale gegen Deutschland in Wembley dabei gewesen war.

Meine Frage war ganz einfach: Wieso segelt der Ball so häufig über die Latte, wenn ein unerfahrener Spieler schießt? Ich ging davon aus, dass die Eigendrehung eine entscheidende Rolle spielte und dass die Topspieler diesen Mechanismus bewusst oder unbewusst für ihre Freistöße einsetzten.

Er überlegte einen Augenblick und sagte dann: »Das liegt daran, dass der Ball leicht und voller Luft ist, darum steigt er gerne hoch.«

Diese absurde Antwort verblüffte mich so sehr, dass ich anhand eines einfachen Experimentes ausprobierte, ob er Recht haben konnte. Ich brauchte lediglich eine Luftpumpe, ein Manometer und eine genaue Waage. Theoretiker lässt man eigentlich nicht so gern ins Labor, weil dann häufig etwas zu Bruch geht, daher musste ich mir von meinen Forscherkollegen auch einiges anhören. Meine Frage ließ sich dennoch leicht beantworten. Um einen offiziellen Fußball auf den vorgeschriebenen Druck aufzupumpen, braucht man lediglich sieben Gramm Luft, also weniger als zwei Prozent des Ballgewichts. Und mit einem vorgeschriebenen Gewicht zwischen 397 und 454 Gramm ist ein Ball nicht gerade sonderlich leicht.

Nur wenn das Leder richtig aufgepumpt ist, hat es die optimale Federkraft und die richtige aerodynamische Form für die Flugphase, für das Aufsteigen an sich ist der Luftgehalt dagegen absolut irrelevant. Der unerwünschte Effekt, dass der Ball unkontrolliert in die Höhe steigt, ist auf die durch den Rückwärtsdrall bedingte aerodynamische Kraft zurückzuführen; bei Freistößen sollte man das demnach tunlichst vermeiden. Letzten Endes wusste ich auch nicht mehr über angeschnittene Schüsse als der Spieler, den ich damals gefragt hatte. Es war zwar nicht besonders schwer, die mathematischen Gleichungen zu formulieren, die die Flugbahn eines rotierenden Fußballs beschreiben, doch mit den Computern der 60er Jahre war die Berechnung eine andere Sache. Es wäre damals praktisch unmöglich gewesen, die dreidimensionale Ballposition bei einem Freistoß exakt zu messen, um die Theorie von der Eigendrehung zu überprüfen.

Seit den 60er Jahren ist das Feld deutlich breiter geworden. Für einige Skeptiker ist der Begriff »Sportwissenschaft« zwar immer noch ein Widerspruch in sich, doch viele andere denken inzwischen fortschrittlicher. Zumindest in einer Disziplin, der Physiologie – also der Wissenschaft von den mechanischen, physikalischen und biochemischen Funktionen eines Lebewesens –, leistet die Sportwissenschaft wichtige Beiträge.

Sportkommentatoren behaupten häufig, das Spiel sei heutzutage nicht mehr so körperbetont wie früher, was bedeutet, dass die Spieler im Zweikampf weniger Körperkontakt haben dürfen. Im Grunde ist aber genau das Gegenteil der Fall: Da das Spiel viel intensiver geworden ist, sind die Anforderungen an den Stoffwechsel der Fußballer enorm gestiegen. Geht eine Partie in die Verlängerung, so läuft ein Mittelfeldspieler, der die gesamte Spielzeit von 120 Minuten auf dem Feld ist, ungefähr 13 Kilometer. Und dabei handelt es sich keinesfalls um einen gemütlichen Dauerlauf, sondern der Spieler setzt die gesamte Zeit durchschnittlich 75 Prozent der maximalen aeroben Kapazität seines Körpers ein – das ist der Mechanismus, der für den Sauerstofftransport in die aktiven Muskelzellen verantwortlich ist und körperliche Anstrengung erst möglich macht. Im Vergleich dazu beträgt der aerobe Energiebedarf eines durchtrainierten Sportlers im Ruhezustand gerade mal sechs Prozent. Bei kurzen, intensiven Spurts wird der Stoffwechsel über die aeroben Grenzwerte hinaus beansprucht, so dass auf so genannte anaerobe Quellen – begrenzte Energiereserven, die sich direkt in den Muskelgruppen befinden – zurückgegriffen werden muss. Proficlubs beschäftigen daher Physiologen, die diese Anforderungen für jeden Spieler individuell definieren und vor allem die Ernährung ermitteln, mit der die nach anstrengenden Spielen oft völlig erschöpften Energiereserven wiederaufgefüllt werden können.

Solche Beispiele gibt es in zahlreichen ähnlichen Bereichen. In wissenschaftlichen Zeitschriften, die sich mit Sport beschäftigen, finden sich Beiträge aus den verschiedensten Fachrichtungen, von Physik über Mathematik, Biologie, Physiologie, Biomechanik, Informatik bis hin zur Psychologie. Der Fußball in all seinen Varianten (Rugby, Gaelic Football, Football nach australischen Regeln usw.), vor allem jedoch der Verbandsfußball, spielt in der Fachliteratur eine wichtige Rolle, und diese angewandte Forschung kommt dem Sport und den Spielern sehr zugute. Seit 1987 gibt es sogar alle vier Jahre einen Weltkongress für Fußball und Wissenschaft, bei dem alle an der quantitativen Forschung in diesem Bereich beteiligten Parteien zusammenkommen. Zunächst fand er nur in Liverpool statt, später dann an verschiedenen anderen Orten wie Eindhoven, Cardiff, Sydney und Lissabon.

In den folgenden Kapiteln werde ich mich intensiv mit dem umfangreichen Thema »Sport und Wissenschaft« befassen. Zunächst geht es dabei um die Grundlagen, also um die Abläufe bei dem flüchtigen Ballkontakt während eines Schusses, Kopfballs oder Einwurfs. Dann widme ich mich der Geschichte des Fußballs, wobei ich nicht nur die oft fesselnde Historie erzähle, sondern außerdem aufzeige, wie die Beschränkungen, denen der Sport früher unterlag, diesen gestaltet haben. Anhand von wissenschaftlichen Erkenntnissen erläutere ich anschließend die Entwicklung der Spieltaktik und die Art und Weise, wie Spitzenspieler die Aerodynamik für spektakuläre Freischüsse einsetzen. Danach nehme ich die diversen Spielzüge unter die Lupe, inklusive der Studien über den Energieverbrauch der Spieler auf verschiedenen Positionen und deren Auswirkung auf Fitness und Ernährung. Ein weiterer wichtiger Forschungsbereich ist die Sportpsychologie. Fußballspiele werden nicht selten im Kopf entschieden, daher ist die richtige psychologische Vorbereitung immens wichtig. Standardsituationen wie Strafstöße oder Freischüsse, die so genanten »Spiele innerhalb eines Spiels«, werden ebenfalls analysiert, und zu guter Letzt werfe ich einen Blick in die Zukunft – nicht in die ferne Zukunft, sondern auf Entwicklungen, die sich bereits abzeichnen, zum Beispiel technische Hilfsmittel zur Überwachung der Torlinie oder Kunstrasen, der immer häufiger auch im Spitzenfußball eingesetzt wird.

Manche Leser werden sich wundern, dass die Wissenschaft im Fußball eine derart große Rolle spielt. Andere mögen einwenden, sie habe in dem »wunderschönen Spiel«, wie Pelé es nannte, nichts zu suchen. Und wer Fußball als Kunst betrachtet, der befürchtet womöglich, eine wissenschaftliche Untersuchung könnte das Ganze als bloße Show entlarven. Diese Diskussion ist nicht neu. Der britische Dichter John Keats bedauerte seinerzeit Newtons Erklärung, ein Regenbogen sei nichts weiter als ein Farbspektrum, und stellte in seinem Gedicht »Lamia« die Frage: »Flieht nicht alle Magie vorm bloßen Hauch kalter Philosophie?« Die Philosophie hat zwar wenig mit Laboratorien und Computeranalysen zu tun, doch zu Keats' Lebzeiten galt sie als Naturwissenschaft.

Auch heute hört man noch häufig Kritik dieser Art, die meiner Meinung nach allerdings nicht gerechtfertigt ist. Die Naturwissenschaft bietet uns viele Vorteile und tut der Attraktivität und dem Zweck des Fußballs gewiss keinen Abbruch. Ganz im Gegenteil: Je mehr wir über die Wissenschaft im Fußball wissen, desto mehr können wir ihn genießen. Nähern wir uns dem Fußball also ruhig mit ein wenig kalter Philosophie – es wird ihm sicher nicht schaden.

1.
Zurück zu den Grundlagen – Schuss, Kopfball und Einwurf

Viele Verbesserungen im Fußball haben wir der modernen Wissenschaft zu verdanken. So ist beispielsweise die höhere körperliche Fitness der Spieler eindeutig auf physiologische und ernährungswissenschaftliche Erkenntnisse zurückzuführen, während die Biomechanik gezeigt hat, wie ein perfekter Schuss aussieht. Sportpsychologen wiederum sorgen für eine höhere psychische Belastbarkeit und die richtige Einstellung (nämlich: Gewinnermentalität) der Mannschaften.

Doch so wichtig diese Beiträge auch sein mögen, im Grunde lassen sich selbst die komplexesten Aktionen und Techniken auf drei wesentliche Bewegungsabläufe reduzieren: Schuss, Kopfball und Einwurf. Eingehende Spielanalysen liefen auf das erstaunliche Ergebnis hinaus, dass sich der Ballkontakt der einzelnen Spieler im Durchschnitt auf zwei Prozent der Gesamtstrecke beschränkt, die sie während eines Spiels zurücklegen. Allerdings entscheiden diese wenigen Kontakte in der Regel über den Ausgang der Partie, weswegen sich die Forschung eingehend damit befasst hat.

Neben den drei grundlegenden Bewegungsabläufen spielt der Ball eine entscheidende Rolle. Auch er wurde im Laufe der Zeit immer fortschrittlicher und hat heutzutage nur noch wenig mit der Version gemeinsam, die bei den brutalen Massenveranstaltungen des Mittelalters Verwendung fand. Damals benutzte man zumeist grobe, mit Stroh oder Holzspänen ausgestopfte Lederhüllen, die mehr getragen als geschossen wurden. Luftgefüllte Tierblasen waren zwar ebenfalls beliebt, doch ohne schützende Lederhülle für das Fußballspiel viel zu empfindlich. Mitte des 19. Jahrhunderts sah das Spielgerät dann in etwa so aus wie heute – eine Lederkugel mit gleichmäßig großen zusammengenähten Elementen. Ein leichter, luftgefüllter Ball lässt sich natürlich deutlich besser schießen, und seit den 60er Jahren besteht die Hülle nicht mehr aus echtem Leder, sondern aus Kunstfasern. Damit löste man außerdem eines der größten Probleme: Ein Kunststoffball saugt sich nicht mit Wasser voll, wird also bei Regen nicht schwerer.

Um das vorsintflutliche Spielgerät früherer Zeiten ranken sich zahllose Legenden; vor allem über die Gewichtszunahme des Balls gibt es die unglaublichsten Äußerungen. Stanley Matthews, als englischer Nationalspieler seinerzeit genauso verehrt wie die heutigen Superstars, erinnerte sich später, wie selten er und seine Mannschaftskollegen in den 40er und 50er Jahren mit dem Ball trainierten. Die Spieler drehten lediglich endlose Runden um das Spielfeld, um die Kondition zu fördern; Technik oder Taktik standen dagegen nicht auf dem Plan.

»Es hieß immer: ›Wer zu viel mit dem Ball übt, ist am Samstag nur müde.‹ Wir benutzten natürlich Lederbälle, die durch Schlamm und Wasser im Laufe eines Spiels rund anderthalb Kilo schwerer wurden«, so Matthews.

Eine unglaubliche Aussage, denn der Ball – ausgehend von etwa 450 Gramm zulässigem Höchstgewicht – konnte sich beim Spiel wohl kaum so sehr mit Wasser (oder Schlamm) voll saugen, dass er hinterher mehr als dreimal so schwer war. Nach seriösen Schätzungen stieg das Gewicht bei alten, unbehandelten Lederbällen während des Spiels um bis zu 25 Prozent, und selbst das erscheint noch unfassbar viel. Ein moderner Ball ohne Nähte ist dagegen praktisch wasserdicht und könnte höchstens dann schwerer werden, wenn extrem viel Schlamm daran klebte. Darüber gibt es zwar keine ernstzunehmenden Studien, aber der Ball wird heute während einer Partie so häufig ausgetauscht, dass Schlamm oder andere Faktoren keine Rolle mehr spielen dürften.

In den 60er Jahren gab es noch eine weitere Innovation: Man ersetzte den Aufblasschlauch der Latexblase durch ein leichtes Ventil. Früher musste man den Schlauch zubinden, unter die Hülle schieben und die Öffnung anschließend fest verschnüren, so dass ein störender Knoten entstand, der die Spieleigenschaften des Balles beeinträchtigte. Die meisten Spieler waren zudem sehr abergläubisch, was die Position der Verschnürung bei einem Elfmeter oder Freistoß betraf: Sie sollte nach Möglichkeit nicht zum Stürmer hin zeigen, sondern nach oben oder in Schussrichtung. Und jeder Spieler der älteren Generation, der an einem regnerischen Winternachmittag schon einmal zum Kopfball hochgestiegen ist, wird nur zu gerne bestätigen, dass ein direkter Zusammenprall mit diesem unangenehmen Knoten ziemlich schmerzhaft sein konnte.

Heutzutage ist ein Fußball ein sehr komplexes Gebilde. Die Hülle (der moderne Fachausdruck lautet übrigens »Karkasse«) besteht aus einzelnen Polymer-Elementen, die zusammengenäht oder neuerdings meist thermisch verklebt werden, so dass eine nahtlose, Wasser abweisende Oberfläche entsteht. Darunter befindet sich eine dünne Mikrofaserschicht aus winzigen Gasbläschen, die dafür sorgt, dass der Impuls eines Schusses oder Kopfballs gleichmäßig auf den gesamten Ball übertragen wird. Unter dieser Schicht liegt wiederum ein Textilgewebe, damit sich der Ball in der Aufprallzone gleichmäßig verformt und anschließend sofort wieder seine Kugelgestalt annimmt. Schließlich kommt die Latexblase – diese ist mit Luft gefüllt, damit sowohl die perfekte Kugelform als auch ein einheitlicher Rückstoß bei Aufprall, Kopfball oder Schuss gewährleistet sind.

Trotz solcher hochtechnologischen Überlegungen gibt es immer wieder Kontroversen, wenn etwa für ein wichtiges Turnier ein neuer Ball eingeführt wird. Bei Durchmesser und Gewicht gibt es genaue Vorgaben, deren Einhaltung streng kontrolliert wird – heutzutage liegt das Gewicht zumeist im oberen Bereich der zulässigen Werte, während der Durchmesser eher dem unteren Grenzwert entspricht. Ein schwererer, etwas kleinerer Ball weist nämlich besonders präzise Flugeigenschaften auf, da er weniger anfällig für ungewollte aerodynamische Effekte ist.

Für die Spieler zählen dagegen eher pragmatische Überlegungen: Lässt sich der Effet gut kalkulieren, und sind zuverlässige Langpässe möglich? In der Regel wünschen sich die Freistoß-Stars einen schnellen Ball, mit dem sie einen kontrollierten Effet erzielen können, während die Torhüter verständlicherweise sämtliche unvorhersehbaren Bewegungen fürchten. Bei internationalen Turnieren wie der Weltmeisterschaft entscheidet die FIFA, welche Firma den Ball stellen darf, während bei inoffiziellen Testspielen häufig die Prototypen verschiedener Hersteller eingesetzt werden, da diese natürlich sehr an der Meinung der Spieler interessiert sind.

Die wichtigste Eigenschaft eines Fußballs ist seine Federkraft. Fällt er senkrecht auf eine feste Oberfläche, so springt er zurück – wenn auch niemals bis zur ursprünglichen Fallhöhe. Diese Rücksprungkraft, also das Verhältnis der Ballgeschwindigkeit unmittelbar nach dem Aufprall zur vorherigen Geschwindigkeit, wird in der Physik als Restitutionskoeffizent »*e*« bezeichnet. Der *e*-Wert eines Fußballs, der auf eine feste Oberfläche fällt, liegt durchschnittlich bei 0,8 *e*.

Ein vollständiger Rücksprung, bei dem durch den Aufprall kein Tempo verloren ginge, hätte den Wert 1 und würde perfekte Elastizität bedeuten. Landet ein Ball dagegen in einem matschigen, durchpflügten Strafraum, so federt er häufig kaum zurück und hat demnach einen *e*-Wert von annähernd 0. Für den Rücksprung und den *e*-Wert sind also sowohl der Ball als auch die Oberfläche im Moment des Aufpralls ausschlaggebend. Bei einem Schuss, einem Kopfball oder dem Aufprall auf dem Spielfeld verformt sich der Ball, d. h., sämtliche Schichten von der Hülle bis zur Blase werden gedehnt, wodurch die Luftfüllung komprimiert wird. Ähnlich verhält es sich mit der Oberfläche, auf die der Ball trifft. Da jedoch nicht alle Bestandteile des Balls in der Aufprallphase vollkommen elastisch sind – die Hülle zum Beispiel viel weniger als die Latexblase –, geht ein Teil der eingebrachten Energie verloren. In der Praxis beträgt der *e*-Wert also immer weniger als »1«.

Natürlich möchte jeder Spieler mit seinen Schüssen oder Kopfbällen eine möglichst hohe Ballgeschwindigkeit erzielen, doch die Kräfte, die bei einem zufälligen Zusammenprall des Balls mit dem Kopf entstehen können, sind nicht zu unterschätzen. Die Schwere einer möglichen Verletzung hängt davon ab, wie rasch Kopf und Gehirn beschleunigen. Die Fallbeschleunigung wird in »*g*« gemessen, der Wert von einem *g* entspricht dabei dem freien Fall eines Körpers. Bewusstlosigkeit tritt in der Regel dann ein, wenn das Gehirn eine Beschleunigung von 80 *g* erfährt, bei 200 *g* kann es sogar zu tödlichen Folgen kommen.

Für wissenschaftliche Untersuchungen wird der Aufprall mit Hilfe von so genannten Messplatten gemessen, das sind besondere Waagen mit flachen, starren Oberflächen, an die Instrumente zur Messung des Einschwingvorgangs angeschlossen sind. Diese Tests müssen sehr schnell erfolgen, da die Kontaktphase, in der ein Fußball aufprallt und wieder zurückspringt, extrem kurz ist. Bei Bällen, die auf das Spielfeld aufprallen, beträgt sie normalerweise etwa 60 Millisekunden, bei einem harten Schuss sogar noch weniger (nämlich ungefähr zehn Millisekunden).

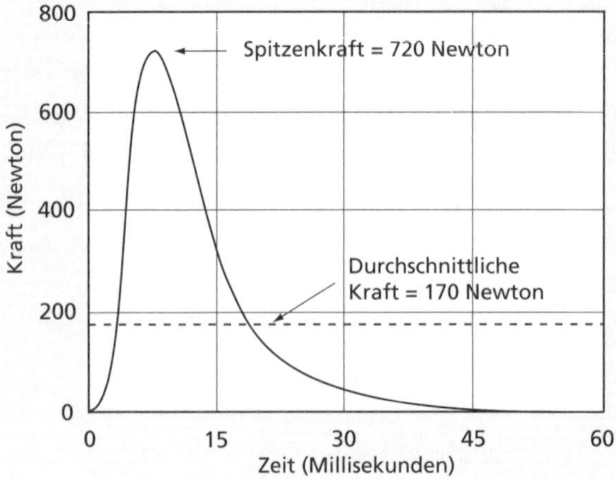

1 Aufprallprofil eines Balls, der auf eine Messplatte fällt

Abbildung 1 zeigt das Kraftprofil eines Balls, der auf eine Messplatte fällt. Unmittelbar vor dem Aufprall sollte die Geschwindigkeit 20 Meter pro Sekunde betragen, das entspricht dem Mittelwert bei einem langen Einwurf, liegt jedoch deutlich unter der Geschwindigkeit von Freistößen, die normalerweise zwischen 25 und 30 Metern pro Sekunde beträgt. Nach nur neun Millisekunden wird bei einer Gesamt-Kontaktzeit von 60 Millisekunden die Spitzenkraft von 720 Newton erreicht (das entspricht dem Gewicht einer 73 Kilogramm schweren Person). Zum Glück ist diese Spitzenkraft nur von sehr kurzer Dauer, sonst hätten Kopfbälle wie bereits erwähnt eine fatale Wirkung.

Für die Verletzungsgefahr ist der »Impuls« ausschlaggebend, also die durchschnittlich einwirkende Kraft multipliziert mit der Kontaktzeit. In *Abbildung 1* beträgt diese durchschnittliche Kraft 170 Newton und ist somit, insbesondere bei gezielten Kopfstößen, grundsätzlich ungefährlich. Bei einer höheren Geschwindigkeit und vor allem bei einem unerwarteten Zusammenprall von Ball und Kopf aus kurzer Distanz könnte es jedoch zu schwerwiegenden Folgen kommen, denn sowohl Spitzen- als auch Durchschnittskraft steigen in Abhängigkeit von Aufprallgeschwindigkeit und Ballgewicht.

Einheitliche Spieleigenschaften und Sicherheit werden durch die FIFA-Vorgaben gewährleistet. Während jedoch die zulässigen Toleranzen für Gewicht, Größe, Kugelform, Druckverlust, Wasserabsorption und Rücksprung der Bälle genau festgelegt sind, ist eine der wichtigsten Eigenschaften, nämlich der Effet des Balls bei angeschnittenen Schüssen, interessanterweise nicht geregelt.

Für den Effet sind zwei Faktoren ausschlaggebend: die so genannte aerodynamische »Rauigkeit« des Balles und die Eigendrehung, die der Spieler erzeugt. Die Rauigkeit hängt davon ab, wie tief die tatsächlichen oder angedeuteten Nähte an den Panels auf der Oberfläche sind, die Eigendrehung dagegen wird von der Reibung zwischen Schuh und Ball bestimmt. Das aerodynamische Verhalten des Balls ließe sich im Grunde problemlos messen und definieren, und dann könnte man den perfekten Ball konzipieren, der sowohl Spielern als auch Torhütern entgegenkäme.

Unter Spielbedingungen prallt ein Ball natürlich niemals absolut vertikal zurück wie in einem Test, sondern vielmehr schräg oder im schiefen Winkel. Dadurch ist der Ball bei schlechten Bodenverhältnissen schwer zu kontrollieren, zum Beispiel bei nassem, rutschigem Rasen. Dann sieht es oft so aus, als würde der Ball bei der Landung nach vorne schießen oder »an Tempo gewinnen«, wie Kommentatoren so gerne sagen. Das stimmt natürlich nicht, denn durch den Aufprall verliert er insgesamt an Energie. Vielmehr rutscht der Ball in der extrem kurzen Kontaktphase ein kleines Stück nach vorn, was die horizontale Geschwindigkeit verändert. Ist der *e*-Wert beim Aufprall sehr gering – also bei weichem oder durchnässtem Boden –, so ist der

Rücksprung nur minimal. Nach dem Aufprall überwiegt dann die horizontale Geschwindigkeit, und das Ganze hat den Anschein einer schnelleren Vorwärtsbewegung.

Kunststoffbeläge waren jahrelang wegen ihres unnatürlichen Rücksprungverhaltens nicht zugelassen; dabei ist ein solcher Boden nicht etwa weich und damit träge, sondern im Gegenteil ganz besonders hart und lässt den Ball zu stark abprallen.

Diese Theorie von Aufprall und Rücksprung gilt auch für Schüsse – jene Fußballtechnik, die so eingehend studiert wird wie keine andere. Dabei gibt es die verschiedensten Versionen, von einem einfachen Pass bis hin zu einem strammen Vollspannschuss, und dazwischen viele feine Abstufungen, die bei angeschnittenen Freistößen für die richtige Mischung aus Tempo und Spin sorgen.

Besonders präzise lässt sich der Ball aus einer Ruheposition auf dem Rasen spielen, doch manchmal muss er volley direkt aus der Luft oder auch Halbvolley geschossen werden, also unmittelbar nach dem Aufprall. Stimmt das Timing und beherrscht der Spieler diese Techniken, dann sind in solchen Momenten spektakuläre Tore möglich. Volley und Halbvolley eignen sich besonders für Weitschüsse – Torhüter nutzen diese Technik meist beim Abschlag, um den Ball so möglichst tief in die gegnerische Hälfte zu befördern.

In ihrer Studie über Distanzschüsse kamen Malachy McCrudden und Thomas Reilly 1993 zu dem Ergebnis, dass Volley-Schüsse weiter fliegen als Halbvolleys (40,1 Meter gegenüber 36,1 Meter). Allerdings liefern die beiden keine Angaben zu der Geschwindigkeit, mit welcher der Ball den Fuß verlässt, oder zum Winkel im Verhältnis zur Horizontalen. Die Frage, welche Technik für Weitschüsse besser geeignet ist, bleibt also leider nach wie vor unbeantwortet. Angeblich ist die Zuspielgenauigkeit bei Halbvolleys größer, zumindest wirkt es für die Zuschauer so. Auf jeden Fall holen Torhüter, die mit dieser Technik auf einen Mitspieler passen wollen, nicht zu weit aus und halten die Flugbahn möglichst flach. Das reduziert die Flugzeit und somit die Wahrscheinlichkeit, dass der Ball von einem Gegenspieler abgefangen wird.

Die Bewegung, mit der ein ruhender Ball vom Boden geschossen wird, führt uns wieder zum Problem des Aufpralls zurück. Was genau geschieht während des kurzen Kontakts zwischen Fuß und Ball? Im Prinzip sind es zwei Phasen, die unmittelbar aufeinander folgen. Von dem Schussbein, das sich auf den Ball zubewegt, geht kinetische Energie aus, also jene Energie, die in der Bewegung eines jeden Objekts enthalten ist. Wird der Ball während des Aufpralls nun zusammengedrückt, so wandelt sich diese Energie für einen kurzen Moment in innere Energie um. Sobald der Ball den Fuß verlässt und seine ursprüngliche Form wieder annimmt, wird sie erneut als kinetische Energie freigesetzt. Die Folgen der Eigendrehung lassen wir dabei vorerst außer Acht, sondern betrachten an dieser Stelle nur, wie sich diese Energieübertragung bei einem typischen Spannschuss auf die tatsächliche Ballgeschwindigkeit auswirkt. *Abbildung 2* zeigt den Anlauf, den Schuss und den Abschluss der Bewegung.

2 Spannschuss (nach Lees)

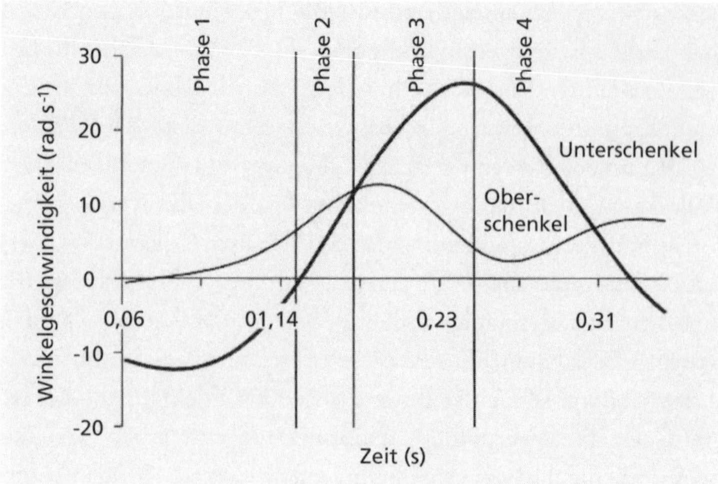

3 Winkelgeschwindigkeit des Beins beim Spannschuss (nach Lees)

In *Abbildung 3* ist die Winkelgeschwindigkeit von Oberschenkel (Hüfte bis Knie) und Unterschenkel (Knie bis Knöchel) während der Bewegung dargestellt. Diese Winkelgeschwindigkeit ist nichts anderes als die Rotationsgeschwindigkeit. Die in der Abbildung angeführte wissenschaftliche Abkürzung lautet Radiant pro Sekunde (rad s^{-1}), doch die Rotationsgeschwindigkeit lässt sich auch in der bekannteren Einheit »Umdrehungen pro Minute« (Upm) ausdrücken. Die Spitzen-Rotationsgeschwindigkeit in der Abbildung beträgt beispielsweise ungefähr 30 Radianten pro Sekunde und entspricht damit 286 Upm. Gerd Müller, der erfolgreichste deutsche Torschütze aller Zeiten, war berüchtigt für seine Schüsse, deren Rotationsgeschwindigkeit bis heute unerreicht ist.

Abbildung 3 zeigt außerdem die vier entscheidenden Phasen eines Schusses. Phase 1 ist die Ausholbewegung, bei der das Bein im Kniebereich gebeugt wird. In Phase 2 bewegen sich Ober- und Unterschenkel rasch nach unten, doch während der

Oberschenkel gegen Ende von Phase 2 langsamer wird, erhöht sich die Rotationsgeschwindigkeit des Unterschenkels weiter und erreicht am Ende von Phase 3, also beim Aufprall mit dem Ball, ihren Höchstwert. Phase 4 ist dann die weitere Bewegung des Schussbeins, wenn der Ball bereits fliegt. Für einen kraftvollen Schuss ist nicht nur die schnellstmögliche Rotation der Gliedmaßen entscheidend, sondern auch das richtige Timing – schließlich muss die Kraft genau in dem Augenblick vor dem Ballkontakt übertragen werden.

Natürlich hängt die Ballgeschwindigkeit in erster Linie davon ab, wie schnell sich der Fuß unmittelbar vor dem Aufprall bewegt. Zwei andere wichtige Faktoren spielen jedoch ebenfalls eine nicht unerhebliche Rolle. Da wäre zum einen der *e*-Wert des Aufpralls; dieser beträgt mit ungefähr 0,5 *e* weniger als bei einem Aufprall auf eine feste Oberfläche (0,8 *e*), weil sich die Knochen im Fuß in der Kontaktphase erheblich verformen.

Der andere Faktor ist das Verhältnis von der Masse des Schussbeins zur Masse des Balls. Eigentlich wäre es logisch, dabei lediglich die Masse des Fußes zu berücksichtigen, schließlich kommt nur der Fuß mit dem Ball in Berührung. Die Masse eines menschlichen Fußes beträgt in etwa ein Kilogramm, der Ball wiegt ungefähr ein halbes Kilo – damit ergibt sich ein Verhältnis von 2. Bei Experimenten hat sich jedoch herausgestellt, dass der Wert in Wirklichkeit bei circa 4 liegt. Da Knöchel- und Kniegelenke bei einem kraftvollen Schuss so starr wie möglich gehalten werden, wirkt sich beim Aufprall auch die Masse des oberen Beines mit aus. Aus diesem Grund spricht man häufig von der »effektiven« Masse des Schussbeins. Mit einfachen Worten: Je größer der *e*-Wert und je größer die effektive Masse des Schussbeins, desto größer die Abschussgeschwindigkeit des Balls.

Wenn wir nun also einen *e*-Wert von 0,5 und ein Ball-Fuß-Masseverhältnis von 4 ansetzen, können wir eine einfache Gleichung aufstellen, die uns das Verhältnis der Abschussgeschwindigkeit zur Geschwindigkeit des Schussfußes verrät:

$$V_{Abschuss} = 1{,}2 \times V_{Fuß}$$

Die Ballgeschwindigkeit ist somit um 20 Prozent höher als die Geschwindigkeit des schießenden Fußes, demnach führt eine Fußgeschwindigkeit von 21 bis 25 Metern pro Sekunde zu einer Ballgeschwindigkeit von 25 bis 30 Metern pro Sekunde, dem idealen Wert für Freistöße.

Theoretisch wäre – bei vollkommener Elastizität des Balls ($e = 1$) und einem besonders massigen Schussbein – auch die Gleichung:

$$V_{Abschuss} = 2 \times V_{Fuß}$$

möglich, die Ballgeschwindigkeit wäre dann also genau doppelt so hoch wie die Schussgeschwindigkeit.

In der Praxis wird dieser Fall zwar nie eintreten, doch es steht außer Zweifel, dass Roberto Carlos von Real Madrid seinen berühmtesten Freistoßtreffer aus dem Jahre 1997 unter anderem seiner enormen Schenkelmuskulatur zu verdanken hat: Im Freundschaftsspiel gegen Frankreich hämmerte er den Ball aus 35 Metern unhaltbar ins Netz.

Bei manchen Schüssen mag es auf eine möglichst hohe Geschwindigkeit ankommen, doch wenn der Ball in der Luft seine Flugbahn ändern soll, ist ein wenig Feingefühl erforderlich. Dazu braucht man Effet und muss den Ball an ganz bestimmten Stellen treffen, wie die *Abbildung 4* zeigt.

Am schnellsten wird der Ball, wenn die Schusslinie direkt durch das Massezentrum des Balls geht, allerdings entsteht dann so gut wie kein Effet. Daraus folgt: Je weiter der Kontaktpunkt vom Massezentrum entfernt ist, desto größer ist der Effet. Allerdings ist zu beachten, dass sich dabei die Ballgeschwindigkeit reduziert. Da ein guter Friktionskontakt zwi-

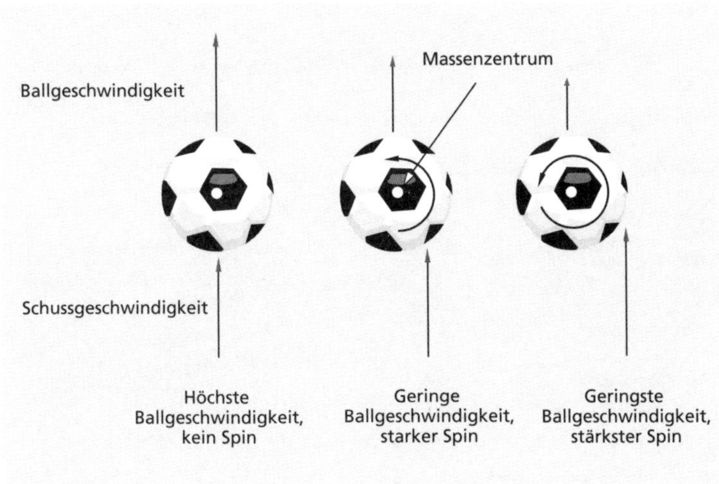

4 Auswirkungen der Aufprallstelle auf Geschwindigkeit und Spin

schen Schuh und Ball den Effet nachweislich fördert, befasst sich neuerdings eine ganze Branche mit der Entwicklung von Friktionsflächen, die auf den entscheidenden Kontaktzonen auf dem Spann und an den Seiten der Schuhe angebracht werden.

Was sonst noch über die Schusstechnik zu sagen wäre, versteht sich eigentlich von selbst: Hat der Ball erst einmal den Fuß verlassen, so kann der Stürmer die Flugbahn nicht mehr beeinflussen, denn nun kommt die Aerodynamik ins Spiel. Gehen wir einmal davon aus, dass ein Ball mit mittlerer Kraft getroffen wird und den Fuß mit 25 Metern pro Sekunde verlässt. Wir können nun berechnen, wie schnell er noch fliegt, nachdem er verschiedene Standardentfernungen zurückgelegt hat, zum Beispiel den Abstand zur Abwehrmauer, die Elfmeterstrecke, nach einem Freistoß aus 25 Metern, nach einem Eckstoß von 37 Metern oder einem Torschuss aus 65 Metern. Neben diesen Ergebnissen zeigt *Abbildung 5* auch die kinetische Energie, die nach den verschiedenen Entfernungen noch verbleibt.

Üblicherweise vom Ball zurückgelegte Strecke	Entfernung (Meter)	Endgeschwindigkeit (Meter pro Sekunde)	Verbleibende K.E. (%)
zur Abwehrmauer	9,1	22,7	82
bei einem Strafstoß	11	22,3	80
bei einem Freistoß zum Tor	25	19,3	60
bei einem Eckball	37	17,0	46
beim Abstoß	65	12,7	26

5 Ballgeschwindigkeit und verbleibende kinetische Energie (K.E.) nach verschiedenen Schüssen

Das Tempo oder die kinetische Energie nimmt erst dann deutlich ab, wenn der Ball bereits eine erhebliche Strecke zurückgelegt hat. Auch das spricht dafür, dass unerwartete Ballkontakte aus kurzer Distanz eine erhebliche Verletzungsgefahr bedeuten – man denke nur an die Verteidiger in einer Abwehrmauer.

Bei Kopfbällen verhält es sich mit dem Aufprall im Grunde genauso wie bei Schüssen, mit dem einzigen Unterschied, dass der Ball so gut wie nie im Ruhezustand geköpft wird. Die Geschwindigkeit, die vom Kopf ausgeht, hängt sehr stark von der Aufprallgeschwindigkeit des Balls ab. Wie diverse Experimente gezeigt haben, bewegt sich der Kopf bei einem kräftigen Kopfstoß zwischen drei und fünf Meter pro Sekunde, also deutlich langsamer als der Fuß bei einem Spannschuss. Allerdings müssen sowohl Oberkörper als auch Nacken kraftvoll gedreht werden, während Anlauf und Sprung die Vorwärtsbewegung verstärken. Wenn diese Kombination aus verschiedenen Bewegungen nicht glückt, reduziert sich die Kraft des Kopfballs erheblich, da die Nackenmuskulatur die ganze Arbeit allein übernehmen muss.

So etwas geschieht häufig, wenn die Spieler die Ballgeschwindigkeit falsch eingeschätzt haben oder wenn der Ball unerwartet kommt. Doch Kopfbälle bieten auch Vorteile: Zum Beispiel sind höhere *e*-Werte als bei Schüssen möglich, da die Muskeln im Nacken- und Schulterbereich in der entscheidenden Kontaktphase fester angespannt werden können als das Fuß- und Kniegelenk und somit ein größerer Teil der Körpermasse in den Aufprall einbezogen wird.

Die Bewegungsabläufe sind bei Kopfbällen komplexer als bei Schüssen, schließlich sind sowohl Ball als auch Kopf in Bewegung, während wir beim Schuss von einem Ball in Ruheposition ausgegangen waren. Dennoch können wir auch diesmal eine Gleichung aufstellen, um die Kraft des Kopfballs – also die Rückprallgeschwindigkeit des Balls – anhand der Geschwindigkeit des herankommenden Balls und der Kopfgeschwindigkeit zu berechnen:

$$V_{Rückprall} = 1{,}7 \times V_{Kopf} + 0{,}7 \times V_{Ball}$$

Bei einer Kopfgeschwindigkeit von fünf Metern pro Sekunde und einer für einen Torschuss üblichen Ballgeschwindigkeit von 12,7 Metern pro Sekunde liegt die Rückprallgeschwindigkeit des Balls also bei 17,4 Metern pro Sekunde. Somit würde der Kopfball eine Strecke von etwa 25 Metern zurücklegen, was der durchschnittlichen Reichweite eines Abwehr-Kopfballs entspricht. Setzen wir als Aufprallgeschwindigkeit die bei Eckstößen (oder Freischüssen an der Seitenauslinie) üblichen 17 Meter pro Sekunde an, so hätte der Ball eine Rückprallgeschwindigkeit von 20,4 Metern pro Sekunde, vergleichbar mit einem ordentlichen Schuss.

Wird nach Eck- und Freistößen aufs Tor geköpft, reicht eine hohe Rückprallgeschwindigkeit jedoch nicht aus. In diesem Fall muss auch die Flugrichtung des Balls geändert werden, damit er auf das Tor zufliegt. Hier gibt es die verschiedensten Möglichkeiten – manchmal reicht es, den Ball mit der Stirn abzufälschen, dann wieder muss er im rechten Winkel umgelenkt werden. Inmitten der gegnerischen Abwehr ist ein derartiges Kunststück oft gar nicht so leicht. Und während ein Stürmer einen Ball erst einmal in aller Ruhe annehmen kann, bevor er aufs Tor schießt, gibt es diese Möglichkeit beim Köpfen nicht. Kein Wunder also, dass begnadete Kopfballspieler in allen Teams heiß begehrt sind.

Die letzte grundlegende Technik im Fußball ist der Einwurf, der auf den ersten Blick nicht sonderlich viel mit Schüssen oder Kopfbällen gemeinsam hat. Schließlich gibt es dabei keinen Aufprall, sondern der Ball steigt in die Höhe, sobald die Vorwärtsbewegung von Oberkörper und Armen als kinetische Energie freigesetzt wird. Im Prinzip ähnelt der Einwurf einem Schuss, denn auch hier müssen Arme und Handgelenke eine möglichst große Rotationsgeschwindigkeit erzeugen. Die Handgelenke erreichen im Augenblick der Ballabgabe ihre Höchstgeschwindigkeit, und es gibt auch beim Einwurf verschiedene Möglichkeiten, den Ball zu beschleunigen. Die meisten Spieler laufen erst einmal kurz an und lassen den Ball in dem Moment los, wenn beide Füße fest nebeneinander auf dem Boden stehen. Setzt man dagegen einen Fuß vor den anderen, so wird der Einwurf auf jeden Fall länger, denn dann überträgt sich ein größerer Teil des Impulses, der durch den Anlauf entsteht, auf den Einwurf.

Neben diesen traditionellen Techniken gibt es eine spektakuläre Alternative, mit der noch höhere Geschwindigkeiten erzielt werden können. Jeder kennt den klassischen Handstandüberschlag beim Bodenturnen: Der Sportler dreht sich nach einem kurzen Anlauf um die auf den Boden gestützten Hände und landet anschließend wieder auf den Füßen. Genauso funktioniert ein Salto-Einwurf, nur mit dem Unterschied, dass der Ball nach dem Anlauf mit beiden Händen fest auf den Boden gedrückt wird. Nun dreht sich der gesamte Körper, so dass der Drehimpuls deutlich größer ist als bei einem konventionellen Einwurf.

Diverse Studien über diese Technik (Stephen P. Messier und Mary Ann Brody, 1986) haben die folgende These bestätigt: Bei konventionellen Einwürfen beträgt die Abwurfgeschwindigkeit im Durchschnitt 18,1 Meter pro Sekunde, bei der »Salto-Technik« jedoch 23 Meter pro Sekunde. Trotz aller Vorzüge hat sich diese Methode in Europa jedoch nicht durchgesetzt, was daran liegen könnte, dass die für eine sichere Ausführung erforderliche Bodenhaftung an der Seitenauslinie nur selten gegeben ist.

Die Bedeutung langer Einwürfe ist jedenfalls nicht zu unterschätzen. Die besten Werfer können mit den konventionellen Methoden ohne weiteres mehr als 40 Meter überbrücken, und der Weltrekord liegt gegenwärtig bei knapp über 48 Metern. Natürlich kommt es dabei vor allem auf die Abgabegeschwindigkeit an, doch auch der Wurfwinkel muss stimmen. Mit dem vertrauten 45-Grad-Winkel erzielt man keine Höchstweiten, vielmehr sind flachere Abgabewinkel, vorzugsweise 34 Grad, deutlich besser geeignet, wie unsere Studien (Bray und Kerwin, 2004) ergeben haben.

Dann erst kommen nämlich direkt nach dem Loslassen des Balls diverse aerodynamische Kräfte zum Tragen, unter anderem der aerodynamische Auftrieb durch die Eigendrehung des Balls. Diese wiederum erzeugt der Werfer in den letzten Wurfphasen durch seine Handgelenke. Unsere Studien haben gezeigt, dass beim Loslassen des Balles ein wesentlicher Teil des Rückwärtsdralls entsteht, der bei langen Würfen bislang außer Acht gelassen wurde. Dabei ist die Eigendrehung des Balls mit drei Umdrehungen pro Sekunde (29 Upm) zwar geringer als bei Freistößen – dort ist sie drei- bis viermal so hoch –, kann einen Wurf aber um gut fünf Meter verlängern.

So viel also zu den Grundlagen. Ist demnach jeder Hobbyfußballer, der gut schießen, köpfen oder einwerfen kann, auf dem besten Wege zu einer Profikarriere?

Leider nein. Ein moderner Fußballspieler braucht viel mehr: den Willen, zu laufen und anzugreifen, seine Mitspieler in einer disziplinierten Aufstellung zu unterstützen, und die Fähigkeit, sorgfältig einstudierte Spielzüge aus dem Training in den einzelnen Standardsituationen umzusetzen, die sich von Zeit zu Zeit ergeben und die innerhalb weniger Sekunden über Sieg oder Niederlage entscheiden können. Außerdem sollte er die diversen Psychotricks beherrschen, sprich in bestimmten Situationen richtig aufdrehen und dann schlagartig wieder ganz ruhig werden. Nicht zuletzt muss er die wirkungsvollsten – und hoffentlich erlaubten – Methoden kennen, mit denen er gegebenenfalls die Ziele und die Konzentration des jeweiligen Gegners stören kann.

Diese und andere geheime Regeln des Fußballs sind die Themen der folgenden Kapitel. Doch bevor wir uns damit befassen, wie der moderne Fußball funktioniert und welche Geheimnisse ihn fördern oder manchmal auch behindern, sollten wir uns der Frage widmen, wie sich das Spiel überhaupt entwickelt hat. Damit meine ich jetzt nicht nur die Historie – die durchaus faszinierend und oft auch komisch ist –, sondern vor allem die zahlreichen zufälligen Ereignisse, welche die Regeln im Laufe der Zeit beeinflusst und mitgestaltet haben, bis schließlich der heute so beliebte Sport entstand.

2.
Die Anfänge – vom Gerangel auf dem Spielfeld zur heutigen Elf

Fußball geht ursprünglich auf ein wüstes, brutales Spiel zurück, das im Mittelalter in Englands Städten und Dörfern weit verbreitet war. Vier Festivitäten haben bis heute überlebt und vermitteln uns einen Eindruck davon, was früher los war: die Fastnachtsspiele in den Orten Alnwick, Ashbourne, Atherstone und Sedgefield im Norden Englands. Noch vor 150 Jahren gab es zahlreiche weitere Veranstaltungen dieser Art, und diverse Aufzeichnungen bezeugen, dass in der Fastenzeit unter anderem in Derby, Scarborough, Whitby, Twickenham und London Fußball gespielt wurde. Auch in Wales und im Südosten Schottlands war Fußball weit verbreitet, während in der Bretagne und der Normandie seit dem Mittelalter ein ähnliches Spiel namens *la Soule* gespielt wurde. *La Soule* starb in Frankreich gegen Ende des 18. Jahrhunderts aus, erlebte in der Neuzeit jedoch ein kleines Revival. *Calcio*, der italienische Fußball, hat ähnliche Wurzeln wie die mittelalterlichen Spiele in England und Frankreich, ist jedoch jünger – seine traditionelle Form stammt aus dem Florenz der Renaissance. In Deutschland wurde der Fußball erst viel später aus England importiert und war im Kaiserreich eine neue Form der Körperkultur.

Die Fastnachtsspiele, die einmal im Jahr vor Ostern stattfanden, hatten äußerst einfache Regeln. Da jeder aus der jeweiligen Region daran teilnehmen durfte, zählten die einzelnen Mannschaften oft über hundert Spieler. Als Tore dienten unter anderem Türen, Bäume oder der Eingang zu einem markanten Gebäude. Manchmal fanden Wettkämpfe zwischen benachbarten

Gemeinden statt – wie zum Beispiel noch heute zwischen St. Paul's und St. Michael's in Alnwick. In Ashbourne spielen die Up'ards gegen Down'ards, welche nach ihrem Geburtsort unterschieden werden. Die Up'ards sind nördlich des Flusses Henmore geboren, der ebenfalls zum »Spielfeld« gehört, die Down'ards südlich davon. Als Tore fungieren hier Steinsockel, die knapp fünf Kilometer voneinander entfernt am Flussufer stehen und die ursprünglichen Tormarkierungen an den Mühlen in den Dörfern Sturston und Clifton ersetzen.

Die Veranstaltung in Ashbourne findet mindestens seit dem Mittelalter alljährlich statt, seit 1891 gibt es belegte Aufzeichnungen, übrigens eine sehr interessante Lektüre. So erfährt man unter anderem, dass das Spiel einzig in den Jahren 1968 und 2001 ausfiel, weil im Land die Maul- und Klauenseuche ausgebrochen war. Der für jedermann offene Wettkampf beginnt stets am Fastnachtsdienstag und Aschermittwoch mit dem traditionellen »turn up« (dem Einwurf in die Menge) auf dem Shaw-Croft-Parkplatz. Ein Spiel läuft jeweils von 14.00 bis 22.00 Uhr, und der Rekord, bis es zum ersten Torschuss kommt, liegt bei 30 Minuten – wenn man bedenkt, dass das ganze Spiel acht Stunden dauert, entspricht das in etwa einem Tor direkt nach dem Anstoß in einem regulären Fußballspiel.

In all den Jahren gab es genau drei umstrittene Tore – wobei allerdings schwer nachvollziehbar ist, wie sich so etwas in dem allgemeinen Chaos überhaupt feststellen lässt. Schließlich fehlen selbst im modernen Fußball die technischen Mittel, welche zweifelsfrei dokumentieren, dass der Ball die Torlinie überschritten hat. Ein Eigentor aus dem Jahre 1972 ist ebenfalls verzeichnet; damals kam ein Down'ard in Ballbesitz und erzielte aus unerklärlichen Gründen einen Treffer für die Gegenseite. Angeblich hat ihn seine Familie daraufhin verstoßen.

Auch die Ligatabelle für die letzten 112 Jahre ist sehr aufschlussreich. Die Up'ards führen ganz knapp mit 75 zu 71 Siegen und haben mit 118 geschossenen gegenüber 108 kassierten Treffern auch das bessere Torverhältnis. Über eine Art Transfersystem ist nichts bekannt, aber vielleicht könnten die Down'ards – wie Chelsea in der ersten Liga – einen reichen Gönner wie Roman Abramowitsch gebrauchen. Interessant ist vielleicht noch, dass die Zuschauer durchschnittlich ein Tor pro Spiel zu sehen bekommen. Wenn man bedenkt, wie steril und ultradefensiv die Begegnungen im modernen Fußball oft sind, ist das kein schlechter Schnitt.

In Ashbourne verwendet man einen traditionellen Lederball, allerdings mit Kork gefüllt, damit er ausreichend Auftrieb hat, wenn er – was unweigerlich passiert – gemeinsam mit den Spielern im Fluss landet. Wer sich ein Bild von der ganzen Veranstaltung machen will, der stelle sich eine Rugby-Menge von mehreren hundert schiebenden, drängenden Körpern vor, die dem Ball nachjagt. In dem allgemeinen Tumult wird sicher so manche offene Rechnung beglichen – jedenfalls ist es wenig erstaunlich, dass es im Laufe der Jahre etliche schwere Verletzungen und sogar einige Todesfälle gab.

Die Frage, wie der Fußball überhaupt nach Großbritannien kam, ist dagegen nicht so leicht zu beantworten. Höchstwahrscheinlich brachten die römischen Legionäre nach ihrem Sieg in England im Jahre 43 n. Chr. das so genannte *harpastum* mit, ein Spiel mit einem kleinen Ball auf einem rechteckigen Feld mit einer Mittellinie und zwei Grundlinien. Im Prinzip geht es hierbei darum, den Ball durch Pässe von Spieler zu Spieler über die gegnerische Linie zu befördern. Dabei wurde früher mit großem Körpereinsatz um den Ball gekämpft und sogar miteinander gerungen. Offenbar gab es aber auch einige feste Positionen, ähnlich der heutigen Verteidiger und Angreifer, sowie eine Schlüsselfigur, einen besonders begabten Spieler, der eher in der Mitte des Feldes stand. Er wurde als *medicurrens* (Lateinisch für »Mittelmann«) bezeichnet und ist vermutlich mit einem modernen Spielmacher im Mittelfeld zu vergleichen. Bei den Fastnachtsspielen in Großbritannien könnte es sich demnach um eine primitive Imitation des *harpastum* handeln – damit hätten diese dann den gleichen Ursprung wie *la Soule* in Frankreich.

Andere Stimmen behaupten jedoch, die Ursprünge gingen noch weiter zurück. W. Branch Johnson nannte Fußball im Jahre 1929 in der Zeitschrift *Contemporary Review* »A Survival of Magic« und sah in den Fastnachtsspielen in England und Frankreich volkstümliche Vorläufer einer Art Sonnenritual, mit dem eine reiche Ernte beschworen werden sollte. Dem Ball fiel dabei natürlich die Rolle der Sonne zu. In der schottischen Ortschaft Scone wurde demnach ein Tor erzielt, wenn es einer Mannschaft gelang, den Ball an einem bestimmten Ort zu vergraben. Die Gegner wiederum mussten den Ball »ertränken«, indem sie ihn in den Fluss tauchten. In Ashbourne stehen beide Tore am Flussufer, in Scarborough musste der Ball dagegen ins Meer befördert werden. Branch Johnson assoziiert dies mit einer Erwärmung der Erde (denn der Ball, also die Sonne, wird vergraben), damit die Saat keimt, und mit Regen, der das wachsende Saatgut nähren soll (der Ball wird in einen Fluss oder ins Meer getaucht). Der Kampf um den Ball und seine Rückkehr in die Heimatgemeinde ist für den Wissenschaftler der Versuch, die Sonne einzufangen, um eine bessere Ernte zu sichern.

Bei diesen Theorien würden heutige Fußballfans vermutlich den Kopf schütteln und argumentieren, dass mit den Fastnachtsveranstaltungen einfach nur noch einmal Dampf abgelassen werden sollte, bevor die strenge Fastenzeit begann. Wir werden die wahren Beweggründe nie erfahren. Auf jeden Fall steht fest, dass Fußball seit dem frühen Mittelalter mit wachsender Begeisterung gespielt wurde und im zwölften Jahrhundert bereits weit verbreitet war. Die ersten schriftlichen Zeugnisse stammen aus dem Jahre 1175. Damals berichtete William

Fitzstephen über ein Fastnachtsspiel in London, »das berühmte Ballspiel«, und beschrieb die Zuschauer als »ältere Männer, Väter und Wohlhabende«. Darüber hinaus ist auch von einer dunklen Seite des Spiels die Rede.

Im Jahre 1280 stieß ein gewisser Henry de Ellington während eines Spiels heftig mit einem Gegner namens David le Keu zusammen und kam dabei ums Leben. Bei den anschließenden Ermittlungen stellte sich heraus, dass le Keus Dolch, obwohl er in der Scheide gesteckt hatte, in den Magen von de Ellington eingedrungen war. Der Zwischenfall wurde als Unfall verzeichnet. Auf die gleiche Weise tötete der Geistliche William de Spalding 1321 einen Freund. Danach plagten ihn offenbar solche Schuldgefühle, dass er den Papst um Absolution ersuchte, die jener ihm auch tatsächlich gewährte. Nun können wir uns natürlich fragen, ob Dolche, die noch in Scheiden stecken, wirklich so schwere Verletzungen verursachen können – oder ob sie in besagten Fällen vielmehr doch gezückt gewesen waren, weil das Temperament mit den Spielern durchging. Dieses Problem gab es nicht nur in England: Auch nach *la-Soule*-Spielen erhielt der Papst zahlreiche Bitten um Gnade, doch ging es dort meist um »gebrochene Schädel«.

Wegen der Brutalität der Spieler, der hohen Verletzungsgefahr für unbeteiligte Zuschauer und diverser Sachbeschädigungen wurde das Spiel unter den Königen von Edward II. bis hin zu Heinrich VIII. zwischen dem 14. und dem 17. Jahrhundert häufig verboten. Ironie des Schicksals, dass das reich verzierte Grab Edwards II. nur wenige Schritte vom wahrscheinlich ältesten Fußballbild der Welt entfernt liegt. Die Holzgravur, die das Spiel verewigt, das er um jeden Preis verhindern wollte, stammt aus dem Jahre 1340 und befindet sich unter einem Sitz im Chor der Kathedrale von Gloucester.

6 Traditionelle Fußballspieler, Kathedrale von Gloucester, ca. 1340

Die *Abbildung 6* zeigt zwei junge Fußballspieler in Aktion und spiegelt womöglich wider, was der Künstler selbst bei Fußballspielen im mittelalterlichen Gloucester erlebt hat. Erstaunlicherweise sind auf diesem 700 Jahre alten Kunstwerk nicht das Chaos und die Brutalität des damaligen Massenfußballs zu sehen, sondern vielmehr ein eleganter, athletischer Wettstreit um den Ball, fast wie in heutiger Zeit. Dieses Bild macht deutlich, dass der Fußball fest im Alltag verwurzelt war, so dass ihm kein königlicher Erlass etwas anhaben konnte. Richard II. erließ im Jahre 1388 ein Edikt, das sich an ganz bestimmte Bevölkerungsgruppen richtete. Darin verfügte er, dass »Knechte und Arbeiter Pfeil und Bogen besitzen und diese an Sonn- und Feiertagen benutzen sollen, dafür aber jegliches Ballspiel [...] ebenso wie andere unschicklichen Vergnügungen dieser Art zu unterlassen haben.«

Die Erwähnung der »Sonn- und Feiertage« lässt erkennen, dass sich das Fußballspiel bereits im 14. Jahrhundert nicht mehr nur auf die Faschingszeit beschränkte. Auch die Gesellschaftsschicht, die das Spiel liebte, kann man sich deutlich vorstellen.

Es waren Arbeiter und Knechte, die ihre Freizeit nach offizieller Meinung besser mit Militärübungen verbringen sollten. Das letzte königliche Verbot stammt ausgerechnet von Heinrich VIII. – dabei hatte er ganz offensichtlich eine Schwäche für Fußball, denn er ließ sich sogar eigens ein Paar Schuhe für sein Hobby anfertigen. Keiner der späteren Regenten revidierte dieses Statut, welches bis 1845 als »Gesetz über die Aufrechterhaltung der Artillerie und die Unterbindung ungesetzlicher Spiele« in Kraft blieb.

Mit Beginn des 16. Jahrhunderts waren militärische Übungen dann kein Thema mehr, sondern die angebliche gesellschaftsschädigende Wirkung des Spiels trat in den Vordergrund. Den Puritanern war besonders der sonntägliche Fußball ein Dorn im Auge, den es zu unterbinden galt. Philip Stubbes, ein bekannter puritanischer Spaßverderber, verfasste 1583 einen Dialog zwischen einem Schüler und seinem Mentor, in dem der verworfene Jüngling fragt: »Verletzt oder entehrt es den Sabbattag, wenn man Fußball spielt, fröhliche Bücher liest oder sich auf ähnliche Weise vergnügt?« Der Mentor führte daraufhin eine ganze Reihe von Verfehlungen des Fußballs an, darunter »Kämpfe, lautstarker Händel, Streitsucht, Mord, Totschlag und große Aufwallung des Blutes«. Offenbar zeigten Stubbes' Tiraden aber keine Wirkung, denn das Fußballspiel erfreute sich nach wie vor großer Beliebtheit. Allerdings griff nun die Obrigkeit ein. Eigentlich waren die Maßnahmen gegen die Spieler gerichtet, doch 1610 klagte man zwei Zuschauer an, weil sie sich in Bedford sonntags eine Fußballpartie angesehen hatten – die im Rennen trainierteren Spieler waren ihren Verfolgern offenbar entwischt.

Noch abstruser ist ein Vorfall aus dem Jahre 1616: Damals wurde ein Mann zu einer Geldstrafe verurteilt, der weder Fußball gespielt noch zugeschaut, sondern »am Sabbat ein Bankett für Fußballspieler veranstaltet« hatte. Im Jahre 1647 betrug die

Geldstrafe für ein Sonntagsspiel in Hexam in Nordengland zwei Shilling, also etwa anderthalb Tageslöhne für einen Handwerker. Es gibt keine Aufzeichnungen darüber, wie viele Menschen wirklich verurteilt wurden, aber Zuschauer, Spieler und Gastronomen waren augenscheinlich durchaus bereit, dieses Risiko einzugehen.

Manch einer äußerte sich allerdings auch positiv. So verfasste Richard Mulcaster, der erste Rektor der Merchant Taylors' School in Northwood bei London, nur zwei Jahre vor der Attacke durch Stubbes einen Text, in dem er die förderliche Wirkung des Fußballs auf die Gesundheit und die Erziehung der Schüler pries. Allerdings kritisierte er das Spiel der Massen, dieses »Gedränge eines brutalen Haufens, in dem Schienbeine splittern und Knochen brechen«. Von ihm stammt außerdem ein unglaublich fortschrittlicher Vorschlag: Es komme dem Spiel durchaus zugute, wenn daran »weniger Spieler teilnehmen ... auf zwei Seiten und Positionen aufgeteilt«. Außerdem empfahl er, es solle einen »Übungsleiter« geben und jemanden, der »über das Spiel urteilt, Richter über die einzelnen Parteien ist und die Befugnis hat, das Spiel zu leiten« – eine treffende Beschreibung von Teamchef und Schiedsrichter. Leider schenkte niemand Mulcasters Ansichten Beachtung, und in den nächsten 200 Jahren sind in dieser Hinsicht keine Fortschritte zu verzeichnen.

Im 18. und 19. Jahrhundert wollte man den Fußball dann endgültig verbieten. In dem Ort Beverley in Yorkshire gelang es den örtlichen Beamten 1825 nicht, ein Spiel zu unterbinden, dafür setzte man ihnen übel zu. Die Täter wurden verhaftet und zu Strafdiensten verurteilt. Das erwies sich durchaus als wirksame Abschreckung, doch erst nach der Gründung der britischen Polizei im Jahre 1839 gab es Gesetzeshüter, die das unziemliche Verhalten unter Kontrolle zu bringen vermochten. Obwohl sich das Spiel hier und da weiterhin großer Beliebtheit erfreute, war es für die Mehrheit der Menschen nun ein Verstoß gegen die öffentliche Ordnung. Mittlerweile waren die Bewohner der meisten Städte dagegen, dass sich ein wilder Mob durch die überfüllten Straßen drängte.

In manchen Fällen setzte die Obrigkeit zur Unterstützung der Polizei sogar berittene Truppen ein, zum Beispiel in Derby im Jahre 1847. Da die Spieler nicht bereitwillig das Feld räumten, erließ der Bürgermeister ein Versammlungsverbot und erzielte damit schließlich den erwünschten Erfolg – denn mit der berittenen Kavallerie wollte sich niemand anlegen. Immerhin war das so genannte »Massaker von Peterloo« aus dem Jahre 1819 nach wie vor unvergessen: Damals war die Manchester Yeomanry 1819 mit gezückten Säbeln in eine friedliche Versammlung auf dem St. Peter's Field in Manchester galoppiert, was elf Tote und 400 Verletzte gefordert hatte.

Durch solche Maßnahmen geriet das beliebte Spiel zunehmend ins Abseits und verlor an Zulauf. Nur in einigen wenigen Fällen waren die Veranstaltungen toleriert, und hin und wieder gelang es den Fußballern, sich mit der Obrigkeit zu arrangieren – das Ergebnis sind die Fastnachtsspiele, die bis heute überdauert haben. In Atherstone, Sedgefield und Ashbourne wird nach wie vor auf der Straße gekickt, allerdings längst nicht mehr so brutal wie im Mittelalter. Anders in Alnwick: Dort hatte der Duke von Northumberland, der traditionell den Ball für die Partie stellte, die Spieler im Jahre 1828 überredet, sich nicht mehr in der Stadt, sondern nördlich des Flusses zu treffen. Dabei ist es bis heute geblieben.

Königliche Verbote, puritanische Zensur und offizielle Missbilligung hatte der Fußball ebenso überstanden wie Blutvergießen, Verletzungen und sogar Todesfälle, doch nach seiner über 700-jährigen Geschichte drohte ihm in frühviktorianischer Zeit der Untergang. Die Tradition lebte nur noch als altertümliches Kuriosum weiter, in sportlicher Hinsicht befand sie sich jedoch in einer Sackgasse. Im frühen 19. Jahrhundert hätte sicher niemand damit gerechnet, wer den Fußball einmal retten würde: ausgerechnet die englischen Public Schools, an denen er sich nämlich vom Freizeitvergnügen zum beliebtesten Sport der Welt entwickeln sollte.

Anfang des 19. Jahrhunderts wurde an fast allen Jungenschulen in England Fußball gespielt. Die Grundzüge entsprachen zwar den Fastnachtsspielen, wurden jedoch nach den Vorlieben und Ideen der Schüler umgestaltet. Diese Schüler waren die Söhne von Adeligen und der aufstrebenden Mittelschicht – also alles andere als die »Arbeiter und Knechte«, die Richard II. mit einem Fußballverbot belegt hatte. Sicherlich kannten sie das traditionelle Spiel aus den Schulferien, und der eine oder andere war bestimmt schon einmal mit von der Partie gewesen. In ihren Freistunden pflegten sie eine ganz andere Form des Fußballs, wesentlich zielgerichteter und mit festen Regeln. Paradoxerweise ergaben sich diese Regeln aus den Beschränkungen, welche die schulische Umgebung zwangsläufig mit sich brachte – im traditionellen Spiel hatte es so etwas nicht gegeben. Was sollte zum Beispiel geschehen, wenn der Ball ins Aus geraten war, und wie genau ließ sich ein erfolgreiches Tor definieren? Wir haben es in erster Linie den Regeln des britischen Schulfußballs zu verdanken, dass die Sportart sich zu dem heute bekannten Spiel entwickelte.

Die erste und offensichtlichste Beschränkung betraf den Platz. In Charterhouse fanden die Fußballspiele früher auf gepflasterten Klosterhöfen mit einer Fläche von 64 Metern Länge und 3,7 Metern Breite statt. In Winchester maß das Spielfeld 73 × 25 Meter. Das Eton Wall Game – eine besondere Variante, bei der das Spielfeld von einer hohen Mauer begrenzt ist – wurde auf einem 110 × 5,5 Meter großen Platz ausgetragen, das Eton Field Game dagegen, das die meisten Schüler spielten, fand auf einem 119 × 82 Meter großen Areal statt.

All diese »Spielfelder« passen bequem in die heute vorgeschriebene Rasenfläche von 110 × 75 Metern, nur die Abmessungen des Eton Field Game gehen darüber hinaus. Andere Schulen wie Harrow, Rugby, Shrewsbury und Westminster spielten im Grunde nach eigenen Regeln. Manchmal waren die Tore fest definiert – im Eton Field Game standen zum Beispiel 3,4 Meter voneinander entfernt zwei sieben Meter hohe Pfosten, allerdings ohne Latte. In Westminster spielte man auf dem Great Dean's Yard, wobei die Bäume auf beiden Seiten, die praktischerweise 18 Meter auseinander standen, als Tore dienten. In Rugby gab es, ähnlich wie in Eton, eine 3,4 Meter breite Torlinie mit drei Meter hohen Pfosten, auf denen allerdings eine Latte lag. Harrow und Winchester hatten die seltsamsten Tore: In Harrow standen 3,7 Meter hohe Pfosten 137 Meter voneinander entfernt, und wenn die Partie nach einem Spieltag unentschieden war, wurde die Torentfernung verdoppelt. In Winchester galt die gesamte 25 Meter lange Grundlinie an beiden Seiten des Spielfelds als Torbereich, und in den Anfängen wurden dort jüngere Kinder als Pfosten eingesetzt. Um ein Tor zu erzielen, musste man den Ball zwischen ihren ausgestreckten Beinen hindurchschießen. Keine angenehme Aufgabe für die so genannten *fags*, die grundsätzlich niedere Dienste für die Älteren verrichten mussten und generell kein leichtes Leben hatten.

Bei Schulspielen standen sie in der Verteidigung und waren ausschließlich dafür zuständig, sich auf einen Ball zu stürzen, der die wüste Masse der älteren Schüler durchbrochen hatte und nun, gefolgt vom Mob, bedrohlich auf das Tor zurollte.

Diese Regeln und Vereinbarungen wurden lange Zeit nicht niedergeschrieben, sondern nur mündlich weitergegeben. Anfang des 19. Jahrhunderts war die Anzahl der Mitspieler noch immer unbegrenzt. In einer Partie in Rugby nahmen es 40 Jungen der sechsten Klasse (also der ältesten) mit 460 anderen auf; offenbar spielten 200 davon im Außenfeld, während 260 das Tor hüteten. Wie beim Fastnachtsfußball gab es oft ein wildes Gedränge, bei dem die Spieler einander brutal in die Knochen stiegen, um den Ball frei zu schlagen. Auch im offenen Spiel wurden anderen Spielern einfach die Beine weggetreten, um wieder in Ballbesitz zu gelangen. An den meisten Schulen war es erlaubt, den Ball mit der Hand oder dem Fuß zu spielen, unter dem Arm durfte er jedoch nicht getragen werden.

Im Jahre 1823 ereignete sich an der Schule in Rugby angeblich der berühmte Zwischenfall, der den Grundstein zum heutigen Rugby-Spiel legen sollte: Der Schüler William Webb Ellis hob den Ball auf und rannte damit los. Vielleicht handelt es sich auch nur um eine Legende, doch das spielt keine Rolle. Unbestritten ist jedenfalls, dass es die unterschiedlichsten Vereinbarungen und Absprachen gab, aus denen letztendlich zwei verschiedene Spielweisen hervorgingen. Die einen dribbelten den Ball bei minimalem Einsatz der Hände, bei den anderen waren Handspiel und Tragen erlaubt. Solange jeder für sich spielte, war das völlig in Ordnung, wenn aber die einzelnen Gruppierungen aufeinander trafen, waren Probleme vorprogrammiert.

Die ersten Konflikte traten an den Universitäten auf, denn hier kamen die verschiedenen ehemaligen Schüler zusammen, die jeweils ihre eigenen Regeln mitbrachten. Im Jahre 1848 legte sich ein ehemaliger Eton-Spieler am Trinity College in Cambridge mit der Rugby-Fraktion an, weil diese den Ball unter dem Arm trug. Auch die Mannschaftsgröße wurde irgendwann problematisch. Mitte des 19. Jahrhunderts hatte sie sich zwar schon deutlich reduziert, doch die Mannschaftsführer konnten nach wie vor frei über Spielerzahl und Regeln entscheiden, so dass sich bei einer Fußballpartie nicht selten jeweils 15 Spieler gegenüberstanden. Zu diesem Zeitpunkt hatten ehemalige Schüler und Uni-Absolventen bereits die ersten Vereine gegründet – allein in Sheffield gab es 1862 ganze 15 Fußball-Clubs.

In Deutschland dauerte es bis zum Jahr 1878, bis mit dem Deutschen Fußball-Verein Hannover der erste Club aus der Taufe gehoben wurde. Allerdings spielte man auch dort zunächst nicht Fußball, sondern Rugby. Erst 1896 entstand aus einer Abteilung des Vereins der heute bekannte Bundesliga-Club Hannover 96.

Die Spielweise der Sheffielder Clubs war jedenfalls so unterschiedlich, dass dringend etwas geschehen musste. Ein gewisser Mr. Thring von der Uppingham School unternahm mit seinem Werk *Die Regeln des einfachsten Spiels* einen der ersten Versuche.

Deutlich ernsthafter waren da schon die Überlegungen, die ab 1837 in Cambridge stattfanden. Bei der letzten Zusammenkunft im Jahre 1863 waren besonders viele Vertreter aus Eton, Harrow und Westminster dabei, also von Schulen, an denen regelmäßig gedribbelt wurde. Das erklärt, wieso das Regelwerk, das in jenem Jahr zustande kam, dieser Technik den Vorzug gab.

Auch die Vertreter von elf Londoner Vereinen und Schulen setzten sich zusammen, um sämtliche Streitigkeiten beizulegen – ohne zu wissen, dass es in Cambridge bereits ähnliche Zusammenkünfte gegeben hatte. Interessanterweise stammten die meisten Vertreter von den neu gegründeten, äußerst populären Vereinen, die den Sport als Freizeitvergnügen und nicht mehr im Rahmen des Schul- oder Universitätsbetriebs ausübten – das erklärt wohl den zunehmenden Pragmatismus.

Die folgende Geschichte kennt wahrscheinlich jeder englische Fußballfan: Bei ihrem ersten Treffen, das am 26. Oktober 1863 in der Freemasons Tavern in London stattfand, gründeten die diversen Parteien einen Fußballverband, die Football Association. Schon bald traten erste Differenzen zutage, bei denen es jedoch erstaunlicherweise nicht um die Frage ging, ob der Ball getragen oder mit der Hand gespielt werden durfte. Nein, vielmehr führte ein Disput um das brutale Schienbeintreten schließlich zum Bruch. Bei den ersten Versuchen, ein Regelwerk zu entwerfen, hatten die Vertreter aus Rugby die Oberhand; daher war es zunächst durchaus gestattet, den Gegner vor das Schienbein zu treten. Bei der vierten Zusammenkunft erhoben sich allerdings erste Gegenstimmen. Mittlerweile waren die Regeln aus Cambridge bekannt geworden, und den Dribblern in der Football Association gefiel es natürlich, dass Handspiel und brutale Tritte darin verboten waren. Viele der berufstätigen jungen Spieler standen vor einem Dilemma: Natürlich wollten sie den Sport gerne weiter ausüben, doch sie konnten nicht nach jedem Wochenende mit schweren Verletzungen am Arbeitsplatz erscheinen. Leider ließen sich die Differenzen nicht beilegen, so dass sich die Fraktion, die Tritte und Handspiel befürwortete, schließlich abspaltete. Zwei grundlegende Spielprinzipien entstanden: Rugby und Verbandsfußball. Das Paradoxe an der Geschichte ist natürlich, dass die Rugby Union im Jahre 1871 ihr eigenes Regelwerk verabschiedete, laut dem Tritte vors Schienbein verboten waren.

Am 8. Dezember 1863 verkündete die neu gegründete Football Association 14 Regeln, die alles sagten, was es über Fußball zu sagen gab. Regel 9 und 10 lauteten:

Kein Spieler darf den Ball tragen.

Weder Beinstellen noch Tritte vor das Schienbein sind erlaubt.

Die beiden strittigen Punkte, an denen der erste Verband zerbrochen war, waren damit also eindeutig geregelt. Allerdings waren Tritte um 1870 bei manchen Vereinen in den letzten fünf Spielminuten gestattet; diese Phase des Spiels trug übrigens den seltsamen Namen »Halleluja«.

Im ersten Länderspiel zwischen England und Schottland im Jahre 1871 ging es so heiß her, dass beide Seiten den Schiedsrichter darum baten, Tritte zu erlauben. Dieser weigerte sich jedoch strikt und drohte mit Spielabbruch, so dass die Partie streng nach den Verbandsregeln zu Ende geführt wurde.

Im Regelwerk von 1863 sind noch zahlreiche weitere Punkte festgelegt. Die zulässigen Abmessungen des Spielfelds sind darin eindeutig definiert – nämlich eine Länge von höchstens 183 Meter bei 91 Metern Breite. Später wurden diese Maße auf 119 × 91 Meter reduziert, denn trotz bester körperlicher Verfassung ist es modernen Mittelfeldspielern nicht zuzumuten, ständig über 180 Meter hin und her zu laufen. Die Torpfosten hatten 7,35 Meter auseinander zu stehen, es war jedoch ausdrücklich untersagt, die Höhe durch »ein Band oder einen Stab« festzulegen.

Diese Regeln wurden im Laufe der Zeit immer wieder überarbeitet und verbessert, bis schließlich irgendwann alles streng reglementiert war: von den Spielfeldmarkierungen bis zu den Einwürfen, von Freistößen bis hin zu Elfmetern. Eine ganz spezielle Regel, nämlich die Abseitsregel, führte zu entscheidenden taktischen Entwicklungen, die das Angriffs- und Abwehrspiel oft überraschend veränderten. Auch heute wird nach wie vor daran herumgefeilt, doch die Abseitsregel ist so unverständlich und unbeliebt wie eh und je.

Nach der Regel von 1863 befand sich ein Spieler dann im Abseits, wenn er näher am gegnerischen Tor war als der Ball. Folglich konnte man nicht auf einen Mitspieler passen, der weiter vorne stand. Solange ein Spieler in Ballbesitz war, geriet er nicht ins Abseits, denn er blieb ja stets hinter dem Ball. Dementsprechend sah die Taktik folgendermaßen aus: Einzelne Spieler dribbelten wie wild aufs Tor zu, während die Mannschaftskollegen im Hintergrund auf ihre große Chance hofften – einen der seltenen Rückwärtspässe oder einen zufälligen Querschläger. Diese Spielweise spiegelte sich natürlich in der Mannschaftsaufstellung wider, die Anfang der 70er Jahre des 19. Jahrhunderts in etwa *Abbildung 7* entsprach.

Neben sieben Angreifern (ursprünglich waren es sogar neun gewesen) spielten vier Verteidiger einschließlich Torwart. Zum ersten Mal wurde ein Spieler ausdrücklich zum Torhüter erklärt und durfte als Einziger die Hände einsetzen. Genau wie heute blieben die Spieler jedoch nicht die ganze Zeit über auf den ihnen zugewiesenen Positionen; so bildeten zum Beispiel nicht alle Stürmer eine Linie. Vielmehr »unterstützten« sie die Mannschaftskameraden, die gerade am Ball waren, indem sie sich gegebenenfalls auf den frei gewordenen Ball stürzten oder die gegnerischen Verteidiger beim Angriff aus dem Weg schoben. Die Zuschauer liebten das Zickzack-Dribbling im klassischen englischen Stil. Einem besonders guten Spieler, R. W. S. Vidal von Oxford University, gelang einmal ein Hattrick, bei dem zwischen Abstoß und Torschuss bei allen drei Toren kein einziger Gegenspieler an den Ball gekommen war.

Bei derart vielen Stürmern liegt der Schluss nahe, diese Formation sei sehr angriffsorientiert gewesen, doch aus heutiger Sicht würde man sie als ultradefensiv bezeichnen, da kaum Tore fielen und es häufig zu Abseitssituationen kam.

Vielleicht war das der Grund, wieso diese Regel 1867 geändert wurde. Nach der neuen Definition war das Abseits aufgehoben, wenn drei oder mehr Verteidiger, darunter normalerweise auch der Torwart, zwischen dem Angreifer und dem gegnerischen Tor standen. In Eton galt für das Field Game genau dieselbe Abseitsregel, und ein Verstoß dagegen wurde als unfair angesehen. Pässe nach vorne waren von nun an erlaubt, da die Spieler nicht mehr unbedingt hinter dem Ball bleiben mussten. Allerdings erkannten die englischen Mannschaften die neuen taktischen Möglichkeiten nicht, sondern blieben vorerst bei den altbekannten Dribbelläufen.

Das erste Team, das sich die veränderte Regel zunutze machte, war Queens Park aus Glasgow. Die Mannschaft dominierte die ersten Pokalwettbewerbe der FA, die ab der Saison 1871/72

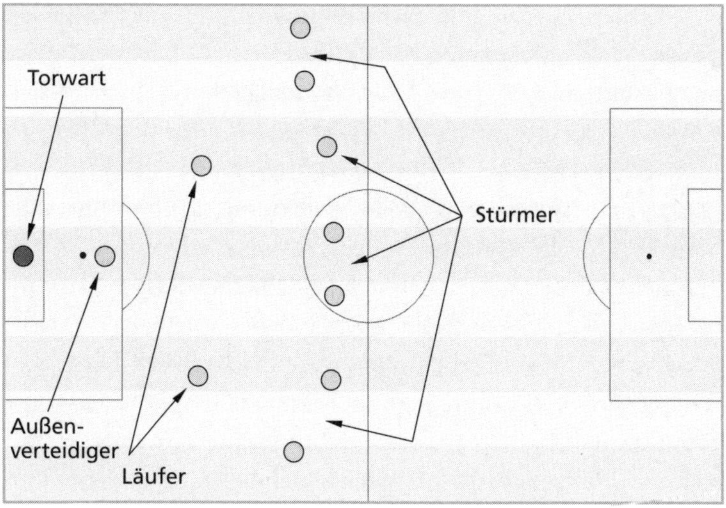

7 Mannschaftsaufstellung Anfang der 70er Jahre des 19. Jahrhunderts

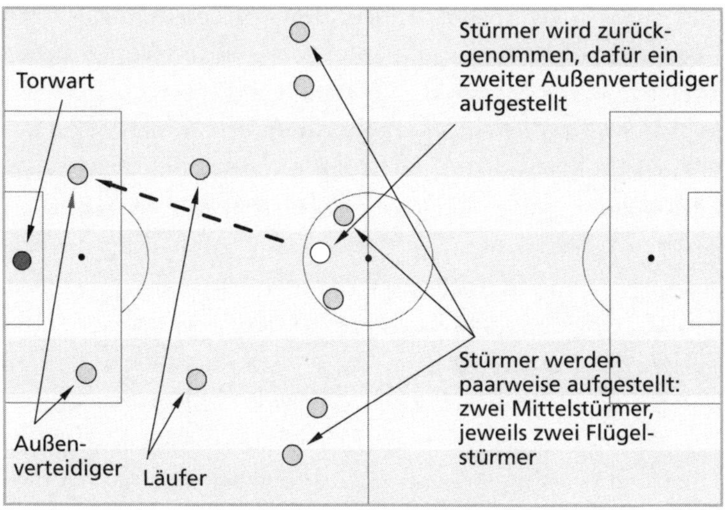

8 Einführung eines zweiten Außenverteidigers, Ende der 70er Jahre des 19. Jahrhunderts

ausgetragen wurden, und darf sich der Erfindung des Passspiels rühmen. In der Formation von Queens Park (*Abbildung 8*) wird zugunsten eines zweiten Außenverteidigers auf einen Mittelstürmer verzichtet (mittlerweile können wir diese Begriffe ruhig verwenden).

Dies war taktisch von großer Bedeutung, denn mit der bisherigen Abwehr – einem Außenverteidiger und zwei Flügelstürmern – ließen sich Angriffe mit geschickten Pässen nicht abblocken. Die sechs verbleibenden Stürmer spielten paarweise: jeweils zwei Flügelstürmer und zwei Mittelstürmer. Diese ausgewogenere Aufstellung kam nicht nur dem Spiel nach vorne zugute, sondern man wusste jetzt auch eine zuverlässige Abwehr zu schätzen. Bislang hatte man nämlich Spieler weiter hinten aufgestellt, die nicht gut genug für den Angriff waren. Obwohl Queens Park den FA-Cup nie gewinnen konnte, war die Mannschaft mit dieser Aufstellung so überlegen, dass sie zwischen 1867 und 1875 keine Gegentreffer kassierte. Schließlich kopierten einige englische Clubs den eindrucksvollen neuen Stil, allen voran die Royal Engineers und die Vereine aus Sheffield. Als Folge davon verschwand das reine Dribbelspiel allmählich; nun dribbelten die Flügelstürmer, die schnell sein mussten, um an den zunehmend defensiven Außenverteidigern vorbeizukommen.

Im Jahr 1883 war das Passspiel dann so erfolgreich geworden, dass eine weitere taktische Neuerung eingeführt wurde. Nun durften die Angreifer sich die Abseitsregel mit den »drei letzten Verteidigern« zunutze machen, indem sie in Erwartung eines Passes nach vorne, also »in den freien Raum« liefen. Dieser entscheidende Pass musste dann natürlich genau im richtigen Moment kommen, oder man musste den Ball so lange halten, bis sich eine Möglichkeit ergab. All das gelang nur, wenn die Fußballer das Spiel »lesen« konnten und alle sich bietenden Möglichkeiten erkannten.

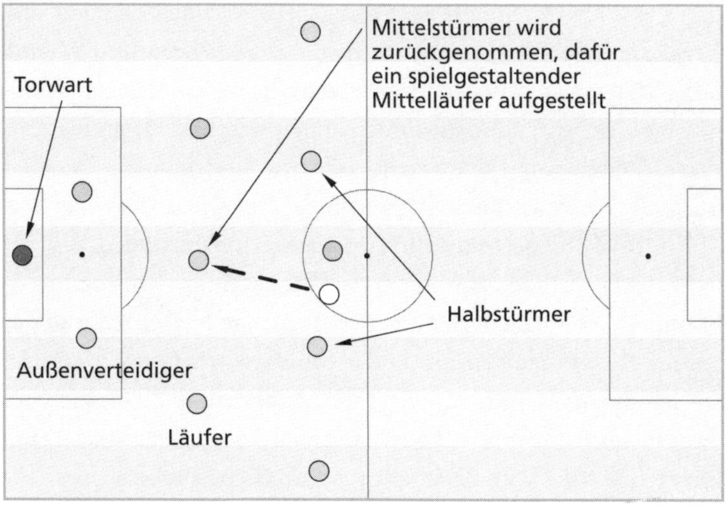

9 Spielgestaltender Mittelläufer und Halbstürmer: klassisches Pyramidensystem, ca. 1883

Einer der beiden Mittelstürmer rückte nun als »Mittelläufer« weiter nach hinten. Es sollte noch häufiger vorkommen, dass Spieler aus dem Sturm abzogen wurden, um Mittelfeld oder Abwehr zu stärken – zum Beispiel in dem wegweisenden Spiel zwischen England und Ungarn im Jahre 1953. In diesem ersten Fall war der Mittelläufer jedoch der Spielmacher im Mittelfeld, das Verbindungsglied zwischen Abwehr und Angriff, um das sich alles drehte. Der Sturm bestand damit nur noch aus fünf Spielern *(Abbildung 9)*, zwei klassischen Flügelspielern und dreien in der Mitte.

Von diesen ließen sich wiederum zwei ein wenig weiter zurückfallen, so dass irgendwann die Position des Halbstürmers entstand. Mit dieser Aufstellung, der so genannten »klassischen Pyramide«, ließ sich der Ball flüssig aus der Abwehr in den Angriff spielen.

Eine »goldene Ära« des Fußballs begann, sehr zur Freude der Fans. Natürlich fand sie bald ein Ende, denn die Außenverteidiger erkannten, wie sie die Abseitsregel mit den »letzten drei Verteidigern« für die Defensivarbeit nutzen konnten. Warum auf zufällige Abseitssituationen warten, wenn man sie durch wenige Schritte auf dem Spielfeld herbeiführen konnte? Das machte viele Angriffsversuche zunichte und läutete eine eher unattraktive Phase des Fußballs ein.

Ein Blick auf *Abbildung 10* macht das Problem deutlich.

Wenn einer der gegnerischen Außenverteidiger auf die herankommenden Angreifer zulief, gerieten diese leicht in die so genannte »Abseitsfalle«. Hatte der Stürmer nicht aufgepasst, so waren nur noch zwei Abwehrspieler, nämlich der Torwart und der zweite Außenverteidiger, näher am Tor als er selbst. Dazu mussten sich die Verteidiger zwar genau absprechen, aber die Taktik zeigte große Wirkung: Es gab kaum noch Angriffe, sondern das Spiel konzentrierte sich auf das »mittlere Drittel« des Spielfelds, wobei bis zu 40-mal pro Spiel Abseits gepfiffen wurde.

Nach ausführlichen Debatten, an denen Spieler, Offizielle und Fans beteiligt waren, wurde die Abseitsregel wieder einmal geändert: Ab 1925 mussten nur noch zwei Verteidiger zwischen Stürmer und Tor stehen. Diese Neuheit zeigte sofort Wirkung, denn in der Saison 1925/26 fielen 30 Prozent mehr Tore als im Vorjahr. Die beiden letzten Verteidiger hatten gegen die Angreifer einen schweren Stand, Steilpass um Steilpass landete in der gegnerischen Hälfte, und es schlug die große Stunde der Stürmer, vor allem der Mittelstürmer.

Mittlerweile hatten jedoch auch die Betreuer der einzelnen Mannschaften bessere technische Kenntnisse und konnten Probleme schneller erkennen und lösen. Einer der besten Trainer war Arsenals Herbert Chapman, der 1925 der erste hauptberufliche Fußballtrainer Englands wurde. Er schloss die Lücke in der Verteidigung, indem er den offensiven Mittelläufer auf eine Defensivposition zwischen die Außenverteidiger stellte (*Abbildung 11*) und so die »third back«-Aufstellung kreierte.

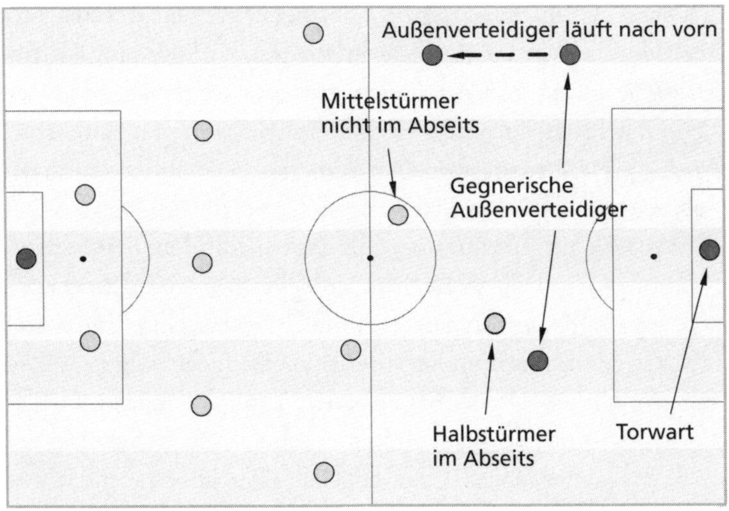

10 Außenverteidiger nutzen die »Drei-Abwehrspieler«-Abseitsregel aus

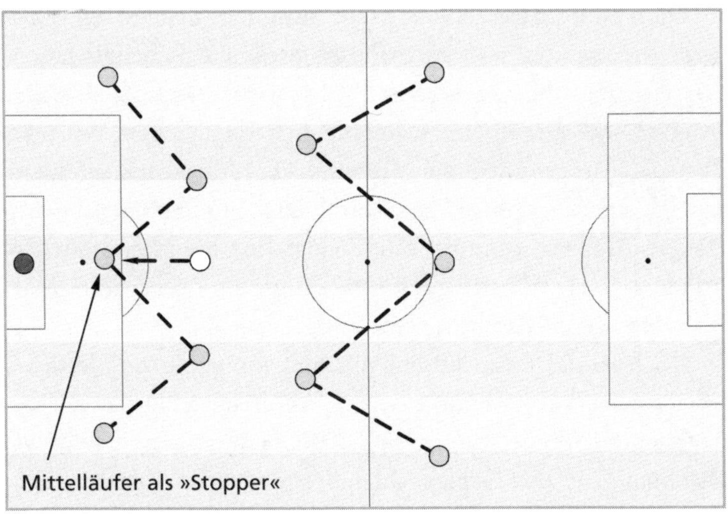

11 Chapmans Mittelläufer als »Stopper« und die »W-M«-Formation, 1925

Dieser Mittelläufer wurde selbstverständlich als »Stopper« bezeichnet, da er die Mittelstürmer aufhielt, indem er Steilpässe abfing, Flanken von den Flügelstürmern wegköpfte und den Verteidigern gegen besonders gute Flügelspieler zu Hilfe kam. Auch die Halbstürmer spielten nun etwas weiter hinten, um das Fehlen des kreativen Mittelläufers auszugleichen. Diese so genannte »W-M«-Formation – auf dem Feld bilden die Spielerpositionen nämlich die Buchstaben W und M – wurde von den anderen englischen Teams und vielen internationalen Mannschaften bald übernommen und schließlich weltweit gespielt. Wir werden jedoch sehen, dass dies nicht die einzige taktische Konsequenz war, denn auch in der Schweiz, in Italien und vor allem in Ungarn machte man sich Gedanken über die effektivste Mannschaftsaufstellung.

Dem Fußball ging es zwischen 1920 und 1950 ähnlich wie der klassischen Naturwissenschaft gegen Ende des 19. Jahrhunderts. Beide hatten ihren Zenit erreicht, und man glaubte, es werde keine neuen Erkenntnisse mehr geben, sondern lediglich kleinere Korrekturen des bestehenden Systems. Im Fußball waren Angriff und Verteidigung zahlenmäßig ausgeglichen, also würden die Außenverteidiger weiterhin die gegnerischen Flügelspieler decken, während die Mittelläufer mit den gegnerischen Mittelstürmern erbittert um den Ballbesitz kämpften. Besonders England hatte allen Grund, stolz zu sein. Schließlich war man auf heimischem Boden ungeschlagen.

Doch all das sollte auf einen Schlag hinweggefegt werden – genau wie die Erkenntnisse der modernen Physik um die Jahrhundertwende die klassische Naturwissenschaft zunichte machten. Englands Schicksal lauerte in Gestalt einer begnadeten ungarischen Mannschaft, einer Mannschaft, die diese Selbstgefälligkeit bestrafen und eine neue Ära der Fußballtaktik einläuten sollte, indem sie die defensiven Schwächen der sorgfältig gepflegten W-M-Formation schonungslos aufdeckte.

3.
Ungarische Rhapsodie – Spielen nach Zahlen

Im Jahre 1953 wurde die englische Nationalmannschaft für ihre taktische Naivität und die Schwächen ihres W-M-Systems bitter bestraft. Zwei legendäre Spiele, die in jenem Jahr im Wembley-Stadion stattfanden, zeigten den enormen Unterschied zwischen alt und neu: zum einen das Pokalfinale zwischen Blackpool und den Bolton Wanderers im Mai, zum anderen das Freundschaftsspiel England gegen Ungarn im November. Zwei Spiele, die deutlich machen, wie eine Ära zu Ende gehen kann – zuerst das beste Pokalfinale aller Zeiten, in dem die englischen Tugenden schlechthin demonstriert wurden, und dann, gerade mal sechs Monate später, ein Länderspiel, das die Schwächen der Nationalmannschaft aufs Grausamste bloßstellte.

Ein Ausscheidungsturnier wie der FA-Cup ist im Grunde die Evolution im Kleinformat: Die Mannschaften werden nach dem Zufallsprinzip zu Paaren zusammengestellt, und die jeweils stärkere setzt sich durch, zumindest theoretisch. Im Jahre 1953 standen sich also Blackpool und die Bolton Wanderers in Wembley gegenüber. Bolton hatte das Finale bereits sechsmal bestritten und dreimal gewonnen, unter anderem 1923 das erste Endspiel im neu erbauten Wembley-Stadion. Blackpools goldene Zeiten waren dagegen vorüber, 1948 und 1951 hatte die Mannschaft das Finale verloren. Vor allem ihrem Veteranen, Flügelstürmer Stanley Matthews, dem der prestigeträchtige FA-Cup-Sieg noch in der Titelsammlung fehlte, lief die Zeit davon. Obwohl er schon viele Länderspiele für England bestritten hatte, stand er bei den Trainern nicht hoch im Kurs, denn mit seinen 38 Jahren traute man ihm keine Spitzenleistungen mehr zu. Doch wie so oft strafte auch er die Zweifler Lügen: Bei seinem letzten Profieinsatz war er über 50. Als man ihm schließlich den wohlverdienten Adelstitel verlieh – übrigens der erste überhaupt für einen Fußballspieler –, würdigte man damit nicht nur seine spielerischen Fähigkeiten, sondern auch sein jederzeit vorbildliches Verhalten.

In gewisser Weise hatten sich die Fans im Stadion und die vielen Millionen vor dem Fernseher das einzigartige Pokalfinale, das sie in jenem Jahr miterleben durften, redlich verdient. Im Dezember 1952 hatte Großbritannien unter dem schlimmsten Smog aller Zeiten gelitten, fünf Tage lang lag das ganze Land unter einer dichten Decke aus giftigen Abgasen. Offiziell war von 4000 Toten die Rede, nach späteren Schätzungen gab es jedoch eher 12 000 Opfer. Im Januar dann ein weiterer Schicksalsschlag: Ein Orkan löste eine entsetzliche Sturmflut an der Nordseeküste aus, so dass selbst am Ärmelkanal und in den Niederlanden die Dämme brachen. Über 2000 Menschen verloren ihr Leben, viele Tausend wurden obdachlos. Die ganze Nation atmete auf, als endlich der Frühling kam. Wie in vielen europäischen Ländern war die Bevölkerung durch die Entbehrungen der beschwerlichen Nachkriegszeit zermürbt. Nun freuten sich die Patrioten auf die im Juni anstehende Krönungsfeier Königin Elizabeths mit Straßenfesten und Fahnenmeeren, während die Fußballfans ihrem Höhepunkt des Jahres, dem Wembley-Finale im Mai, entgegenfieberten.

In jenem Spiel setzten beide Teams auf das seit vielen Jahren bewährte W-M-System. Aus heutiger Sicht hatte diese Aufstellung zwei entscheidende Schwachstellen – welche die gegnerische Mannschaft aber nur selten ausnutzte, da sie zumeist mit der gleichen Taktik spielte.

Die erste Schwäche lag darin, dass die einzelnen Positionen und die dadurch bedingte Manndeckung sehr starr vorgegeben waren. Die Mittelläufer deckten die Mittelstürmer, die Verteidiger deckten die Flügelstürmer und die Läufer deckten die Halbstürmer. Heutzutage kann man sich kaum noch vorstellen, wie unflexibel die Spieler damals waren. In jenem berühmten Pokalfinale gab es zwei klassische Mittelstürmer, Nat Lofthouse für Bolton und Stan Mortensen für Blackpool. In erbitterten Zweikämpfen und Kopfballduellen setzten die beiden herausragenden Nationalspieler sich mit den gegnerischen Mittelläufern auseinander, ganz orthodox Mann gegen Mann. Niemals wäre ihnen der Gedanke gekommen, dass sie auch hinter dem Sturm spielen könnten – und genauso wenig hätte ein Verteidiger damals zu einem Lauf in die gegnerische Hälfte angesetzt. Ganz selten sah man mal eine derartige Aktion, aber in der Strategie der meisten Trainer waren solche taktischen Finessen nicht vorgesehen.

Der zweite Schwachpunkt betraf die Art und Weise, wie die Abwehr auf einen drohenden Angriff reagierte. Im W-M-System bildeten ein Mittelläufer, zwei Außenverteidiger und zwei defensive Läufer das »M«. Erst wenn das angreifende Team die Mittellinie überquert hatte, rückte die Abwehr zurück, ohne dabei jedoch die Formation aufzugeben – schließlich ging man fest davon aus, dass der Angriff aus der Mitte heraus erfolgen würde *(**Abbildung 12**)*.

Diese Art der Verteidigung bezeichnete man als »ausgeglichen« oder »doppelte Manndeckung«, da sich die vorderen Abwehrspieler immer darauf verlassen konnten, dass weiter hinten noch ein Mannschaftskollege wartete, um den Stürmer abzufangen. Problematisch war diese Taktik nur, wenn Angriffe über die Seiten erfolgten; bereits in den 50er Jahren fielen Tore besonders oft nach Vorlagen von den Flügeln. Um die doppelte Deckung beizubehalten, musste sich das »M« daher um den Mittelläufer drehen *(**Abbildung 13**)* und von der Mitte wegrücken.

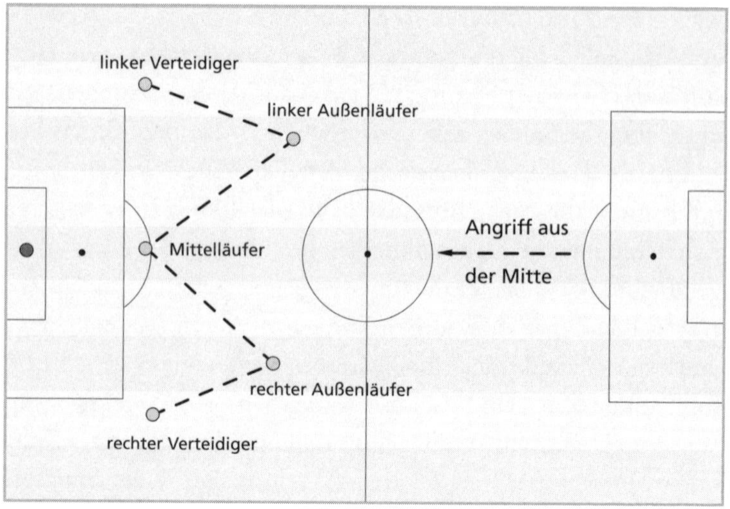

12 Das »M« der W-M-Formation bei einem Angriff aus der Mitte

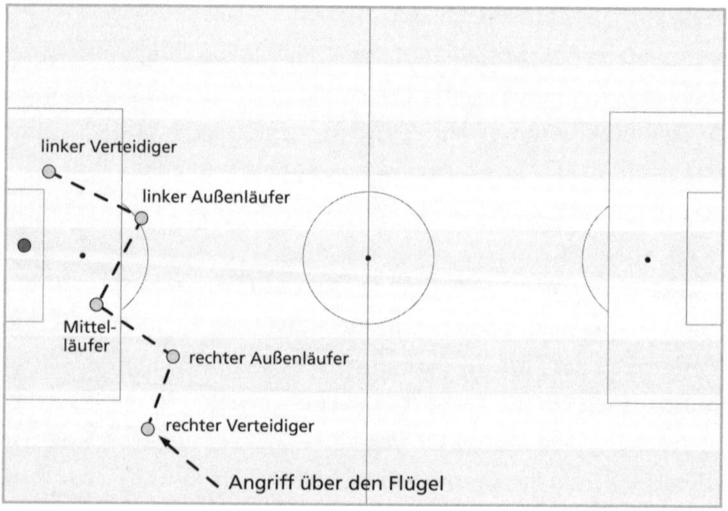

13 Das gedrehte »M« bei einem Angriff über einen der Flügel

Der eine Außenverteidiger befand sich dann direkt an der Angriffsstelle, während der andere eher zentral nahe der eigenen Torlinie stand. Stürmer, die auf der anderen Seite durchbrachen, gerieten folglich nicht so leicht ins Abseits und konnten mit einem raschen Querpass angespielt werden. Da sich die Abwehr in diesem Fall sozusagen auf der falschen Seite aufhielt, hatte sie kaum die Möglichkeit, einen Querpass oder einen Angriffslauf in den Strafraum zu parieren.

Das FA-Cup-Finale von 1953 ist mittlerweile legendär. Knapp 22 Minuten vor Schluss lag Bolton 3:1 in Führung und schien das Spiel locker nach Hause zu bringen. Es sah so aus, als hätte Blackpool sich wie in den Jahren zuvor geschlagen gegeben – doch dann legte Matthews los. Man nannte ihn Dribblezauberer, obwohl er nie ein Dribbler im klassischen englischen Sinne gewesen war. Seine Stärke lag vielmehr in seiner Antrittsschnelligkeit. War er in Ballbesitz, blieb er manchmal kurz stehen, damit der Verteidiger sich näherte. Erst dann lief er los, und zwar gar nicht mal so schnell, sondern mit kleinen Schritten. Meist wich der Verteidiger daraufhin wieder zurück, ohne ihn aus den Augen zu lassen. Das war der Augenblick für Matthews Markenzeichen, seine berühmte Körpertäuschung: Er neigte sich nach links, als wolle er sich den Ball vorlegen, schoss dann aber nach einem schnellen Richtungswechsel mit dem Außenrist rechts am Gegenspieler vorbei und setzte im Sprint nach, denn auf 20 Meter war er so schnell wie niemand sonst. Nach solchen Spielzügen passte er meist nahe der Seitenauslinie in den Strafraum, direkt auf die Köpfe der torgefährlichen Stürmer.

In den Schlussminuten des unvergesslichen Endspiels lief Matthews sich häufig frei, so dass ihn viele gefährliche Querpässe genau dann erreichten, wenn Boltons Abwehr gerade abgedreht hatte. Bolton war zwar verletzungsgeschwächt – Auswechslungen gab es damals noch nicht –, aber das soll die Leistung von Matthews nicht schmälern. Er forderte die gegnerische Abwehr heraus, und deren Außenverteidiger fiel wieder und wieder auf seine Körpertäuschung herein. Drei Minuten vor Ende der Partie kam Blackpool mit dem 3 : 3 zurück ins Spiel. Fast mit dem Schlusspfiff fiel der Siegtreffer: Matthews zog den Ball aus seiner Lieblingsposition an der Seitenauslinie direkt vor das Tor, und der heranstürmende Bill Perry traf ins Netz. Entgegen jeder Wahrscheinlichkeit hatte Blackpool gewonnen.

Es mag ketzerisch klingen, aber hätte man Matthews an diesem Tag aufhalten können? Wahrscheinlich ebenso wenig wie einen Cruyff, einen Pelé oder einen Maradona in ihren besten Tagen. Vielleicht hätte eine konsequentere Manndeckung verhindert, dass Matthews so oft an den Ball kam, und Bolton hätte ihm nicht so viel Platz für seine spektakulären Aktionen lassen dürfen. Mit etwas Verstärkung hätte der bemitleidenswerte Außenverteidiger vielleicht auch Matthews Sprints an die Seitenauslinie unterbinden können. Aber solche Spekulationen sind müßig, denn so spielte man damals nun einmal. Der Unterhaltungswert war enorm – was also sollte mit dem englischen Fußball nicht in Ordnung sein? Die Antwort ließ nicht lange auf sich warten.

Nach dem Pokalfinale reiste die englische Nationalmannschaft nach Südamerika, um sich ein Bild von den möglichen Gegnern bei der Weltmeisterschaft im nächsten Jahr in der Schweiz zu machen. Mit internationalen Turnieren hatte England bisher keine große Erfahrung, da es lange Jahre Querelen zwischen der FA und der FIFA gegeben hatte. Belgien, Dänemark, Frankreich, die Niederlande, Spanien, Schweden und die Schweiz hatten im Mai 1904 gemeinsam die FIFA, die Fédération Internationale de Football Association gegründet und die FA offiziell gebeten, eine führende Rolle innerhalb der Organisation zu übernehmen. Mit ihrer Idee von einem weltweiten Dachverband stießen die relativ jungen Verbände bei der alteingesessenen FA jedoch auf taube Ohren. Etwa ein Jahr später ließen sich die Engländer allerdings doch noch umstimmen; im

April 1905 traten sie der FIFA bei und waren so gnädig, auch die anderen Mitgliedsländer anzuerkennen. Infolge politischer Differenzen nach dem Ersten Weltkrieg traten England und die anderen britischen Verbände, also Nordirland, Schottland und Wales, 1919 aber wieder aus. Dieser Sonderweg abseits der ständig wachsenden Weltfußball-Gemeinde kam den Fußball auf der Insel teuer zu stehen, denn erst 1946 nahm die FIFA die Briten wieder auf.

Aus diesem Grunde hatte England bis 1953 erst einmal an einer Weltmeisterschaft teilgenommen, nämlich 1950 in Brasilien, als man in der Vorrunde 0:1 gegen die USA verlor und sich nicht für die Endrunde qualifizieren konnte. Bei seiner Südamerika-Tour 1953 zeigte England in Argentinien, Uruguay und Chile den besten Fußball, den der Kontinent zu bieten hatte, in Brasilien bezeichnenderweise jedoch nicht. Gegen Argentinien spielte das englische Team sogar zweimal, erst gegen eine Auswahl aus Buenos Aires (in der aber fast alle Nationalspieler aufgeboten waren), einige Tage später dann gegen die komplette Nationalelf. Die erste Begegnung verlor England 3:1, konnte bei der offiziellen Partie jedoch ein 0:0 herausholen. Chile schlug man mit einer guten Mannschaftsleistung 2:1, unterlag allerdings mit dem gleichen Ergebnis gegen das starke Team aus Uruguay. Schließlich gab es in New York die Revanche für den WM-Schock von 1950: Nach einem 6:3-Triumph über die USA war der englische Nationalstolz wiederhergestellt.

Die Erfolge der Südamerika-Reise stimmten zuversichtlich, und nach der Rückkehr begannen die Vorbereitungen für ein Spiel anlässlich des 90-jährigen Bestehens der FA. Am 21. Oktober spielte die britische Nationalmannschaft in Wembley gegen eine Europaauswahl, in der kein einziger der ungarischen Spieler dabei war, auf die sie nur einen Monat später treffen sollte.

Es war überhaupt ein großer Zufall, dass England dieses Länderspiel – im Fußballjargon ein »Freundschaftsspiel« – im

November gegen Ungarn bestritt. Bei den Olympischen Spielen 1952 in Helsinki hatte FA-Sekretär Stanley Rous miterlebt, wie Ungarn die starken Schweden vernichtend mit 6:0 geschlagen hatte, und, ganz Opportunist, sofort reagiert. Vielleicht wollte er dieses Testspiel, weil er vermutete, dass die Ungarn bei der WM im nächsten Jahr eine wichtige Rolle spielen würden (womit er ja auch richtig lag). Sandor Barcs, der Vorsitzende des ungarischen Fußballverbands, war zunächst jedoch nicht so begeistert von Rous' Vorschlag; die unglaublich bürokratischen Vertreter der kommunistischen Partei in Budapest mussten das Spiel erst genehmigen. Lange Zeit schien die Sache daran zu scheitern, dass Barcs dem Zentralkomitee keinen ungarischen Sieg über England garantieren wollte. Er erläuterte, eine solche Garantie sei im Fußball nun einmal unmöglich – er könne im Falle einer Genehmigung jedoch zusichern, dass Ungarn »sehr, sehr gut spielen und eine Sensation bieten« würde. Schließlich lenkten die Parteibonzen ein, so dass man das Spiel in einem Telefonat mit Stanley Rous für Mittwoch, 25. November 1953, in Wembley ansetzte.

Gusztáv Sebes, der ungarische Trainer, sah sich im Oktober das Jubiläumsspiel an, um die Leistung der britischen Nationalmannschaft gegen die Europaauswahl aufmerksam zu studieren. England war auf heimischem Boden bislang ungeschlagen, doch an jenem Tag war es beinahe so weit. Erst ein Elfmeter in der 92. Minute zum 4:4 sicherte den Engländern das Unentschieden. Sebes hat sich zwar nicht über Englands Leistung geäußert, aber auf jeden Fall nahm er das bevorstehende Freundschaftsspiel nicht auf die leichte Schulter. Am nächsten Tag kam er noch einmal nach Wembley und inspizierte das Spielfeld in aller Gründlichkeit, notierte sich die Abmessungen und versuchte abzuschätzen, wie die Sonne während der Partie stehen würde. Ihm fiel auf, dass der Ball von dem weichen Rasen weniger hoch zurückfederte, als er es gewohnt war, und er bat darum, einen englischen Fußball mit nach Hause nehmen zu dürfen. Bereitwillig stellte ihm Stanley Rous drei Exemplare zur Verfügung. Gerüchten zufolge ließ er sogar fünf Bälle mit der Post nach Ungarn schicken, aber das erscheint doch recht unwahrscheinlich. Der ungarische Abwehrspieler Jeno Buzansky beschrieb die Unterschiede zwischen englischen und ungarischen Fußbällen hochwissenschaftlich: Das englische Modell sei fester und fühle sich an, »als würde man einen Holzball treten«. Dabei gab es damals noch keine Zwischenschichten zwischen Blase und Hülle, die sich auf das »Spielgefühl« auswirken konnten, und der vorschriftsmäßige Luftdruck unterlag strengen Kontrollen. Es bleibt also ein Rätsel, woher diese angebliche Weichheit des ungarischen Balls stammen konnte. Der Fairness halber sei aber gesagt, dass die Wahl des richtigen Balls damals immer eine ziemlich heikle Angelegenheit war.

Im ersten WM-Finale zwischen Argentinien und Uruguay im Jahre 1930 existierten dazu noch keine Vorschriften, und beide Seiten bestanden auf ihrem Ball. Schließlich wurde zunächst mit dem argentinischen Leder und in der zweiten Hälfte mit dem aus Uruguay gespielt. Nach einem 2:1-Rückstand zur Halbzeit gewann Uruguay schließlich 4:2 – vielleicht lag es wirklich am Ball. Auch bei der WM 1962 in Chile gab es zunächst Probleme, weil die Chilenen durchsetzen wollten, dass ausschließlich ihr Ball zum Einsatz kam. Dessen Qualität war jedoch so schlecht, dass die Oberfläche sich bereits bei einem ganz normalen Spiel ablöste. Die Schiedsrichter fanden insgeheim einen Kompromiss: Sie ließen den Anstoß mit dem chilenischen Ball ausführen, wechselten jedoch bei der erstbesten Gelegenheit zu dem deutlich besseren schwedischen Leder. Fast wäre der Plan gescheitert, denn der chilenische Zoll wollte die schwedischen Bälle bei der Einreise beschlagnahmen. Zum Glück kam es dann doch nicht so weit, denn sonst wäre die Welt nicht in den Genuss der unglaublichen Freistöße von Brasiliens

Garrincha gekommen – Leckerbissen, die nur mit der stabilen Aerodynamik des schwedischen Balls möglich waren.

Abgesehen vom Spielgerät waren die Ungarn bestens vorbereitet und konnten nun ernsthaft planen. Zu Hause verbreiterten sie das Spielfeld, damit es den Abmessungen von Wembley entsprach, und in Testspielen imitierten die Gegner die englische Taktik. Daran lässt sich erkennen, wie unflexibel England spielte: Die Ungarn wussten ganz genau, wie die Taktik des Gegners aussehen würde, und legten sich eine entsprechende Strategie zurecht. Allerdings kann so etwas jederzeit auch nach hinten losgehen. Zehn Tage vor dem Freundschaftsspiel traf Ungarn in Budapest erneut auf Schweden. Die Schweden hatten offensichtlich aus dem Debakel im Vorjahr gelernt, denn das Spiel endete unentschieden mit je zwei Treffern für beide Teams. Das lag vor allem daran, dass Ungarns Nandor Hidegkuti nicht zum Zuge kam, weil die Schweden ihn ständig deckten – dazu waren zwei Spieler erforderlich, jeweils einer in jeder Spielhälfte. Englands autoritärer Teamchef Walter Winterbottom war bei dieser Partie dabei, auch das Olympia-Match zwischen Schweden und Ungarn hatte er verfolgt. Falls ihm jedoch irgendetwas Besonderes aufgefallen war, so äußerte er sich zumindest nicht dazu. Auf der Reise nach London legten die Ungarn noch einen Zwischenstopp in Paris ein, um gegen eine Auswahl der Renault-Werke zu spielen, die sie laut Hidegkuti mit 16:1 schlugen. Eine herrliche Vorstellung – als würde heutzutage die brasilianische Nationalmannschaft bei den Ford-Werken anklopfen, um mit den Jungs vom Fließband eine Runde auf dem Bolzplatz zu kicken.

Die Ungarn wohnten mitten in London, im Cumberland Hotel am Marble Arch. Genau 90 Jahre zuvor hatten andere engagierte Fußballer in der Freemasons Tavern in London das erste Regelwerk zusammengestellt – im Cumberland Hotel sollte nun die Spieltaktik revolutioniert werden. Ungarns Ver-

14 Ungarn und England, 1953

bandvorsitzender Sandor Barcs, der so hartnäckig mit den ungarischen Kommissaren verhandelt hatte, nahm an der taktischen Besprechung mit Teamchef Sebes teil. Später berichtete er, diese habe vier Stunden gedauert und er habe kaum etwas verstanden. Schließlich machte sich der Mannschaftsbus auf den Weg nach Wembley.

Die meisten der 100 000 Zuschauer an diesem Mittwochnachmittag hatten die Ungarn noch nie spielen sehen. Bei ihrem letzten Auftritt in England, 1936 im Stadion von Arsenal, hatten sie 6 : 2 gegen die Nationalmannschaft verloren. Doch bereits in der Aufwärmphase war deutlich zu erkennen, dass man es mit einem neuen Team zu tun hatte. Ferenc Puskas, der Halbstürmer, der eine wichtige Rolle übernehmen sollte, und Mittelfeldspieler Jozsef Bozsik passten einander den Ball Volley zu, stoppten ihn mit dem Spann und schossen dann Volley zurück – bis zu achtmal hintereinander, aus über 20 Metern Entfernung. Leider sind davon keine Filmaufnahmen erhalten, die wichtigsten Spielszenen sind jedoch in einem Wochenschaubeitrag zu sehen.

Abbildung 14 zeigt, wie die Mannschaftskapitäne ihre Teams auf das Spielfeld führen.

Beide merken, dass ein Fotograf bereitsteht, und Billy Wright (der mit dem Ball unterm Arm) reagiert sofort: Lächelnd und mit erhobenem Kinn betritt er den Platz. Ungarns Kapitän Puskas dagegen marschiert mit entschlossener Miene kerzengerade aufs Feld. Wie viele der ungarischen Spieler war er zumindest offiziell in der Armee, weshalb ihn die Presse gerne als »galoppierenden Major« titulierte. Nach den Konventionen der W-M-Formation wäre Wright eigentlich Puskas' Manndecker gewesen, doch so nah wie auf diesem Foto sollte er seinem gerissenen Gegner den ganzen Nachmittag nicht mehr kommen. Hinter Wright ist Gil Merrick, der Torhüter von Birmingham City, zu sehen, und auf Puskas folgt Ungarns Schlussmann Gyula Grosics. Der Torwart hat den Blick auf den Ball gerichtet – vielleicht denkt er an Sebes' Anweisungen und überlegt, wie das Sprungverhalten des Leders auf dem Rasen sein wird. Der dritte Ungar, Hidegkuti, wird den Engländern am schlimmsten zusetzen. Beim Einlauf sieht er zu Boden, aber nicht ängstlich oder voller Ehrfurcht, sondern wie jemand, der über eine schwierige Mathematikaufgabe nachgrübelt.

Auch die Mannschaftskleidung ist sehr aufschlussreich. England trat im traditionellen Weiß an, die Ungarn in Rot. Nach aktuellen Studien verhilft die Farbe Rot einem Team zu deutlich besseren Mannschafts- und Einzelleistungen, aber in den 50er Jahren war das noch nicht bekannt. Außerdem hatten die Ungarn derartige Unterstützung wirklich nicht nötig. Erstaunlich ist vielmehr, wie adrett die Engländer aussehen. Alle Spieler, sogar der Torhüter, haben die Ärmel aufgekrempelt – nicht etwa lässig und achtlos, sondern exakt bis zu den Ellenbogen, als wäre das am Kabinenausgang offiziell kontrolliert worden. »Packen wir's an!«, scheinen sie sagen zu wollen. Alle tragen die weiten Hosen, in den Fußballsendungen der damaligen Zeit immer noch als »Knickers« bezeichnet, dazu ordentliche Hemden, zu denen nur noch eine Krawatte gefehlt hätte. Ganz anders die Ungarn: Sie haben keine Hemden an, sondern hochmoderne, am Kragen geschnürte Langarmtrikots. Als Billy Wright bemerkte, dass die seltsamen Schuhe der Ungarn die Knöchel freiließen, rief er Blackpools Mittelstürmer Stan Mortensen einen Kommentar zu, der in wenigen Worten Englands ganze Selbstgefälligkeit zusammenfasst: »Wird schon klappen, Stan. Die haben die falsche Ausrüstung.«

Den ersten Treffer erzielte Ungarn nicht mal eine Minute nach dem Anstoß. Die Wochenschauaufnahme zeigt, wie Hidegkuti ohne Probleme nach vorne bis vor den englischen Strafraum läuft. Dort steht kein Manndecker, und er wartet einfach ab. Der Ball kommt erst nach rechts, dann wird er zurück ins Mittelfeld gespielt. Alle Augen ruhen auf dem zweiten Stürmer Sandor Kocsis, der sich dem englischen Strafraum nähert, so dass Bozsik auf den lauernden Hidegkuti passen kann. Der sprintet los, lässt die beiden Verteidiger stehen und ist damit auch schon vor dem Tor. Ein letzter Ballkontakt, ein kraftvoller Schuss, und das Leder landet im Netz. Fußballexperten hatten oft behauptet, die Gegner vom Kontinent könnten nicht richtig schießen, doch dieses Gerücht schafften die Ungarn an jenem Tag ein für allemal aus der Welt.

Englands größtes Problem bestand darin, dass Ungarn nicht so spielte, wie es allgemein üblich war. Hidegkuti war kein klassischer Mittelstürmer, sondern agierte mit seinem defensiveren Mannschaftskollegen Bozsik auf einer »zurückhängenden« Position im Mittelfeld. Die Aufstellung war im Prinzip ein Vorläufer des 4-2-4-Systems, wobei Hidegkuti und Bozsik im Mittelfeld besonders gefordert waren. Da sich Hidegkuti den Ball oft tief aus dem eigenen Strafraum holte, war Englands Mittelläufer Harry Johnston in der Zwickmühle. Blieb er hinten, so hatte Hidegkuti im Mittelfeld freies Spiel, setzte er ihm dagegen nach, dann tat sich eine riesige Lücke in der Innenverteidigung auf, welche die unberechenbaren ungarischen Stürmer gnadenlos ausnutzten. Vor sechs Monaten war es in Wembley noch so einfach gewesen: Damals hatte Johnston als Mittelläufer Nat Lofthouse gedeckt, der im Vergleich zu Hidegkuti absolut berechenbar spielte. Die englische Abwehr stand vor dem gleichen Problem – Gegner wie die ungarischen Außen hatte man noch nicht erlebt. Manchmal ließen sie sich weit zurückfallen und erkämpften sich den Ball tief in der eigenen Hälfte, oder sie setzten dem gegnerischen Flügelstürmer nach, um die eigene Abwehr zu entlasten. Was war mit Matthews, Johnstons Teamkollegen aus Blackpool? Er hatte einige gute Szenen, war aber nur noch ein Schatten des Spielers, der das Pokalfinale umgebogen hatte. Flügelstürmer Zoltan Czibor und Verteidiger Mihaly Lantos deckten ihn so effektiv, dass er einfach nicht zum Zuge kam. Bei den meisten Angriffen der Ungarn standen im englischen Strafraum genauso viele englische Verteidiger wie ungarische Stürmer – für die Abwehrspieler natürlich eine Katastrophe. Und die Ungarn erzielten einen Treffer nach dem anderen.

Billy Wright sollte sich später noch häufig darüber amüsieren, wie fassungslos er Puskas' erstes Tor miterlebt hatte. Der Ungar, eigentlich ein Halblinker, war unvermittelt auf der rechten Seite aufgetaucht und bis zum Fünfmeterraum vorgedrungen. Als Wright herbeigestürmt kam, rollte Puskas den Ball lässig ein Stück zu Seite und hämmerte ihn dann ins Netz, während Wright hilflos auf dem Rücken lag. Im weiteren Spielverlauf gelang Puskas noch ein weiteres Tor, ein abgefälschter Freistoß von Bozsik. Ob das nun eine gezielte Aktion oder ein Zufallstreffer war – entscheidend ist, dass die Engländer keine Abwehrmauer aufgestellt hatten, weil sie offenbar nicht im Traum damit rechneten, dass jemand einen Freistoß aus fast 30 Metern Entfernung verwandeln könnte. Das fünfte Tor der Ungarn war besonders bezeichnend. Bozsik hatte den Ball kurz vor der rechten Eckfahne der Engländer abgefangen. Alf Ramsey, Englands rechter Außenverteidiger, verfolgte das Geschehen vom anderen Pfosten und riss verzweifelt die Arme in die Höhe. Schon wieder ein Angriff! Pass auf Puskas, der den Ball frech durch den Fünfmeterraum lupfte, während Bozsik ins Mittelfeld zurücklief. Den anschließenden Kopfball konnte Torwart Merrick zwar gegen den Pfosten lenken, doch durch die hektische Rettungsaktion landete der Ball wieder bei Bozsik, der jetzt weit außerhalb des Strafraums stand. Er nahm an, lief los und ließ Merrick mit seinem unhaltbaren Schuss erneut keine Chance. Zunächst schien es, als sei Puskas ins Abseits gelaufen, weil die englische Abwehr zurückgestürmt war. Doch Ramsey hatte das getan, was Verteidiger unter extremem Druck instinktiv tun: Er war reglos am anderen Pfosten auf der Torlinie stehen geblieben. Als er den Ball aus dem Netz holte, konnte er seine Verzweiflung nicht verbergen, und in der Ferne fing die Kamera die einsame Gestalt von Matthews ein – er wartete auf der üblichen Position der englischen Flügelstürmer auf den Ball, der niemals kam.

Immerhin erzielte England damals auch drei Treffer, die Abwehr der Ungarn war also nicht optimal. Ihr System entsprach noch nicht der modernen Viererkette, sondern der linke Läufer, Jozsef Zakarias, half neben dem klassischen Mittelläufer Gyula Lorant oft als zweiter Innenverteidiger aus. Englands Alf Ramsey konnte in der 57. Minute einen Strafstoß verwandeln, allerdings war dieser Treffer bloße Ergebniskosmetik und längst nicht so wichtig wie sein Tor gegen die Europaauswahl. Im Grunde stellt sich nur die Frage, wieso die Ungarn nicht noch mehr Treffer erzielten. Unter den Zuschauern auf der Tribüne saß an jenem Tag auch der verletzte Tom Finney, ein Flügelstürmer, den die Briten für seine Ballkünste fast ebenso sehr bewunderten wie Matthews. Sein Urteil über das Spiel war knapp und prägnant – es habe ausgesehen, »wie Ackergäule gegen Rennpferde«.

Auch am Tag nach dem Spiel gab es noch ein seltsames Vorkommnis: Stanley Rous suchte Gusztáv Sebes im Cumberland Hotel auf – vielleicht kam er direkt vom Hauptquartier der FA, das damals ganz in der Nähe des Marble Arch lag. Er hatte einen Koffer dabei, den er höchstwahrscheinlich selbst aus dem Taxi ins Hotel trug. Rous gestattete dem fassungslosen Sebes einen Blick in den Koffer, der die Einnahmen aus dem Spiel vom Vortag enthielt. Offenbar fragte Rous, welchen Anteil die Ungarn für ihren Beitrag zu dem grandiosen Spiel haben wollten. Eine unglaubwürdige Geschichte, die jedoch Radiokommentator Georges Szepesi und Sandor Barcs bestätigten. Es bleibt fraglich, ob es wirklich gelungen war, das Geld über Nacht in einen Koffer voller neuer Banknoten einzutauschen, aber die Geschichte ist so natürlich besonders anschaulich. Sebes lehnte jegliche Bezahlung ab, da die Ungarn viel Wert auf ihren Amateurstatus legten, sondern bat nur um ein Rückspiel in Budapest. Dazu waren die Engländer gerne bereit, und sie vereinbarten einen Termin im Mai des darauf folgenden Jahres – diesmal hatte die kommunistische Partei sicherlich keine Bedenken.

Kurz nach dem Wembley-Debakel fand im Londoner Café Royal eine eingehende Analyse mit den Trainern der englischen Topmannschaften statt, um zu erörtern, wie mit einer solchen Taktik und gefährlichen Spielern wie Hidegkuti umzugehen sei. Manche meinten, der Mittelläufer solle dem zurückhängenden Mittelstürmer folgen, andere wollten alles beim Alten lassen. Doch angesichts der Art und Weise, wie man damals über die Mannschaftsaufstellung entschied, waren die besten taktischen Überlegungen zwecklos. Walter Winterbottom berichtet, dass ein neunköpfiges Komitee (acht Juroren und ein Vorsitzender mit der entscheidenden Stimme) für jede Position verschiedene Spieler nominierte. Nehmen wir einmal an, es gab fünf aussichtsreiche Kandidaten für den Torhüterposten. Nach längeren Diskussionen blieben dann nur noch zwei übrig, über die das

Komitee dann abstimmte. Die einfache Mehrheit reichte aus, bei einem Unentschieden gab der Vorsitzende den Ausschlag. Dazu passt der böse englische Witz, demzufolge ein Kamel »ein Rennpferd ist, das ein Komitee entwickelt hat«. Oder, um es mit Tom Finneys Worten zu sagen: Obwohl das Komitee eigentlich ein Rennpferd entwickeln sollte, brachte es erstaunlich oft nur einen Ackergaul zustande.

Das Rückspiel fand am 23. Mai 1954 in Ungarn statt. Das WM-Jahr hatte begonnen, und auch England hatte sich für das Turnier qualifiziert. Der Mannschaft war wohl klar, dass es auf die richtige Vorbereitung und eine gute körperliche und psychische Verfassung ankommen würde. Auf sieben Positionen gab es daher Änderungen: Beide Abwehrspieler, der Mittelläufer und vier Stürmer mussten gehen, während es bei den Ungarn nur einen Wechsel gegeben hatte. Trotzdem war das Spiel für England eine absolute Katastrophe, denn die Ungarn schlugen sie vernichtend mit 7:1. Die Ungarn sagten später, die Berechenbarkeit der Engländer habe sie sehr überrascht. Trotz aller personellen Veränderungen war das alte, vorhersehbare System geblieben, taktische Innovationen sollten noch mehr als ein Jahrzehnt auf sich warten lassen. Und ausgerechnet Alf Ramsey sollte diese Revolution einleiten, der Verteidiger, der an jenem Novembernachmittag im Jahre 1953 so chancenlos gewesen war und 1966 schließlich durch den WM-Triumph in Wembley entschädigt wurde. Bezeichnenderweise hatte er den Trainerposten nur unter der Bedingung angenommen, dass die Mannschaftsaufstellung ihm allein überlassen würde – das Aus für das unsägliche Komitee.

In den Grundzügen war die 4-2-4-Aufstellung nun schon zu erkennen, aber es sollte noch eine Weile dauern, bis das System ausgereift war. Jedenfalls reiste Ungarn als haushoher Favorit zur Weltmeisterschaft in die Schweiz. In der Vorrunde gab es keinerlei Probleme, die Magyaren schlugen Deutschland (wenn auch nur die B-Mannschaft) mit 8 : 3 und schossen insgesamt 17 Tore, während sie selbst nur drei kassierten. Die Deutschen kamen aber trotz der Niederlage weiter, und setzten zum richtigen Zeitpunkt auf ihre Stars. Wie viele große deutsche WM-Mannschaften hatten sie mit Sepp Herberger einen genialen Trainer – und den sollten sie im Endspiel auch brauchen.

Im Viertelfinale traf Ungarn auf die Brasilianer, ebenfalls führend in ihrer Gruppe, wenn auch nicht mit einer so überragenden Leistung. Brasilien spielte damals das klassische W-M-System mit einem »Stopper« im Mittelfeld, dessen Schwächen die Ungarn gnadenlos auszunutzen wussten.

Dieses Viertelfinale sollte später als »Schlacht von Bern« in die Annalen eingehen – dem englischen Schiedsrichter Arthur Ellis gebührt großer Respekt dafür, dass er die aggressive Partie überhaupt vernünftig zu Ende brachte. Drei Spieler bekamen einen Platzverweis: Bozsic prügelte sich mit dem brasilianischen Verteidiger Nilton Santos, so dass beide Rot sahen, und auch Brasiliens Humberto Tozzi musste nach einem bösen Foul vorzeitig vom Feld. Aber damit nicht genug – nach ihrer 4 : 2-Niederlage stürmten die Brasilianer die ungarische Kabine, und es kam zu einer wüsten Prügelei, bei der Schuhe und Flaschen flogen. Angeblich schlug Puskas, der verletzungsbedingt nicht gespielt hatte, dem brasilianischen Mittelläufer eine Flasche ins Gesicht, so dass dieser schwere Verletzungen erlitt. Obwohl ein Mitglied des WM-Komitees den Angriff offenbar beobachtet hatte, hieß es später, »ein Zuschauer« sei der Schuldige. Die FIFA traute sich nicht, selbst Maßnahmen zu ergreifen, sondern überließ die Sache den brasilianischen und ungarischen Verbänden – mit der Folge, dass überhaupt nichts geschah.

Das Endspiel war dann der endgültige Schock für Ungarn. Das überlegene deutsche Team zerstörte mit einem 3 : 2-Sieg ihren Traum vom Weltmeisterschaftstitel. Trotz zweier früher Tore der favorisierten Ungarn gab sich die Mannschaft von

Sepp Herberger nicht geschlagen und verließ sich auf seine taktischen Tricks. Die Deutschen und ihr herausragender Spielführer Fritz Walter ließen sich weder von dem Rückstand noch von dem schlechten Wetter beeindrucken und fegten die Ungarn vom Platz.

Vielleicht hätte Puskas, der noch immer an einer Verletzung laborierte, besser nicht gespielt, doch mit seiner Autorität innerhalb des Teams ließ er sich keine Vorschriften machen, selbst von Trainer Sebes nicht.

Nach der Weltmeisterschaft von 1954 standen Brasilien und Ungarn vor dem Scheideweg. Die Ungarn sollten nie wieder solche Erfolge feiern, denn der ungarische Volksaufstand von 1956 riss die Mannschaft auseinander. In jenem Jahr hatten die Behörden dem Verein Honved, bei dem die besten Nationalspieler aktiv waren, eine Auslandsreise gestattet. Auf der Rückreise von Südamerika erfuhren die Sportler vom Einmarsch der Russen und der brutalen Niederschlagung des Aufstands. Bozsic und Hidegkuti kehrten nach Ungarn zurück, doch Puskas, Kocsis und Czibor gingen ins Exil. Die Mannschaft, die Ungarn 1958 zur Weltmeisterschaft nach Schweden schickte, konnte an die früheren Erfolge nicht anknüpfen, sondern scheiterte bereits in der Vorrunde. Anders die Brasilianer – sie sicherten sich den Titel, weil sie im Gegensatz zu England aus ihren Erfahrungen mit Ungarn gelernt hatten.

Nach der WM von 1954 war den Brasilianern sicher klar, dass sie ihre Spielweise ändern mussten. In Schweden 1958 war ihre Aufstellung jedenfalls eine andere, nämlich die 4-2-4-Formation, die sich bis zum Ende des Turniers auch bei allen anderen Mannschaften durchgesetzt hatte. Angeblich soll ein Trainer aus Paraguay dieses System erstmals im Flamengo Club in Rio eingeführt haben. Wenn das stimmt, dann muss es nach 1956 geschehen sein, den damals hatten die Brasilianer bei ihrer Europareise taktisch nicht überzeugen können.

15 Brasiliens 4-2-4-Aufstellung. WM-Finale gegen Schweden, 1958

Anderen Gerüchten zufolge stammt das 4-2-4-System aus Ungarn: Der ungarische Trainer Bela Guttman, der nach dem Volksaufstand 1956 geflohen war, soll es den Brasilianern vermittelt haben. Wo auch immer die Wurzeln liegen mögen, 1958 war das System perfektioniert, und Brasilien hatte Spieler, die optimal dazu passten. Die historische Aufstellung ist in *Abbildung 15* dargestellt.

Vier Verteidiger spielten wie in der heutigen »Viererkette« auf einer Linie, so dass ein großer Schwachpunkt der W-M-Formation beseitigt war. Die Abwehr musste sich jetzt nämlich nicht mehr um den Mittelläufer drehen, wenn über die Flügel ein Angriff drohte, sondern konnte bei unerwarteten Attacken schnell reagieren. Wenn die letzten vier Spieler diszipliniert in einer Reihe blieben, ließ sich auch die Abseitsregel sehr zum Vorteil nutzen. Die Abwehr umfasste zwei Innenverteidiger – technisch gesehen gab es jetzt keinen Mittelläufer mehr – und zwei Außenverteidiger. Die Innenverteidiger mussten sehr beweglich sein und das Spiel gut lesen können, denn eine gerade Linie ist natürlich immer dann gefährlich, wenn ein Ball durch die Abwehrreihe hindurch oder über sie hinweg gespielt wird.

In solchen Fällen mussten die Innenverteidiger einander flexibel aushelfen. Auch die Torwartrolle war jetzt anspruchsvoller – war die Viererabwehr überwunden, durfte der Schlussmann nicht im Kasten bleiben, sondern klärte die Situation häufig, indem er den Ball außerhalb des Strafraums wegschoss. Die Außenverteidiger waren keine klassischen Abwehrspieler mehr, die nur ab und zu einen Ball nach vorne schickten, sondern sollten schnell und gewandt wie Flügelstürmer weit in die gegnerische Hälfte hineinlaufen.

Herz dieses Systems war das Mittelfeld – dort hatten zwei Spieler die schwerste Aufgabe von allen. Sie mussten eine Brücke zwischen Verteidigung und Angriff schlagen und deutlich vielseitiger sein als je zuvor im Mittelfeld. Wenn ihre Abwehr im 6-Mann-System unter Druck geriet, sprangen sie als Verteidiger ein, griff die eigene Mannschaft an, so halfen sie ebenfalls aus. Im Sturm gab es zumeist noch zwei Innen- und zwei Flügelstürmer, doch Ungarn hatte gezeigt, dass es sinnvoll war, wenn jeder Spieler auf jeder Angriffsposition eingesetzt werden konnte. Agierten die Außenverteidiger nun neuerdings wie Flügelstürmer, dann mussten die eigentlichen Flügelstürmer zusätzlich Abwehraufgaben übernehmen oder die Außenverteidiger unterstützen. Im Jahr 1958 hatte Brasilien zum Glück die richtige Besetzung für die entscheidenden Positionen: Didi und Zito passten perfekt ins Mittelfeld, Djalma Santos war der ideale Offensivverteidiger, und im Sturm waren Pelé und Garrincha nicht zu bremsen. In einem atemberaubenden Finale schlug Brasilien Schweden hoch verdient mit 5:2, womit die bittere Erfahrung von Bern endgültig vergessen war.

Bei der Weltmeisterschaft in Chile 1962 sah die Aufstellung wieder anders aus. Das 4 - 2 - 4 - System bedeutete nämlich eine immense Belastung für die beiden Mittelfeldspieler. War der Gegner einmal an ihnen vorbei, was selbst mit dem besten Mittelfeld gelegentlich geschehen kann, dann waren vier Stürmer ein riskanter Luxus. Nach altbewährtem Rezept reduzierte man also die Angriffsreihe und ließ einen dritten Spieler ins Mittelfeld rücken. Dank dieser 4 - 3 - 3 - Formation konnten die Brasilianer 1962 ihren Titel mit einem 3 : 1-Sieg gegen die Tschechoslowakei verteidigen, allerdings war das Endspiel kein Vergleich zu dem Fußballfest von 1958.

Brasilien setzte zwar als erste Mannschaft bei einem internationalen Wettbewerb auf diese Aufstellung, doch auch andere hatten inzwischen mit 4 - 3 - 3 experimentiert. Alf Ramsey, mittlerweile ein erfolgreicher Vereinstrainer, vollbrachte mit dem relativ unbekannten englischen Club Ipswich Town ein wahres Wunder. Im Jahr 1955 als Trainer engagiert, führte er den Verein in nur sieben Jahren aus den Tiefen der dritten Liga zur englischen Meisterschaft. Auch er hatte nämlich erkannt, welche Möglichkeiten das 4 - 3 - 3 -System bot, und ließ in Ipswich einen klassischen Flügelstürmer weiter hinten spielen.

Die britische Nationalmannschaft, mit der er 1966 schließlich den WM-Titel gewann – die so genannten »flügellosen Wunder« –, schlug Deutschland in der 4 - 3 - 3-Formation (*Abbildung 16*) mit 4 : 2.

Diesen Sieg hatte sie aber nicht nur der Aufstellung, sondern auch ihrer Laufstärke und Ausdauer zu verdanken, denn dank dieser klassischen englischen Tugenden gelang es den Engländern, in der Verlängerung die entscheidenden Treffer zu erzielen.

Während man das 4 - 2 - 4 - System heutzutage noch bei manchen Spitzenteams findet, ist die klassische W-M-Formation völlig verschwunden. Zwischendurch haben die Trainer etliche

16 Englands 4-3-3-Aufstellung – WM-Finale gegen Deutschland, 1966

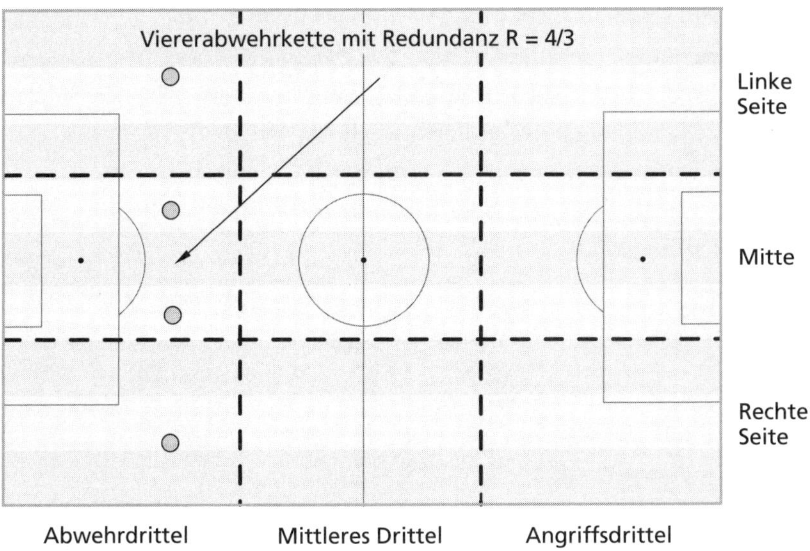

17 Die neun Schlüsselzonen für Abwehr, Angriff und Mittelfeld – Angreifende Mannschaft von links nach rechts

weitere Systeme mit den unglaublichsten Aufstellungen ausprobiert, doch die festen Formationen haben sehr wohl ihre Berechtigung. Dies wird deutlich, wenn wir uns das Spielfeld wie in *Abbildung 17* als strategische Karte vorstellen, die in neun gleich große Felder aufgeteilt ist.

Die Begriffe »Abwehrdrittel«, »mittleres Drittel« und »Angriffsdrittel« erklären sich dabei von selbst, denn die meisten Abwehr-, Mittelfeld- oder Angriffsaktionen finden jeweils in diesen Zonen statt. Genauso wichtig ist die Unterteilung in Mittel- und Außenbereiche. Die Abwehrspieler müssen unbedingt die wichtige mittlere Zone im Angriffsdrittel schützen und sämtliche Gefahren abwehren, die von den beiden Flügeln drohen, denn die Vorlagen zu vielen Torschüssen werden oft erst durch Abwehrfehler an den Angriffseiten möglich.

Da das Ziel jeder Spielformation darin besteht, dass die eigene Mannschaft in Ballbesitz kommt und dann Tore schießt, ist es natürlich wichtig, im Angriffsdrittel am Ball zu sein. Eingehende Spielanalysen bestätigen dies, wie *Abbildung 18* zeigt: Richard Bate hat 1988 die Daten aus 16 internationalen Spielen zusammengestellt und ausgerechnet, wie viel Prozent der Tore jeweils fielen, wenn die erfolgreiche Mannschaft den Ball im Angriffs-, Mittel- oder Abwehrdrittel des Spielfelds erobert hatte.

Feldbereich	**Ballbesitz erobert (%)**	**Entstandene Tore (%)**
Angriffsdrittel	13	66
Mittleres Drittel	46	26
Abwehrdrittel	41	8

18 Prozentsatz der Tore, die nach Ballbesitz in den verschiedenen Feldzonen erzielt wurden (nach Bate)

In nur 13 Prozent der Fälle erkämpfte sie den Ball im Angriffsdrittel, doch daraus entstanden 66 Prozent aller Tore. Will eine Mannschaft gewinnen, muss sie sich also genau darauf konzentrieren, allerdings darf sie dabei das Abwehr- und das mittlere Drittel nicht vernachlässigen. Bei jedem Spielsystem lauten die entscheidenden Fragen demnach:

Können die Spieler die verschiedenen Zonen optimal abdecken und kontrollieren?

Kommen bei dieser Aufstellung genügend Pässe in das Angriffsdrittel?

Sehen wir uns die gängigsten modernen Aufstellungen einmal unter diesen Gesichtspunkten an. Die *Abbildungen 19 a–d* zeigen eine kleine Auswahl, unter anderem auch 4-2-4, da diese Formation historisch so bedeutend war. Da Verteidiger, Mittelfeldspieler und Stürmer während eines Spiels häufig ihre vorgegebenen Positionen verlassen, ist die eigentliche Aufstellung oft nur in bestimmten Schlüsselsituationen erkennbar, zum Beispiel beim Anstoß oder wenn die Abwehr vor einem Torschuss Stellung bezieht.

Ihren Namen erhalten die verschiedenen Formationen nach der Anzahl der Spieler im jeweiligen Spielfelddrittel – bei 4-2-4 in *Abbildung 19a* decken beispielsweise vier Abwehrspieler das defensive Drittel ab, zwei Mittelfeldspieler das mittlere und vier Angreifer oder Stürmer das Angriffsdrittel.

Im Spiel geht es dann hin und her, die Verteidiger unterstützen häufig den Sturm, während die Stürmer manchmal weit in der eigenen Hälfte verteidigen, wenn der Gegner Druck macht.

Sollte jemand ohne große Fußballkenntnisse zehn Feldspieler auf die Zonen in *Abbildung 17* verteilen, dann würde er vermutlich ganz naiv einen Mann in jede Zone stellen und mit dem Verbleibenden je nach Gusto eine beliebige Zone verstärken.

Die historische Entwicklung des Spiels hat jedoch gezeigt, dass dies nicht die intelligenteste Lösung ist. Da wir wissen, wie wichtig die Abwehr ist, wäre es sicher sinnvoll, zunächst das defensive Drittel mit einer Viererkette abzusichern, also einen Spieler auf jede Abwehrseite und zwei in den kritischen Bereich direkt vor dem Strafraum zu stellen. Damit hätten wir dann nicht nur einen Abwehrspieler pro Zone, sondern mehr, als unbedingt erforderlich sind. Dieses Phänomen nennt man Redundanz. Bei einer Viererkette beträgt der Redundanzfaktor »*R*« 4/3 (= vier Abwehrspieler, drei Zonen). Noch größere Redundanz ($R = 5/3$) ließe sich mit einem weiteren Abwehrspieler erzielen; üblicherweise wäre das dann ein Libero. Bleibt die Frage, wie die sechs beziehungsweise fünf anderen Spieler verteilt werden sollen – das kommt darauf an, ob die Mannschaft eher offensiv oder defensiver agieren soll.

Im klassischen 4-2-4-System sind die Redundanzen in Mittelfeld und Angriff 2/3 beziehungsweise 4/3. Solange die Mittelfeldspieler alles unter Kontrolle haben, ist das kein Problem, aber wenn der Gegner mehr Spieler im Mitteldrittel aufgestellt, kann er diese anfällige Zonendeckung leicht überrennen. Während eines Matches verlassen jedoch nicht nur die Spieler ihre Positionen, sondern auch die Angriffs- und Abwehrredundanzen verändern sich je nach Spielverlauf. Am flexibelsten lassen sich Verteidigung oder Sturm verstärken, wenn die Mittelfeldspieler sich frei bewegen und je nach Bedarf vorne oder hinten aushelfen. Früher stellte man meist auf Kosten des Sturms Leute nach hinten – in den 60er Jahren des 19. Jahrhunderts gab es noch acht oder neun Angreifer, ein Jahrhundert später stand nach vielen Experimenten oft nur noch ein einzelner Stürmer auf dem Platz.

So viel zum Thema Deckung und Raumkontrolle. Aber kommen auch genügend Bälle ins Angriffsdrittel? Das war schließlich unser zweites wichtiges Kriterium. Das hängt davon

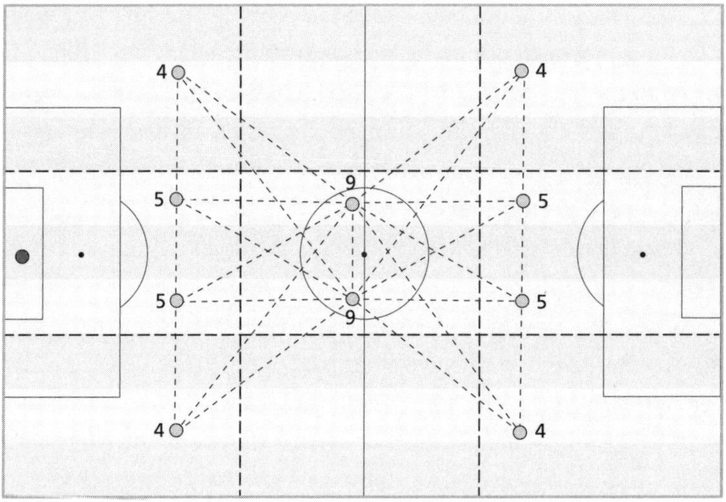

19 a Mögliche Pässe bis zu 40 Metern in der 4-2-4-Aufstellung: Die Zahlen zeigen die Passmöglichkeiten für jeden Spieler an – in dieser Aufstellung sind insgesamt 54 Pässe möglich

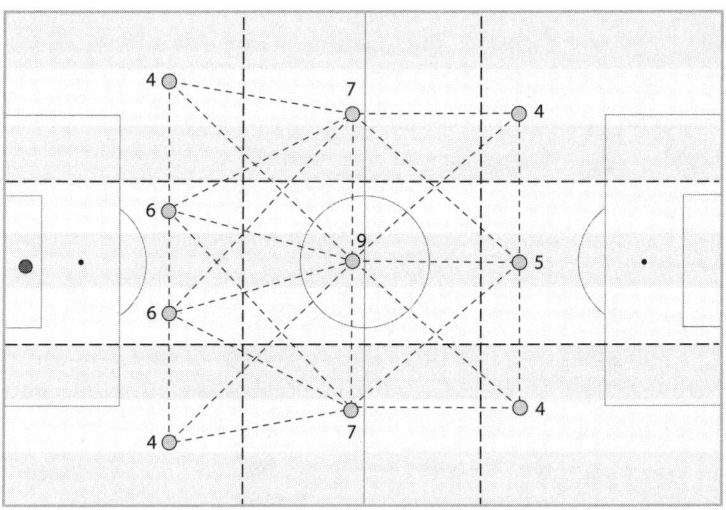

19 b Passmöglichkeiten im 4-3-3-System – insgesamt 56 Pässe

ab, wie effizient das Leder von Spieler zu Spieler gepasst werden kann, obwohl natürlich nicht jedes Zuspiel im Angriffsdrittel landet. Manchmal wird der Ball nach vorn geschossen, wenn die Mannschaft angreift, dann wieder nach hinten oder zwischen Abwehrspielern, Mittelfeldspielern und Stürmern in den jeweiligen Zonen hin und her.

Betrachten wir als Beispiel die Standardaufstellung 4-3-3 in *Abbildung 19b.*

Wenn wir davon ausgehen, dass alle Pässe innerhalb von 40 Metern gleich wahrscheinlich sind, können wir anhand der Anzahl von Mitspielern innerhalb dieses Umkreises errechnen, wie viele verschiedene Pässe für jeden Feldspieler möglich sind. Hierbei sind 40 Meter als Höchstwert angesetzt, denn je weiter der Ball geschossen wird, desto größer ist die Wahrscheinlichkeit, dass ein Verteidiger ihn abfängt. Längere Pässe können die Abwehr zwar auf spektakuläre Weise knacken, aber jenseits dieser Entfernung sinkt die Abschlussquote, also die Wahrscheinlichkeit, dass der Ball sein Ziel wie geplant erreicht, rapide. Unter diesen Voraussetzungen gibt es bei einer klassischen 4-3-3-Aufstellung 56 Zuspielmöglichkeiten. In den Abbildungen zu den verschiedenen Formationen ist dies jeweils für alle Spieler angegeben.

In einer durchschnittlichen Partie spielt jede Seite bis zu 650 Pässe, so dass sich diese Sequenzen ständig wiederholen. Nur sieben der 56 möglichen Pässe im 4-3-3-System, also insgesamt 13 Prozent, sind Vorwärtspässe vom Mittelfeld in das entscheidende Angriffsdrittel. Diesen Wert können wir zu einem Vergleich mit den anderen Aufstellungen in *Abbildung 20* heranziehen.

4-2-4 ist allen Alternativen überlegen, da 15 Prozent aller Pässe das Angriffsdrittel erreichen, während die 4-5-1-Formation aus *Abbildung 19c* mit acht Prozent in dieser Hinsicht die schlechteste Wahl ist.

Aufstellung	Gesamtzahl der Pässe unter 40 m	Pässe aus dem Mittelfeld in den Sturm (%)	Passanteil pro Mittelfeldspieler (%)
4-2-4	54	15	17
4-3-3	56	13	14
4-4-2	66	12	12
4-5-1	62	8	11

20 Passleistung und Anteil der Mittelfeldspieler in Standardaufstellungen

Dieses System, mit einem dicht besetzten Mittelfeld und einem einsamen Stürmer, wird meist eingesetzt, um eine Führung oder ein Unentschieden zu halten. *Abbildung 20* zeigt auch die Höchstzahl der Zuspiele, die in jeder Spielformation denkbar sind. 4-4-2 (66 Pässe) ist dabei die beste, 4-2-4 (54 Pässe) die schlechteste Lösung. Die in *Abbildung 19d* dargestellte 4-4-2-Variante bietet den Feldspielern mehr Möglichkeiten, da durchschnittlich 6,6 Mannschaftskollegen in Schussweite sind.

Bei enger Manndeckung verringert sich diese Anzahl zwar erheblich, ist jedoch deutlich besser als bei 4-2-4 mit 5,4 Spielern in Schussweite.

Da sämtliche Pässe zwischen Abwehr und Angriff durch das Mittelfeld laufen, verdient dieser Bereich in jeder Aufstellung besondere Beachtung. Die Mittelfeldspieler müssen den Ball nicht nur annehmen und verteilen, sondern auch noch ein größeres Laufpensum absolvieren als ihre Mannschaftskameraden. Ihr Anteil am Passspiel lässt sich ermitteln, indem man wie in *Abbildung 20* errechnet, wie viel Prozent aller Pässe (vorwärts, rückwärts und quer) bei jeder Aufstellung im Mittelfeld erfolgen. Dabei hängt das durchschnittlich Pensum des einzelnen Mittelfeldspielers natürlich davon ab, wie viele Spieler in jeder

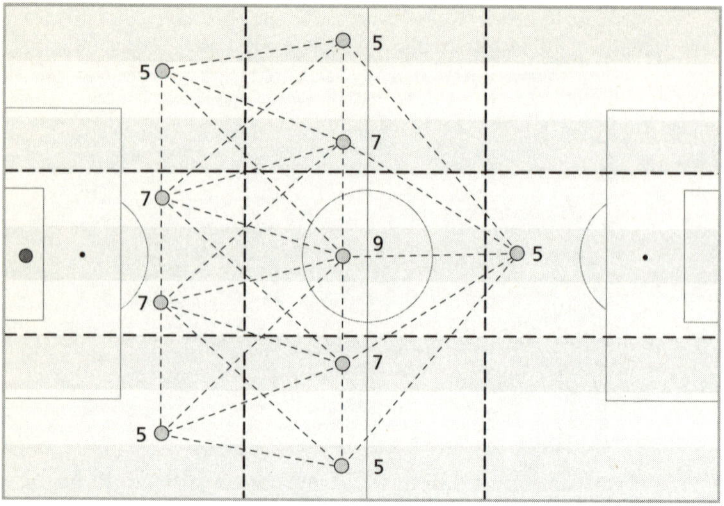

19c Passmöglichkeiten im 4-5-1-System – insgesamt 62 Pässe

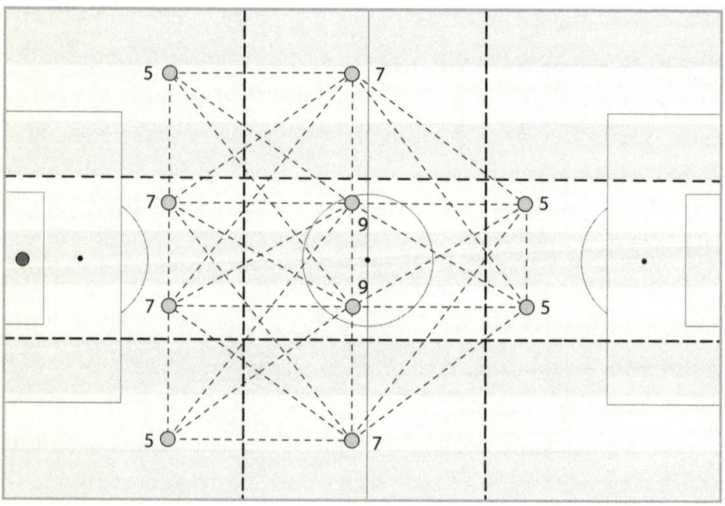

19d Passmöglichkeiten im 4-4-2-System – insgesamt 66 Pässe

Formation auf dieser Position aufgestellt werden. Mit durchschnittlich 17 Prozent ist die Leistung bei 4-2-4 zum Beispiel deutlich höher als bei 4-4-2 mit zwölf Prozent – ein weiterer Grund dafür, wieso sich letzteres System im Spitzenfußball nicht durchsetzen konnte.

Bislang haben wir uns mit den Systemen befasst, die aus dem Versuch entstanden, die inhärenten Schwachstellen der W-M-Formation auszumerzen. Parallel dazu entwickelte sich aber noch ein anderes bekanntes System, das zwar nicht so weit verbreitet war, das Angriffs- und Abwehrverhalten ab Beginn der 1960er Jahre jedoch wesentlich beeinflusste.

Die Grundform *(Abbildung 21)*, in den 30er und 40er Jahren des 20. Jahrhunderts vom Schweizer Nationaltrainer Karl Rappan entwickelt, trug den Namen »Schweizer Riegel« oder *verrou*, nach dem französischen Wort für Türriegel. Diese Bezeichnung war durchaus treffend, denn die Formation beruhte auf einem zurückhängenden Verteidiger (später »Ausputzer« genannt), der hinter den traditionellen Mittelläufern und Außenverteidigern spielte und jedem Stürmer, der die letzte Verteidigungslinie überwunden hatte, sozusagen den Riegel vorschob. Die Aufstellung zwar defensiver als das W-M-System, da einer der Stürmer so weit hinten spielte, aber auch nicht übertrieben defensiv.

Der Argentinier Helenio Herrera machte dieses System schließlich zur unattraktivsten Formation überhaupt. Damit hatte er in den 1960er Jahren mit Inter Mailand zwar großen Erfolg, verdarb den Zuschauern aber die Freude am Fußball. Die wörtliche Übersetzung von *verrou* ins Italienische lautet *catenaccio*. Jeder Fußballkenner weiß, was damit gemeint ist: eine Aufstellung, die nicht nur abriegelt, sondern geradezu verbarrikadiert, so dass es absolut kein Durchkommen mehr gibt.

Abbildung 22 zeigt, dass der Ausputzer auf der üblichen Position spielte, vor ihm allerdings eine Viererkette, die für die rigorose Manndeckung der gegnerischen Stürmer zuständig war. Vor diesem Abwehrschild gingen die Mittelfeldspieler in Habachtstellung, während der meist allein agierende Stürmer oft nur pro forma auf dem Platz stand, da die Formation nur selten ins Angriffsdrittel aufrückte. Vorstöße erfolgten hauptsächlich über einen offensiven Außenverteidiger – Giancinto Facchetti entwickelte diese Rolle sowohl bei Inter Mailand als auch in der italienischen Nationalmannschaft bis zur Perfektion.

Der *catenaccio* sollte in erster Linie Niederlagen verhindern, daher durften die Zuschauer in 90 zähen Minuten häufig nur einen 1:0-Sieg oder ein pragmatisches Unentschieden erleben. Obwohl dieses System jegliche Spiellust unterband, übernahm es in den 60er Jahren sogar die italienische Nationalmannschaft, die begnadeten *azzurri*, und andere führende Mannschaften in Italien. Seinen Kritikern erwiderte Herrera stets, sein System sei gar nicht so fürchterlich defensiv, wenn man offensive Außenverteidiger spielen lasse. Zum Glück ist der *catenaccio* mittlerweile wieder verschwunden – hoffen wir, dass er nicht wie ein längst vergessenes Virus irgendwo in einem Fußball-Labor schlummert und auf sein Comeback lauert.

In den 70er Jahren zelebrierten die großartigen niederländischen und deutschen Mannschaften dann die Antithese zum *catenaccio*, nämlich »Fußball total«. Schon die von den Medien geprägte Bezeichnung lässt ahnen, dass sie dem Spiel jetzt durch einen bisher unbekannten, vielseitigen Spielertypus neues Leben einhauchten. Interessanterweise hatte das System in Deutschland die gleichen Wurzeln wie der *catenaccio*, nur hieß hier der Ausputzer »Libero«. Er konnte die Angriffsmöglichkeiten seiner Position nach Belieben auszunutzen und fungierte als Spielgestalter vor der Viererabwehr. Der Inbegriff eines spielfreudigen Liberos ist Franz Beckenbauer, der sich angeblich von Facchettis Attacken in der ungeliebten *catenaccio*-Formation

21 Der Ausputzer im Schweizer Riegel *oder* verrou

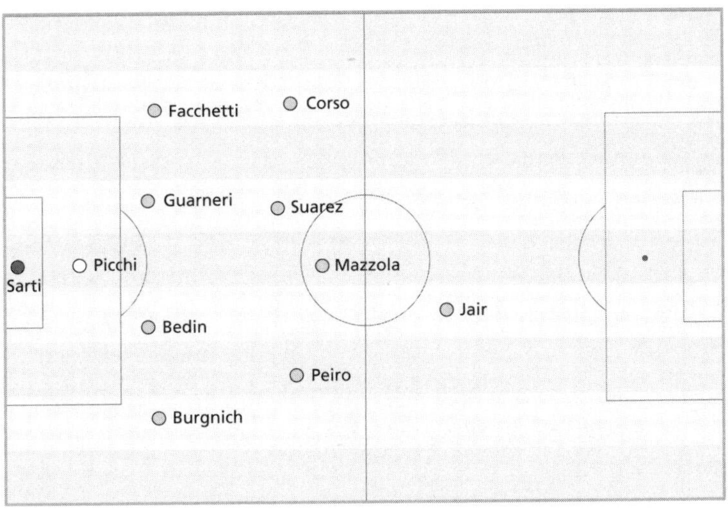

22 Helenio Herreras Version catenaccio: *Aufstellung, mit der Inter Mailand 1965 den Europapokal gewann*

inspirieren ließ. Natürlich war diese Taktik deutlich wirkungsvoller, wenn die Vorstöße nicht von einem Außenverteidiger, sondern von einem begnadeten Spielmacher direkt aus der Innenverteidigung kamen. War England gegen Ungarn noch an einem zurückhängenden Stürmer gescheitert, so gab es jetzt einen stürmenden Abwehrspieler, der sich kaum kontrollieren ließ. Diese Möglichkeiten wusste Beckenbauer wie kein Zweiter auszunutzen.

Die niederländische Version von »Fußball total« hatte diese Bezeichnung vielleicht noch mehr verdient: Angriff und Verteidigung gab es nur noch auf dem Papier, je nach Spielsituation übernahmen die Spieler Abwehraufgaben oder stürmten aufs Tor. Jeder konnte auf jeder Position spielen. Mit diesem System, das optimal auf das Talent von Starspieler Johan Cruyff zugeschnitten war, konnte Ajax Amsterdam unter dem enorm einflussreichen Rinus Michels zwischen 1971 und 1973 dreimal in Folge den Europapokal gewinnen.

Über die Frage »Hätte Team A Team B schlagen können?« lässt sich oft nur spekulieren, doch im WM-Finale von 1974 gab es eine klare Antwort. Im Endspiel, das im Vorfeld als »Entscheidungsmatch Beckenbauer-Cruyff« betitelt worden war, schlug Gastgeber Deutschland die begnadeten Niederländer mit 2:1. Nach einem großartigen Auftakt und einem frühen Elfmeter agierten die Niederländer etwas zu arrogant und mussten dafür schließlich büßen. Vier Jahre später verloren sie erneut gegen das WM-Gastgeberland, diesmal Argentinien – Johan Cruyff hatte sich allerdings geweigert, an dem Turnier teilzunehmen.

Neben den geschilderten klassischen Formationen gibt es noch die verschiedensten Variationen in Bezug auf Taktik und Aufstellung. Da 4-4-2 mit zwei Stürmern gegen eine starke gegnerische Viererkette oft keine Chance hat, spielt man heutzutage gerne 3-5-2, das heißt, der »überzählige« Abwehrspieler, in der Regel ein Außenverteidiger, rückt weiter nach vorne, so dass sich im Mittelfeld mit fünf Spielern bessere Möglichkeiten für die Offensive bieten.

Braucht eine Mannschaft, die eigentlich 4-4-2 spielt, dringend ein Siegtor oder einen Ausgleichstreffer, dann kann ein Mittelfeldspieler nach vorne rücken, so dass sich ein 4-3-3-System ergibt. Auch 4-2-4 ist möglich; diese Formation bietet zwar die besten Angriffsmöglichkeiten, setzt aber auch eine große Risikobereitschaft voraus. Das Mittelfeld steht dabei erheblich unter Druck, und sobald der ersehnte Treffer erzielt ist, sollte die Mannschaft die Führung mit 4-5-1 verteidigen.

4-4-2 ist damit also die ideale Universallösung, die sich für die meisten Situationen eignet und verschiedene taktische Alternativen bietet. Die Redundanz im Abwehr- und mittleren Drittel ist mit 4/3 vorteilhaft, und ein Blick auf *Abbildung 20* verrät, dass sich eine Vielzahl von Passmöglichkeiten bietet. Außerdem erreichen genügend Bälle das wichtige Angriffsdrittel. Abweichungen von der Standardaufstellung sehen in der Regel so aus, dass die vier Mittelfeldspieler in einer so genannten »Rautenformation« spielen – die Angriffs- und Abwehraufgaben der zentralen Mittelfeldspieler werden dann genauer zugewiesen. Ein Abwehrspieler agiert als »Abräumer« vor der Viererkette, während sein Teamkollege eher offensiv direkt hinter dem Sturm spielt.

Kann man nun abschließend sagen, dass ein System allen anderen ganz klar überlegen ist? Nun, die historischen Aufstellungen hätten gegen die verschiedenen modernen Formationen sicherlich keine Chance. Aber was wäre, wenn man 22 Fußballer mit den gleichen Fähigkeiten klonen könnte und dann das eine Team 4-4-2, das andere aber 4-3-3 spielte? Hier ist die Antwort nicht so eindeutig; selbst wenn diese beiden künstlichen Mannschaften das gleiche System spielten, würde das nicht zwangsläufig auf ein Unentschieden hinauslaufen. Schließlich darf man die Rolle des statistischen Zufalls im Fußball nicht unterschätzen. Vielleicht ist es im Grunde so, dass die Spieler das System gestalten und nicht umgekehrt.

4.
Auf den Spin kommt es an – der unhaltbare Freistoß

In den 50er Jahren hat man nicht nur Taktik und Aufstellungen revolutioniert, auch die individuellen Fähigkeiten der Spieler entwickelten sich weiter. Besonders gefragt war damals wie heute das Talent, den Ball anzuschneiden. Diese Technik, früher vor allem eine Spezialität der Südamerikaner, eignet sich besonders für direkte Freistöße aus der torgefährlichen Position unmittelbar vor dem Strafraum, wird jedoch immer häufiger auch bei Torschüssen aus dem Spiel heraus eingesetzt.

Spitzenspieler schießen heute deutlich weiter als früher, so dass erfolgreiche Freistöße aus über 27 Metern Entfernung keine Seltenheit mehr sind. Den echten Ballzauberern gelingen solche Kunststücke scheinbar mühelos, so dass die Fans ziemlich verwöhnt sind und mittlerweile erwarten, dass direkte Freistöße genauso sicher verwandelt werden wie Elfmeter.

In früheren Zeiten stellte die Abwehrmauer für die Stürmer allerdings ein gewaltiges Hindernis dar – schließlich hatte man sie eingeführt, um Direktschüsse aufs Tor zu verhindern.

Die genaue Entstehungsgeschichte der Abwehrmauer ist nicht bekannt, doch sie war eine logische Konsequenz der Tatsache, dass sich ab 1873 Freistöße für unerlaubtes Handspiel und nach und nach auch für andere Verstöße etablierten. Ab 1902 entsprachen die Spielfeldmarkierungen im Großen und Ganzen den heutigen, so dass direkte Freistöße kurz vor dem Strafraum eine brenzlige Angelegenheit für die Verteidiger waren. Ein ungehinderter Schuss aus dieser Entfernung musste unbedingt abgewehrt werden. Die Regeln schrieben zwar einen Abstand von

9,15 Metern zwischen Abwehrspielern und Abschussstelle vor, aber es war nicht verboten, sich wie in *Abbildung 23* in dieser Entfernung dicht nebeneinander in die direkte Schusslinie zu stellen.

Die Anzahl der für eine Mauer erforderlichen Spieler hängt vom Schusswinkel und der Torentfernung ab. In der klassischen Version decken die Verteidiger den langen Pfosten und ungefähr drei Viertel der Torlinie, während sich der Torwart so hinter der Mauer postiert, dass ihm zumindest theoretisch freie Sicht auf den Schuss bleibt.

Lange Zeit beschränkte man sich bei Freistößen darauf, das Leder einfach in die Mauer zu hämmern, in der Hoffnung, der

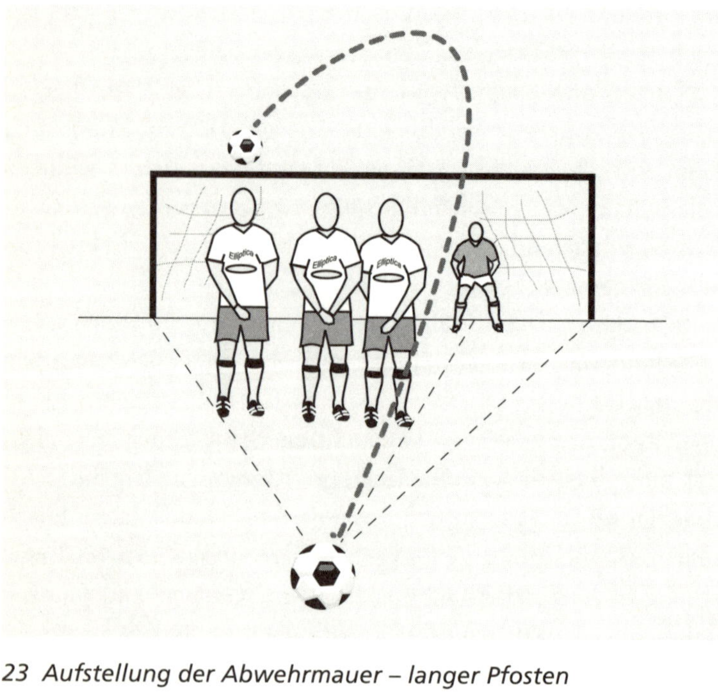

23 Aufstellung der Abwehrmauer – langer Pfosten und 75 % der Torlinie sind abgedeckt, Torwart steht am kurzen Ende der Mauer

Ball könnte durch eine Lücke zwischen den Verteidigern schlüpfen oder für den Torwart unhaltbar abgefälscht werden. Solange die Mauer korrekt aufgestellt war und die Abwehrspieler nicht die Nerven verloren, drohte also keine Gefahr. Allerdings brauchte es ganz schön viel Mut, sich einem – im Extremfall – mit Wasser voll gesogenen, schlammverklebten Lederklumpen in den Weg zu stellen, der mit über 100 Stundenkilometern angerast kam.

Für einen Stürmer gab es damals im Prinzip nur eine Möglichkeit, eine gut aufgestellte Mauer zu überwinden: Er musste hoffen, dass sein Schuss möglichst knapp über die Köpfe der Abwehr ging. Dazu war gutes Augenmaß erforderlich, denn nur zu oft segelte ein solcher Schuss auch über die Querlatte, vor allem, wenn der Ball zu schnell flog. Die falsche Schusstechnik ist ebenfalls fatal, denn wenn man den Fuß *unter* den Ball schiebt, lässt der Rückwärtsdrall das Leder hoch in die Luft steigen. Wird der Ball geschlenzt, dann ist er zwar langsamer, kann von einem aufmerksamen Torwart jedoch meist abgefangen werden. Einen solchen Schuss nennt man in Italien *cucchiaio*, also »Löffel«, weil bei dieser Technik eine übertriebene Schöpfbewegung vollführt wird. Für einen Torwart, der einen *cucchiaio* durchlässt, hat man nur Hohn und Spott übrig.

Schwerkraft und Luftwiderstand, also die Kräfte, die einen Ball bei einem normalen Schuss zu Boden sinken lassen, kommen nur bei bestimmten Entfernungen richtig zum Tragen. Jeglicher Rückwärtsdrall wirkt sich negativ aus, besonders auf den typischen Freistoßdistanzen zwischen 18 und 23 Metern. Daher braucht man eine bestimmte Technik, die dafür sorgt, dass der Ball schnell fliegt – mit mindestens 90 Stundenkilometern –, während gleichzeitig der unerwünschte Rückwärtsdrall unterdrückt wird. Wenn das Leder dabei noch so angeschnitten wird, dass es für den Torwart unhaltbar ist – umso besser.

Dies alles lässt sich nur dann erreichen, wenn der Ball in Seitwärtsrotation, den so genannten Sidespin, versetzt wird. Der erste Spieler, der dieses Kunststück vollbrachte, war der großartige brasilianische Mittelfeldspieler Waldir Pereira, genannt »Didi«. Fast hätte er niemals Fußball gespielt, denn im Alter von 14 Jahren hätte man ihm wegen einer schlimmen Knieinfektion beinahe ein Bein amputiert. Zum Glück wurde er wieder völlig gesund und konnte bei den Weltmeisterschaften 1954, 1958 und 1962 für Brasilien zaubern. Einer seiner gekonnten Freistöße sicherte den Brasilianern sogar einen knappen 1:0-Sieg über Peru, mit dem sie sich für die WM 1958 in Schweden qualifizieren konnten. Unglaublich daher, dass bis zum Auftaktspiel noch nicht feststand, ob Didi überhaupt spielen würde; es hatte sogar das Gerücht gegeben, man werde ihn gar nicht mit zu dem Turnier nehmen. Er erwiderte trocken, das sei ja wohl ziemlich undankbar, schließlich habe er durch seinen Freistoß die Fahrkarte nach Schweden überhaupt erst gelöst.

Mitte der 50er Jahre erregte Didi mit seiner unglaublichen Technik erstmals Aufmerksamkeit. Die Medien kreierten dafür die Bezeichnung *folha seca,* wörtlich übersetzt »trockenes Blatt«, denn Didi ließ den Ball in der Luft schweben wie ein Blatt, das langsam zu Boden sinkt. Manche behaupten, der Ball »sterbe« unterwegs, also verlasse irgendwann mitten in der Luft seine Flugbahn. Über dieses Freistoß-Phänomen wird auch heute noch kontrovers diskutiert. Unbestritten ist jedenfalls, dass sich ein Ball, der fest genug mit Sidespin geschossen wird, während des Flugs nach innen dreht. Als die ersten europäischen Spieler Didis Technik nachahmten, musste die poetische Bezeichnung »trockenes Blatt« der prosaischen »Bananenflanke« weichen, als deren Erfinder der Deutsche Manfred Kaltz gilt. Auch dieser Begriff ist mittlerweile überholt, man spricht jetzt von »Effet« oder »Anschneiden«.

Genau wie die aktuellen Freistoßspezialisten David Beckham, Michael Ballack oder Zinedine Zidane setzte auch Didi, der mit Fug und Recht als Erfinder des angeschnittenen Freistoßes gilt, seine spezielle Begabung so oft wie möglich ein. Seine Freistöße bei den Weltmeisterschaften von 1958 und 1962 in Schweden und Chile sind legendär. Didi schoss mit dem rechten Außenrist, eine ganz besondere Technik, die man in Brasilien *os tres dedos* (»mit drei Zehen«) nannte. Dadurch entstand eine erhebliche Seitwärtsrotation, wenn auch mit dem Nachteil, dass sich Hub und Richtung nicht so gut kontrollieren ließen. Leider gibt es nur wenige Filmaufnahmen von Didis besonderer Technik, so dass wir sie heute kaum noch analysieren können. Spektakuläre Schüsse dieser Art gelingen jedenfalls immer dann, wenn der Spieler den Ball um die Mauer herum zirkelt statt darüber hinweg. Wer erinnert sich nicht an den gewaltigen Effet, mit dem Brasiliens Roberto Carlos das Leder in dem bereits erwähnten Freundschaftsspiel gegen Frankreich so exakt platzierte? Aus einer Torentfernung von 32 Metern schoss er mit dem linken Außenrist, so dass der Ball rechts an der Mauer vorbeisegelte, dann einen scharfen Bogen nach links machte und schließlich vom Pfosten ins Tor prallte. Frankreichs Schlussmann Fabien Barthez konnte nur noch fassungslos hinterherschauen.

Eigentlich ist es merkwürdig, dass die Spieler diese Technik im Fußball nicht schon früher und häufiger anwendeten. Im Golf waren bereits in den 50er Jahren Hooks und Slices an der Tagesordnung, wenn es Hindernisse zu überwinden galt. Der Spin, also die Eigendrehung des Balls, war ein wichtiges Element beim Tennis, und beim Pitchen im Baseball waren Kurvenbälle ebenfalls gang und gäbe. Im Prinzip hat man die Effetwirkung auch damals schon im Fußball eingesetzt, nur eben nicht gezielt und zunächst auch nicht bei Freistößen. Bei Eckstößen gelang es den Flügelstürmern dagegen häufig, dass sich der Ball zum Tor hin drehte, und wenn der Schuss dann direkt ins Netz ging, behaupteten sie natürlich, das sei Absicht gewesen. Bei solchen Eckstößen musste dem Ball Effet verliehen werden, doch über die kürzere Freistoßdistanz griffen – zumindest in Europa – nur wenige Fußballer auf diese Methode zurück.

Woran mag es liegen, dass diese Technik ausgerechnet in Südamerika aufkam? Vielleicht schlicht und ergreifend daran, dass das Wetter dort zumeist warm und trocken ist. Durchnässte, schwere Bälle gibt es dort so gut wie nie, so dass die durch den Effet erzeugten aerodynamischen Kräfte optimal wirken können. Bei einem nassen Ball ist die Reibung zwischen Schuh und Leder meist so gering, dass überhaupt kein richtiger Effet zustande kommt. Erst mit der Einführung der modernen Kunststoffbälle in den 60er Jahren waren gleich bleibende Spieleigenschaften garantiert, so dass die europäischen Fußballer die angeschnittenen Schüsse der Südamerikaner imitieren konnten, die – wie zuvor Didi – mehr und mehr zu europäischen Clubs wechselten. Die Europäer kopierten die Meister ganz genau, und die Mittelfeldspieler studierten angeschnittene Querpässe ein, mit denen sie den Ball à la Didi, also mit dem Außenrist, um einen Abwehrspieler herumlenkten. Damit stellten sie cool unter Beweis, dass sie die neue Technik perfekt beherrschten.

Um zu verstehen, wie ein Freistoßschütze einen Ball so spektakulär anschneiden kann, müssen wir uns ein wenig mit der Aerodynamik des Ballflugs befassen. Die Grundlage bildet die Strömungsdynamik, eine sehr komplexe Wissenschaft, die Mathematiker im 20. Jahrhundert entwickelt haben und die ohne moderne Computer mit der zugehörigen Software kaum denkbar wäre. Das Geheimnis, das hinter dem Flug eines sich drehenden Balls steckt, ist jedoch bereits seit dem ausgehenden 19. Jahrhundert gelüftet, und zwar von Peter Guthrie Tait (1831–1901), einem bedeutenden schottischen Wissenschaftler und Mathematiker, der erstmals den Flug eines Golfballs analysierte.

Tait begann 1848 sein Mathematikstudium in Cambridge. Im Winter jenes Jahres kam es dort am Trinity College zum Streit zwischen Rugby-Schülern und der Mannschaft aus Eton, weil man sich nicht einigen konnte, ob der Fußball mit der Hand gespielt und getragen werden durfte. Wenn Tait dieses Spiel gesehen hätte, hätte er wahrscheinlich nur gelacht, jedoch keinen weiteren Gedanken daran verschwendet. Denn seine Leidenschaft galt dem Golf.

Als er später Professor für Naturphilosophie in Edinburgh war, verlegte er seinen Wohnsitz in den Sommerferien nach

24 Peter Guthrie Tait (1831–1901), schottischer Mathematiker

Aberdeen, damit er täglich auf dem historischen Old Course in St. Andrews spielen konnte – manchmal bis zu fünf Runden am Tag! Wenn andere wissenschaftliche Größen zu den oft umstrittenen Veranstaltungen der Britischen Vereinigung für die Förderung der Wissenschaft nach Schottland kamen, fiel es meistens Tait zu, für deren Unterhaltung zu sorgen. Den deutschen Physiker Helmholtz drängte er ebenfalls zu einem Golfspiel, woraufhin dieser in einem Brief an seine Frau klagte: »Tait hat nur Golf im Kopf. [Er] ist ein sonderbarer Wilder; wohnt hier, so sagt er, nur wegen seiner Muskeln, und lediglich heute, am Sonntag, da er nicht zu spielen wagte, [...] konnte man mit ihm über vernünftige Dinge sprechen.«

Einmal schlug Tait am frühen Abend noch ein Spiel vor, als es in St. Andrews schon dämmerte. Damit man die Bälle noch sehen konnte, ließ er sie mit Phosphor überziehen, allerdings nicht mit einem harmlosen Anstrich, wie wir ihn heute kennen, sondern mit der gefährlichen chemischen Substanz, die bei Kontakt mit der Luft unvermittelt in Brand gerät. Gerade hatten die Golfer den Swilcan Burn auf dem Old Course hinter sich gebracht, da geschah das Unvermeidliche: Ein Spieler griff nach einem Ball, und sein Handschuh ging in Flammen auf. »Darwins Bulldogge«, der bedeutende Biologe T. E. Huxley – übrigens selbst kein schlechter Golfspieler –, leistete anschließend im Clubhaus erste Hilfe.

Somit war es kein Wunder, dass Tait versuchte, seine wissenschaftlichen Kenntnisse für seinen Lieblingssport einzusetzen. Eine scheinbar einfache Frage ließ ihm keine Ruhe: Wieso bleibt der Ball bei einem guten Drive so lange in der Luft? Von einem »guten Drive« sprach man damals, wenn die Reichweite (also die Strecke, die der Ball horizontal flog, bevor er auf dem Boden aufschlug) bei mehr als 165 Metern lag. Die Flugzeit für diese Entfernung betrug knapp über sechs Sekunden. Anhand einfacher Schätzungen kam Tait auf eine Dauer von drei Sekunden bei einer um das dreifache längeren Strecke: Bei derart extremen Abweichungen konnte also etwas nicht stimmen. Ein mathematisches Modell, das den Flug des Balls simulierte, sollte neue Erkenntnisse liefern. Als Grundlage dienten einige handfeste Fakten: Die Reichweite sollte 165 Meter betragen, die Flugzeit etwas mehr als sechs Sekunden, und wie ein echter Golfdrive sollte die Flugbahn nicht nach der Hälfte, sondern nach ungefähr 70 Prozent der Strecke ihren höchsten Punkt erreichen.

Zunächst mussten jedoch Daten zusammengetragen werden. Tait verließ sich dabei auf eine außergewöhnliche Mischung aus sachkundigen Vermutungen und exakten, wenngleich ziemlich ausgefallenen Experimenten. Einen wichtigen Parameter für das Flugmodell, nämlich die Ausgangsgeschwindigkeit des Balls, ermittelte er mit Hilfe eines ballistischen Pendels. Dieses physikalische Gerät muss man sich wie eine Standuhr vorstellen, an der ein Gewicht – ein Lot – aus energieabsorbierendem Material hängt. Der Gegenstand, dessen Geschwindigkeit man messen will, wird gegen das Lot geschossen, so dass der Pendelausschlag der Aufprallgeschwindigkeit dieses Gegenstands entspricht.

Taits Spezialanfertigung war ein richtiges Monstrum. Er stellte es so auf, dass es in einem Türrahmen im Keller seines Physiklabors frei schwingen konnte. Das mit Tonerde gefüllte Lot hatte einen Durchmesser von etwa 30 Zentimetern; dort hinein sollte der Ball also geschlagen werden. Tait konnte tatsächlich einige der besten Golfspieler seiner Zeit dazu bringen, es zu versuchen. Dann wirkte der Impulstransfer, so dass die Ausgangsgeschwindigkeit des Balls anhand des Pendelausschlags gemessen werden konnte.

Das klingt auf den ersten Blick ziemlich simpel, nur musste dazu jemand direkt in der Schusslinie hinter der halb geschlossenen Tür hocken, während ihm die Bälle um die Ohren sausten. Zur Sicherheit verkleidete er den Türrahmen mit Kokosmatten, aber manchmal ging allerdings ein Schlag daneben, so dass die Wissenschaftler Deckung suchten, weil der Golfball durchs Labor schoss.

Selbst bei einer exakten Messung der Eingangswerte ist ein mathematisches Modell immer nur so gut wie die physikalischen Überlegungen, die dahinter stecken. Tait war von der allereinfachsten Annahme ausgegangen, nämlich dass sich der Ball unter Einwirkung der Schwerkraft ohne Luftwiderstand ungehindert bewegte. Die Flugbahn ließ sich demnach leicht berechnen und als Graph darstellen, der auch die vertraute Parabelform aufwies. Die errechnete Reichweite war mit annähernd 550 Metern jedoch immens – so weit würden heute selbst die besten Hitter mit der modernsten Ausrüstung nicht kommen. Demnach konnte die Flugbahn, deren Scheitelpunkt nach der Hälfte der Strecke lag, nicht stimmen.

Beim nächsten Test berücksichtigte Tait daher außerdem den Luftwiderstand. Im 19. Jahrhundert wusste man darüber schon ganz gut Bescheid, und glücklicherweise standen ihm verschiedene Tabellen zur Widerstandskraft zur Verfügung, die auf Messungen mit Schusswaffen basierten. Indem Tait diese Daten anpasste, erhielt er einigermaßen exakte Angaben zu dem Luftwiderstand, der auf einen Golfball einwirkt. Das machte seine Berechnungen zwar komplexer, die ermittelte Reichweite wich aber nur noch um 41 Meter von den erwarteten 165 Metern ab. Offenbar steckte zwischen diesen Extremwerten ein weiterer Mechanismus, und Tait überlegte, welche dritte Kraft den Flug verlängern mochte, indem sie sowohl der Schwerkraft als auch dem Luftwiderstand entgegenwirkte. Eine zufällige Bemerkung in Newtons Schriften brachte ihm schließlich die Erleuchtung: Der große Naturwissenschaftler hatte beobachtet, dass ein Tennisball im Bogen flog, wenn er mit »einem schrägen Schläger« getroffen wurde – heutzutage würden wir das als »anschneiden« bezeichnen.

Newton hatte sich mit der Lichttheorie befasst, denn er wollte die optische Lichtbrechung erklären, also die Art und Weise, wie ein Lichtstrahl abgelenkt wird, wenn er auf ein Prisma trifft. Dabei ging er davon aus, das Licht bestehe aus mikroskopisch kleinen Partikeln. Angenommen, der Lichtstrahl fiele schräg auf das Prisma – dann würde die Glasoberfläche den Partikeln genau wie der Schläger dem Tennisball Spin verleihen, so dass sie die Richtung änderten.

Hier lag Newton zwar falsch, doch Tait erkannte den Zusammenhang sofort. Trifft ein Golfschläger mit der Loft-Seite auf den Ball, so verleiht er ihm einen heftigen Rückwärtsdrall. Vielleicht war es genau diese Eigendrehung, die den Ball der Schwerkraft und dem Luftwiderstand zum Trotz nach oben trieb. Tait ging davon aus, dass der Ball nur dann in die Höhe stieg, wenn er sich um sich selbst drehte und sich gleichzeitig nach vorne bewegte. Erst als seine Studien schon beinahe abgeschlossen waren, stellte er fest, dass einige andere Forscher dies längst herausgefunden hatten. Dieser Effekt trägt heute den Namen des deutschen Physikers Heinrich Magnus, der 1852 den Luftstrom über rotierenden Zylindern untersuchte und diese Kraft erstmals beschrieb. Allerdings hatte der englische Universalgelehrte Benjamin Robins den Magnus-Effekt bereits über hundert Jahre zuvor im Zusammenhang mit Artilleriemunition erforscht. Doch erst der Deutsche wies nach, dass die Hubkraft stets senkrecht zur Bewegungsrichtung und Rotationsachse wirkt. Mit anderen Worten: Wirkt Rückwärtsdrall auf einen Zylinder (oder einen Ball), dann drückt die Kraft nach oben, genau wie Tait vermutet hatte.

So weit, so gut; es war jedoch unendlich kompliziert, die Flugbahn unter Berücksichtigung des Magnus-Effekts, der Schwerkraft und des Luftwiderstands in einem mathematischen Modell zu veranschaulichen. Die damals aufgestellten Gleichungen sind bis heute nicht mathematisch exakt gelöst, und Tait musste sich auf Schätzungen beschränken. Dazu teilte er die gesamte Flugbahn in 36 Yard lange Strecken auf, so dass er die Lösung Schritt für Schritt zusammensetzen konnte. Die stumpfsinnige Berechnung der Ballkoordinaten überließ er seinem Laborassistenten James Wood, laut Tait ein »äußerst schneller und präziser Rechner«. Das musste er auch sein, denn es galt, viele tausend langwierige Rechenschritte auszuführen, bei denen er immer wieder mathematische Tabellen konsultieren musste.

Zu allem Überfluss variierte Tait auch noch die Magnus-Kräfte, um sein Modell der beobachteten Flugbahn anzupassen. Dazu ging er von einem Schätzwert aus, für den er dann die entsprechende Flugbahn überprüfte. Der arme Wood musste sicher unzählige fruchtlose Berechnungen durchführen, bis er endlich einen akzeptablen Wert für die Magnus-Kraft ermittelt hatte, doch nach vielen Wochen war es dann endlich so weit. Heutzutage könnte man Woods Berechnungen mittels Tabellenkalkulation innerhalb von Sekundenbruchteilen wiederholen, aber es spricht für seine Ausdauer und Genauigkeit, dass ihm bei seinen schriftlichen Rechnungen kein einziger Fehler unterlief.

Das Ergebnis ist in *Abbildung 25* zu sehen.

Wirkt nur die Schwerkraft auf den Ball ein, so fliegt er zu weit, wirken dagegen Schwerkraft und Luftwiderstand zusammen, fällt er zu schnell zu Boden; was fehlte, war die aerodynamische Hubkraft. Nur so ließen sich Reichweite, Position des Scheitelpunkts und Flugdauer genau erklären. Es war also unbestritten, dass ein Ball, der sich während des Flugs um sich selbst drehte, die Flugbahn änderte. Tait wandte damals zum ersten Mal eine wissenschaftliche Erkenntnis auf den Sport an, so dass er zu Recht als Begründer der modernen Disziplin »Sportwissenschaft« gilt.

Nachdem er sein Modell auf seine Beobachtungen mit dem Golfball abgestimmt hatte, konnte Tait die Kraft berechnen, die durch die Eigendrehung des Balls entsteht. Während der größ-

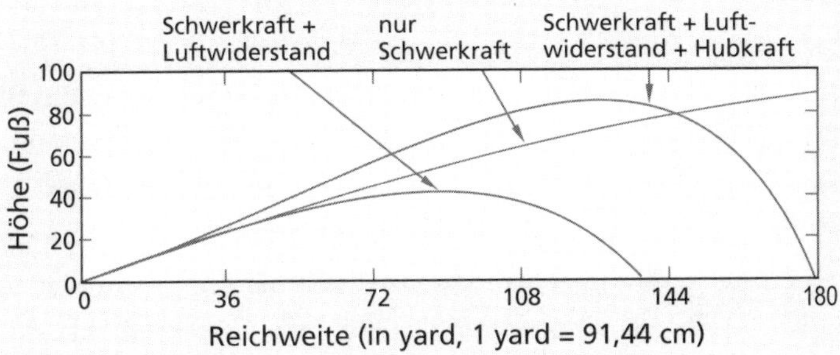

25 Taits Modell für den Flug eines Golfballs

ten Strecke der Flugbahn betrug sie nur wenig mehr als das Ballgewicht, demnach musste ein Golfball während des Flugs im Grunde meist schwerelos sein. Tait brannte darauf, seine Entdeckung weiter zu erforschen, doch seine wissenschaftliche Abhandlung aus dem Jahre 1896 enthält einen traurigen Satz: »Mr. Wood ist nach Australien gegangen.« Ob er dort wieder zur Besinnung kommen oder sein Glück machen wollte, werden wir nie erfahren.

Ende des 19. Jahrhunderts präsentierte Tait seine Erkenntnisse dann der Öffentlichkeit. Neben Veröffentlichungen in den wissenschaftlichen Zeitschriften *Nature* und *Transactions of the Royal Society of Edinburgh* erläuterte er seine Ergebnisse bei Veranstaltungen dieser Gesellschaft auch häufig persönlich. Golfspieler in aller Welt waren entsetzt. Sie waren überzeugt, für eine gute Schlagtechnik seien Kraft und Timing ausschlaggebend, während Drall immer von Nachteil war – und jetzt behauptete jemand, ohne diesen Effekt, der für die schlimmsten Querschläger verantwortlich war, seien keine richtig weiten Schläge möglich! Posthum könnte Tait sich natürlich ins Fäustchen lachen, denn aufgrund seiner Erkenntnisse beschäftigt sich im Golf und in diversen anderen Ballsportarten mittlerweile eine ganze Branche mit der Entwicklung bestimmter Balleigenschaften, welche die Eigendrehung erhöhen oder den Luftwiderstand reduzieren. Und obwohl Tait damals schon entdeckt hatte, wieso jeder Ball, der sich im Flug um sich selbst dreht, einen Bogen beschreibt, sollte es noch über 50 Jahre dauern, bis Didi von selbst darauf kam, diesen Effekt für seine *folha-seca*-Freistöße zu nutzen.

Tait bezifferte zwar die Kräfte, die auf einen sich drehenden Ball einwirken, aber mit den damaligen Mitteln konnte er die zugrunde liegenden aerodynamischen Effekte noch nicht erklären. Die Flugbahn eines Fußballs hängt in erster Linie von den physikalischen Eigenschaften der Luft und der Art und Weise ab, wie sie um den fliegenden Ball fließt. Für viele Leute ist Luft ein Nichts, doch in Wirklichkeit ist sie eine relativ dichte Masse mit messbarer Viskosität oder Reibungswiderstand, also Eigenschaften, die wir eher mit Flüssigkeiten assoziieren. Um einen angeschnittenen Freistoß zu verstehen, muss man wissen, wie die Luft um eine Oberfläche fließt oder sich unter Umständen von dieser abhebt.

Betrachten wir zunächst einen Ball ohne Eigendrehung, der sich vorwärts bewegt, während Luft um seine Oberflächenkonturen fließt. Da eine Kugel keine besonders aerodynamische Form ist, liegt der Luftstrom nur bei sehr niedriger Geschwindigkeit direkt an der Oberfläche. Bei höherem Tempo löst sich der Luftstrom dagegen ab (*Abbildung 26a*), und der gerade,

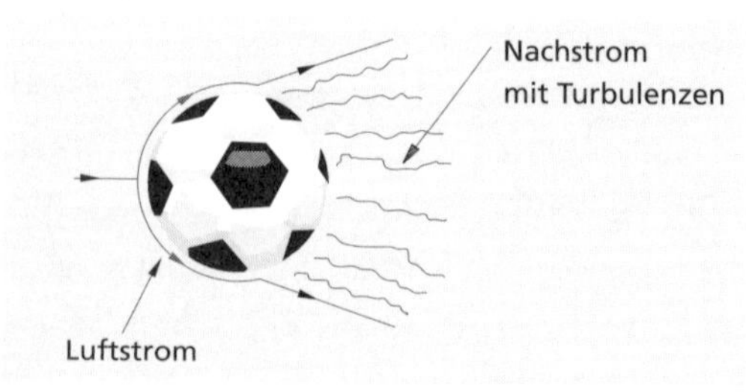

26a Luftstrom um einen langsamen Ball ohne Eigendrehung: Strom löst sich früh von der Oberfläche, hoher Luftwiderstand

stromlinienförmige Fluss hinter dem Ball verwandelt sich in einen unruhigen Nachstrom.

Durch solche Turbulenzen entsteht immer Luftwiderstand, da dem Flugobjekt kinetische Energie genommen wird. Je höher die Geschwindigkeit, desto eher löst sich der Luftstrom und desto größer werden Volumen der Nachströmung sowie Luftwiderstand. Ab einem gewissen Punkt geschieht jedoch etwas Sonderbares *(Abbildung 26 b)*.

Der Bereich der Turbulenzen verlängert sich nach hinten zu einer extrem dünnen Grenzschicht, die mit der Oberfläche des Balls in Kontakt steht. An diesem Punkt wirkt der Strom noch einmal auf die Oberfläche ein, so dass sich der Nachstrom verringert und der Luftwiderstand spürbar abnimmt.

Diese deutliche Reduzierung des Luftwiderstands ist bei allen Ballsportarten, vor allem aber im Fußball, enorm wichtig. Bei einem Fußball sinkt der Luftwiderstand, wenn die Geschwindigkeit zwischen 16 und 24 Stundenkilometern beträgt. Meist fliegt der Ball jedoch schneller, so dass fast alle Pässe, Einwürfe oder Schüsse im Bereich mit geringem Luftwiderstand liegen. Das ist natürlich ideal für Freistoßspezialisten wie David Beckham, der seine Freistöße mit 97 bis 110 Metern pro Sekunde schießt, also deutlich über dem Grenzwert.

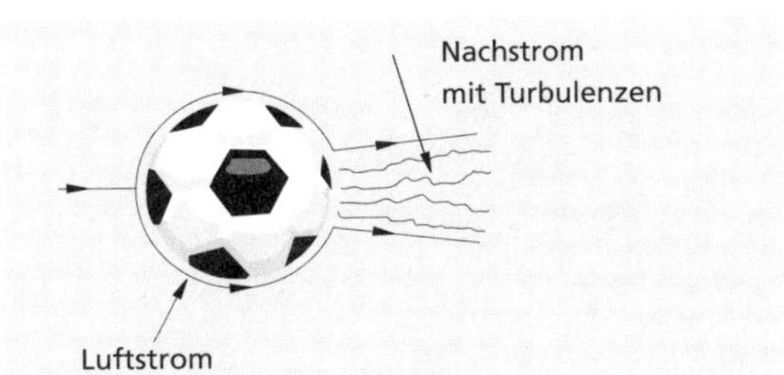

26 b Luftstrom um einen schnelleren Ball: weniger Turbulenzen, geringerer Luftwiderstand

Den entscheidenden Übergang von hohem zu geringem Luftwiderstand löst meistens eine Störstelle an der Oberfläche aus. Dazu reichen schon die Nähte auf einem Fußball, obwohl sie nur etwa einen Millimeter tief sind, während Golfbälle aus eben diesem Grund mit Dimples versehen werden. Eigentlich klingt es unlogisch, dass eine glatte Struktur einen höheren Luftwiderstand zur Folge hat als eine rauere Oberfläche. Jede Ballart ist verschieden – Volleybälle haben beispielsweise ganz andere Eigenschaften als ein Fußball – und die Spieler müssen diese Unterschiede im Spiel richtig zu nutzen wissen. Heutzutage wäre es zwar kein Problem, Fußbälle ohne jede Unebenheit herzustellen, doch mit dem schwerfälligen, unvorhersehbaren Verhalten solcher Spielgeräte könnte sich sicher kein Fußballer anfreunden.

Dank der Grenzschichteffekte kann ein Fußball bei einem Freistoß also schnell geschossen werden. Aber was geschieht, wenn er sich dabei auch noch um sich selbst dreht?

Abbildung 27 zeigt das genaue Flussschema bei einem Ball, der sich mit Rückwärtsdrall dreht. Hier löst sich der Luftstrom an bestimmten Stellen, die sich gegen den Luftstrom drehen, früher ab, an den Stellen, die sich in die gleiche Richtung dre-

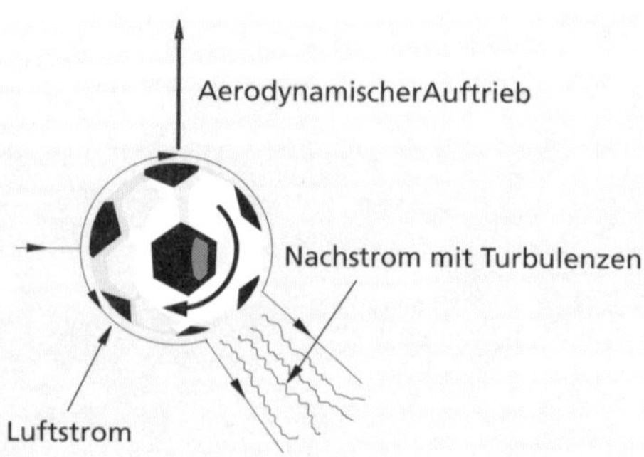

27 Fliegender Ball mit Rückwärtsdrall: Abgelenkter Nachstrom erzeugt aerodynamischen Auftrieb

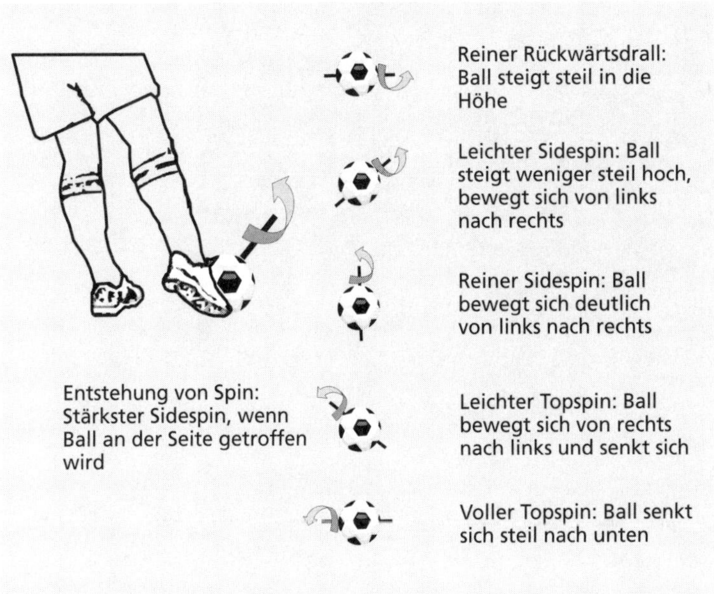

28 Entstehung der Rotationsachsen beim Freistoß

hen, jedoch später. Aus der Abbildung wird deutlich, dass die Turbulenzen im Nachstrom anders aussehen als bei einem Ball ohne Eigendrehung. Genau diese Asymmetrie führt zu einem Druckunterschied, einer Ablenkkraft, die dem Ball aerodynamischen Auftrieb verleiht. Exakte Messungen zeigen, dass dieser Auftrieb tatsächlich immer senkrecht zur Geschwindigkeit und zur Rotationsachse verläuft, genau wie Magnus herausgefunden hatte. Würde sich der Ball in *Abbildung 27* beispielsweise mit Topspin drehen, dann würden die Magnus-Kräfte den Ball nach unten drücken – das kennt wohl jeder Tennisspieler von Topspin-Schlägen und Aufschlägen.

Aus *Abbildung 28* wird ersichtlich, dass bei einem Freistoß mehr Sidespin entsteht, wenn der Ball nicht an der Unterseite, sondern seitlich getroffen wird. Neigt sich nämlich die Achse der Eigendrehung, so verlagert sich auch die Richtung der Mag-

29 a Beckhams Topspin-Schuss

nus-Kräfte von der Vertikalen (Rückwärtsdrall) zur Horizontalen (Seitwärtsdrehung). Genau diese Technik setzte seinerzeit Didi ein, obwohl er den Ball zudem mit dem Außenrist statt mit dem Innenrist schoss.

Trifft der Spieler das Leder perfekt an der Seite, dann dreht es sich um eine vertikale Achse; von oben gesehen bewegt sich ein Ball, der sich gegen den Uhrzeigersinn um sich selbst dreht, von rechts nach links. Bei einer Eigendrehung im Uhrzeigersinn ändert sich die Richtung entsprechend. Wir wissen ja bereits, dass Rückwärtsdrall bei Freistößen um jeden Preis vermieden werden sollte. Bei einem Abstoß dagegen braucht der Ball möglichst viel Rückwärtsdrall, damit er – wie bei Tait – durch die Magnus-Kraft möglichst lange in der Luft bleibt.

Nehmen wir einmal an, der Ball wird wie in *Abbildung 28* mit Topspin so getroffen, dass die Achse der Eigendrehung jenseits der Vertikalen liegt. Dann wirkt die Magnus-Kraft nach

29 b Beckham beim Schuss ein Jahr später

unten, der Ball senkt sich also, während er einen Bogen schlägt. Ein solcher Schuss ist meist fester als ein normaler Sidespin-Schuss, da der Topspin den Ball unten hält. Derartige Freistöße sind bei Torhütern ganz besonders gefürchtet, denn in diesem Fall ist nicht nur die Flugbahn unberechenbar. Aufgrund des höheren Tempos bleibt dem Torhüter auch eine viel geringere Reaktionszeit, nachdem der Ball hinter der Abwehrmauer zum Vorschein gekommen ist.

Natürlich ist es extrem schwierig, das Leder mit Topspin direkt vom Boden aus zu schießen, denn hierbei bleibt nur sehr wenig Platz für die erforderliche Aufwärtsbewegung. So etwas gelingt nur wenigen Spitzenspielern.

Die *Abbildungen 29 a/b* vermitteln einen Eindruck von der richtigen Technik. Außerdem wird deutlich, dass David Beckham den Schuss immer genau gleich ausführt, denn die beiden Bilder, im Abstand von ungefähr einem Jahr aufgenommen, sehen fast aus wie Kopien. Man kann erkennen, wie Beckham den Fuß über den Ball zieht – fast wie beim Tospin im Tennis. Nur durch die extreme Seitwärtsneigung des Körpers hat der Fuß genug Platz, diese Bewegung auszuführen. Könnte der Ball in der Luft gespielt werden, dann könnte der Fuß eine ungehinderte Aufwärtsbewegung vollführen. So etwas sieht man häufig, wenn Spieler das Leder volley treffen, wobei sie meist unabsichtlich Topspin erzeugen. Ein platzierter Schuss hat dann oft einen Treffer zur Folge, da der Ball sehr schnell wird, während er sich gleichzeitig senkt. Ein bemerkenswerter Freistoß, bei dem der Spieler diese Technik nutzte, kann sich durchaus mit dem Sidespin eines Roberto Carlos messen und ist wie dessen Treffer Legende geworden.

Am 3. Oktober 1970 empfing Coventry City den amtierenden Meister Everton. Zehn Minuten vor Spielende sprach der Schiedsrichter Coventry einen Freistoß aus einer zentralen Position knapp vor der Strafraumgrenze zu. Willie Carr stand, den Ball zu Füßen, vor der vierköpfigen Abwehrmauer von Everton. Als Schiedsrichter Tommy Dawes pfiff, holte Carr jedoch nicht zum Schuss aus, sondern kickte das Leder mit der Ferse in die Luft. Die Spieler von Coventry hatten diese Aktion, den so genannten »Eselstritt«, sorgfältig einstudiert. Ernie Hunt stand schon bereit, lief los und vollführte mit dem rechten Fuß einen perfekte Volley-Topspin-Schuss, der den Ball über die Mauer ins Netz schickte. Die Hölle brach los! Schiedsrichter Dawes überlegte einen Augenblick, dann gab er das Tor. Später zeigte sich Evertons Trainer Harry Catterick wenig beeindruckt, sondern bemängelte, er sei sich bei dieser Aktion vorgekommen »wie im Zirkus«.

Im englischen Fußball ging es schon immer recht konservativ zu, daher waren solche Schüsse in der folgenden Saison verboten. Pedantisch, wie sie waren, entschieden die Offiziellen, der Ball habe sich vor Hunts Schuss nicht um eine ganze Länge vorwärts oder rückwärts bewegt, und damit sei die Aktion regelwidrig. Obwohl manche Spieler versuchten, den Regeln dadurch gerecht zu werden, dass sie zunächst einen kurzen Pass spielten, bevor sie den Ball in die Luft kickten und aufs Tor hämmerten, ist dieser praktisch unhaltbare Schuss mit seinem hohen Unterhaltungswert seitdem in der Versenkung verschwunden.

An simulierten Freistößen kann man erkennen, dass der Schuss unbedingt ganz exakt ausgeführt werden muss. Unsere ersten Studien (Bray und Kerwin, *Journal of Sports Sciences*, 2003) sind vom Konzept her ganz ähnlich wie die von Tait. Der Flug des Balls wird mit mehreren Digitalkameras festgehalten, die jeweils so angeordnet sind, dass sie die Flugbahn aus verschiedenen Winkeln aufnehmen. Diese Stereoskopansicht braucht man, um später anhand der verschiedenen Bilder die richtigen 3-D-Koordinaten zu ermitteln. Zunächst werden die Bilder jedoch für jede Zeitstufe, also für jedes Einzelbild, an einem hoch auflösenden Computermonitor von Hand digitalisiert. Die gesamte Flugbahn besteht aus vielen tausend Bildern, die alle einzeln registriert werden müssen – insoweit ähnelt das Verfahren noch der mühseligen Arbeit von Taits Assistenten Wood. Zum Glück gibt es bereits Software, die das Flugobjekt automatisch erfasst und seine Koordinaten angibt, sofern die Qualität gut genug ist. Die letzte Phase sieht wieder so aus wie bei Tait: Ein mathematisches 3-D-Modell des Ballflugs wird mit den gemessenen Koordinaten abgeglichen und die aerodynamischen Werte des Modells so lange angepasst, bis sich Theorie und Experiment so weit wie möglich entsprechen. Während bei Tait jedoch nur drei Parameter (Reichweite, Flugzeit und Position des Scheitelpunkts) übereinstimmen sollten, wiederholen wir den Vorgang, bis Modell und Koordinaten des Experiments an jedem einzelnen Messpunkt weitestgehend identisch sind. Dieses Verfahren soll im Grunde nur zwei Größen ermitteln: die aerodynamischen Koeffizienten, die den

Luftwiderstand bestimmen, und die Magnus-Kräfte, die auf den Ball einwirken. Anhand dieser Koeffizienten wird das mathematische Modell kalibriert, mit dem man dann verschiedenste Freistoßvarianten mit unterschiedlicher Geschwindigkeit und Ausrichtung der Rotationsachse simulieren kann, um die Wirkung von Sidespin und Topspin zu studieren.

Abbildung 30 zeigt ein Modell, das optimal mit den gemessenen dreidimensionalen Ballkoordinaten übereinstimmt, und lässt erkennen, wie exakt die Ergebnisse sind. Die Kreuze auf der Kurve stellen die Messpunkte dar, welche die Position des Balls in jeder Zeitstufe wiedergeben – bei einem 20-Meter-Freistoß gelang es uns, die Ballposition auf zwei Zentimeter genau zu ermitteln.

Die obere Kurve zeigt den Schuss aus der Vogelperspektive, so dass deutlich wird, welchen Bogen der Ball bei einem guten Sidespin-Schuss beschreibt. In der Seitenansicht der unteren Abbildung lässt sich erkennen, wie der Ball erst über die Abwehrmauer steigt und sich dann ins Tor senkt. Die Schüsse, von denen diese Daten stammen, hat ein Mensch abgegeben, später setzten wir jedoch eine Wurfmaschine ein, damit bei längeren Sitzungen gleich bleibende Genauigkeit gewährleistet war. Bei solchen Maschinen können die verschiedensten »Schüsse« mit beliebigen Abschussgeschwindigkeiten, Hubeigenschaften und Eigendrehungen des Balls programmiert werden.

Zur Beurteilung dieser Freistoßsimulationen will ich ein paar Zahlen nennen. Zunächst einmal die Eigendrehung. Zum Glück muss sich der Ball bei einem Freistoß nicht so extrem drehen wie ein Golfball – einen solchen Spin brächte kein Fußballspieler zustande. Im Golfsport sind mehrere tausend Umdrehungen pro Minute üblich, bei Freistößen liegt die Rotation jedoch bei vergleichsweise langsamen fünf bis zehn Umdrehungen pro Sekunde (also 300–600 Upm). Ein Freistoß aus einer Torentfernung von 23 Metern erreicht die Torlinie nach

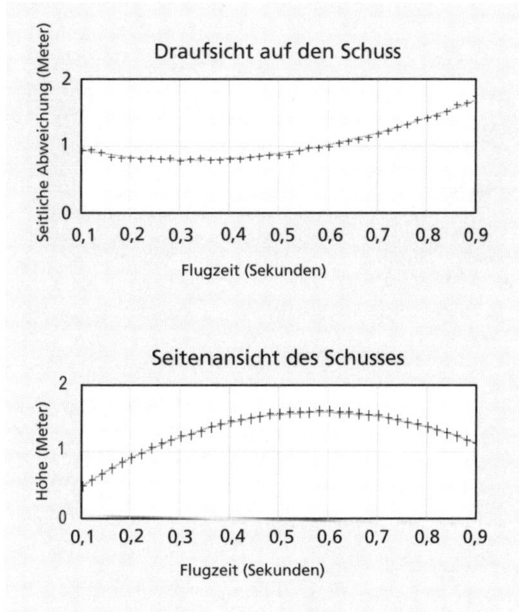

30 Draufsicht und Seitenansicht eines angeschnittenen Freistoßes

etwa einer Sekunde, also kann sich der Ball während des Flugs nur fünf- bis zehnmal um sich selbst drehen. Bei Experimenten wie den oben beschriebenen werden die Rotationsquoten normalerweise mittels Digitalaufnahmen von besonders gekennzeichneten Bällen ermittelt. In zahlreichen Fernsehzeitlupen kann man die Rotationsgeschwindigkeit und die Drehrichtung des Balls allerdings auch an den Herstellermarkierungen wie zum Beispiel Logos leicht erkennen. Der erzeugte Spin hängt davon ab, mit welcher Geschwindigkeit und an welcher Stelle der Ball getroffen wird. Grob geschätzt sind bis zu 100 Stundenkilometer (27–31 Meter pro Sekunde) und etwa 600 Upm möglich. Die meisten Freistoßschützen setzen auf Sidespin und vermeiden ein zu hohes Tempo, damit der Ball nicht so hoch

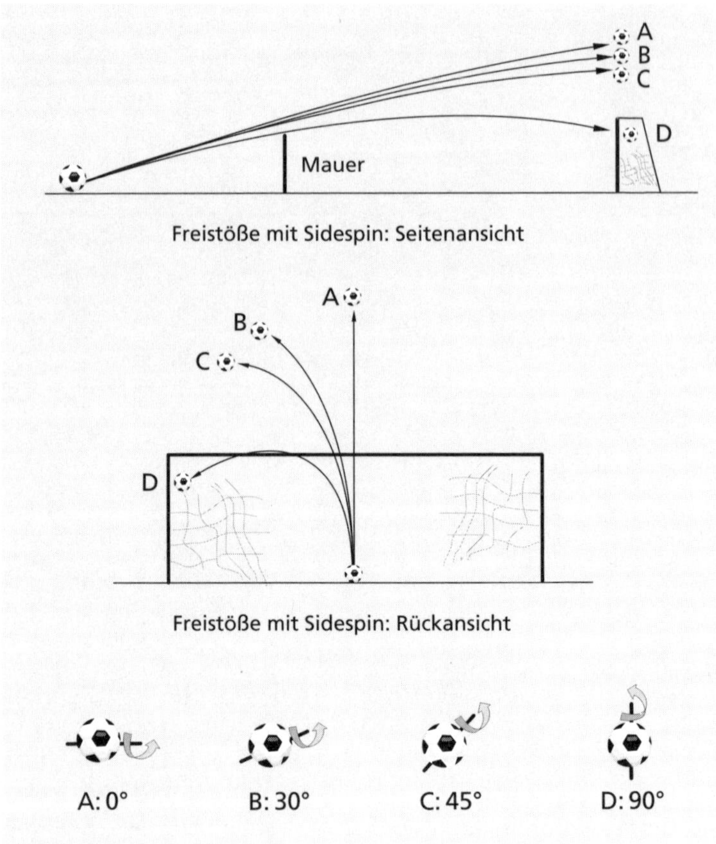

31 Auswirkung von stärkerem Sidespin beim Freistoß

steigt. Die richtigen Spezialisten, die auch Topspin schießen können, halten allerdings durchaus fester drauf, so dass das Tempo häufig bei über 100 km/h liegt.

Abbildung 31 zeigt simulierte Freistöße aus zentraler Position mit einer Torentfernung von etwa 23 Metern. Zunächst hat der Schütze nur mit Rückwärtsdrall geschossen, dann sollte er dem Ball nach und nach mehr Sidespin verleihen. Als Schussgeschwindigkeit wurden 96 Stundenkilometer beziehungsweise

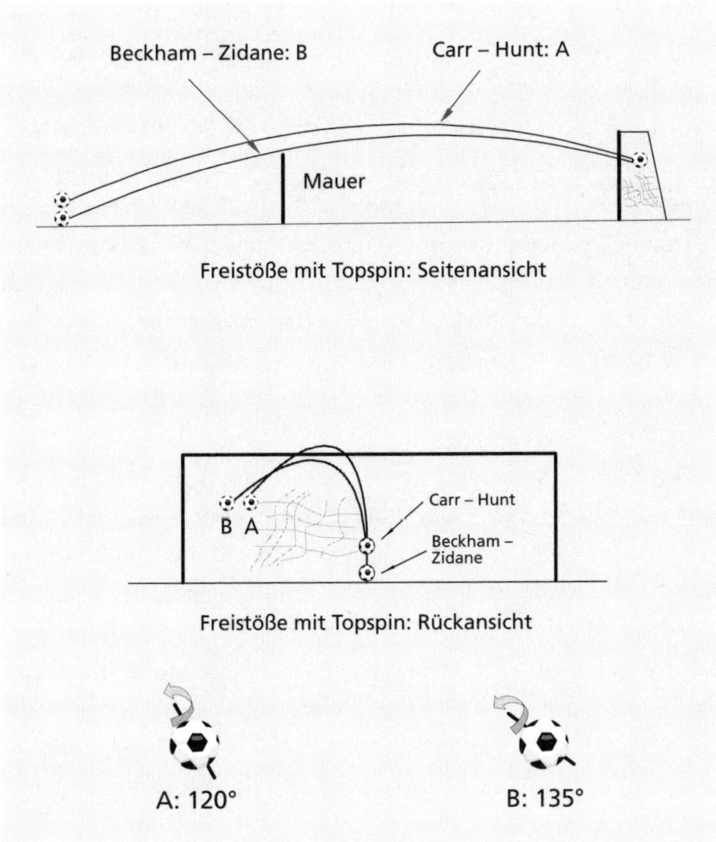

32 Auswirkung von stärkerem Topspin beim Freistoß

27 Meter pro Sekunde angesetzt. Obwohl der Ball in direkter Linie aufs Tor zufliegt, verlässt er diese Bahn früher oder später, je nachdem, wie viel Sidespin vorhanden ist. Die Seiten- und Rückansichten zeigen, wann der Ball die Torlinie erreicht, ob er daneben geht oder nicht.

Diese Grafiken bestätigen, was wir bereits wissen: Rückwärtsdrall schadet der Zielgenauigkeit. Ein Ball, der nur mit Rückwärtsdrall geschossen wird, segelt oft viele Meter über die

Latte, und nur bei fast senkrechter Rotationsachse sinkt er so weit hinunter, dass eine ernsthafte Torgefahr besteht. Mit reinem Sidespin lassen sich dagegen seitliche Abweichungen von bis zu 3,2 Metern erreichen. Steht der Torhüter bei einem solchen Schuss auf der klassischen Position (vgl. *Abbildung 23*), dann müsste er eine Lücke von etwa fünf Metern schließen. Allerdings bleibt ihm für gewöhnlich so wenig Reaktionszeit, dass er den Ball auf der gegenüberliegenden Seite unmöglich halten kann. In richtigen Spielen werden die wenigsten Freistöße tatsächlich gehalten, sondern meist einfach verschossen – entweder gehen sie am Tor vorbei, oder sie scheitern an der Mauer.

Abbildung 32 zeigt zwei Beispiele für Topspin-Freistöße: Einer der Schüsse ist typisch für David Beckham oder Zinedine Zidane, das heißt, die Rotationsachse wurde um 30 Grad geneigt und entspricht damit in etwa dem Topspin, den man mit einem Spannschuss vom Boden aus erzielen kann. Der andere Schuss stellt den »Eselstritt« von Willie Carr und Ernie Hunt dar, also einen Schuss vom Boden aus mit einer Rotationsachse von 45 Grad. Für einen Volley-Schuss ist dieser Wert nicht besonders hoch, so dass bei optimaler Platzierung fast vollständiger Topspin möglich wäre.

Vergleicht man nun die Sidespin- und die Topspin-Schüsse in den Abbildungen, so wird deutlich, dass der Ball bei Topspin in besonders flacher Bahn fliegt. Die Abweichung zur Seite ist zwar nicht so stark wie bei reinen Sidespin-Schüssen, aber dafür bewegt er sich viel schneller aufs Tor zu. Der berühmte »Eselstritt« hätte das Tor zum Beispiel zwei Zehntelsekunden eher erreicht als der Sidespin-Schuss aus *Abbildung 31*. Topspins sind also schneller, und genau darauf kommt es bei dieser Technik an. Zwei Zehntelsekunden mögen wenig erscheinen, aber für den Torhüter, der bei einem Freistoß unter den vielen

Spielern vor seinem Tor rechtzeitig den Ball erkennen muss, kommt es auf jeden Sekundenbruchteil an.

Sind diese Schüsse also wirklich unhaltbar? Die Antwort lautet ja – aber nur, wenn sie perfekt ausgeführt werden. Der Schütze darf sich nicht den kleinsten Fehler erlauben, und Computersimulationen solcher Freistöße zeigen, welch enorme technische Fertigkeiten dafür erforderlich sind. Die winzigste Abweichung im Schusswinkel oder ein paar Stundenkilometer zu viel, und schon scheitert der Versuch.

Zu guter Letzt noch ein paar Fälle, in denen der Spin eine große Rolle spielt, ohne dass der Schütze einen unhaltbaren Schuss beabsichtigt. Das sind nämlich die (für den Torwart) besonders deprimierenden Situationen, in denen ein Ball, der sonst meilenweit am Kasten vorbeigesegelt wäre, abgefälscht wird und dadurch so viel Spin erhält, dass er doch im Netz landet.

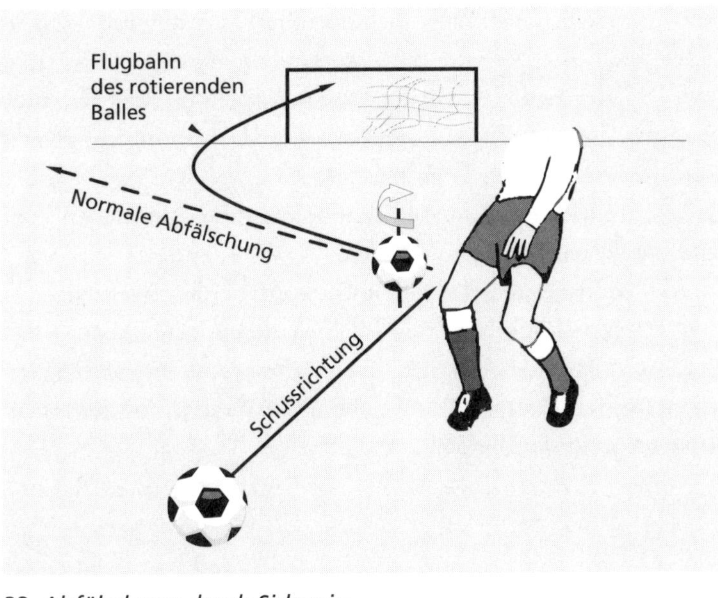

33 Abfälschung durch Sidespin

Abbildung 33 zeigt einen Ball, der vom Knie eines Verteidigers abprallt: Es könnte auch das Bein, der Oberschenkel oder jedes andere Körperteil sein, das der Ball aus schrägem Winkel trifft. Durch diesen Aufprall gewinnt das Leder an Sidespin, und sofern nicht zu viel Tempo verloren geht, fliegt es in dem erwarteten Winkel vom Netz weg. Allerdings führt die Kombination aus Geschwindigkeit und Sidespin zu einer Richtungsänderung, so dass der Ball schließlich doch im Tor landet. Für den Torwart ist das besonders ärgerlich, weil er den erwarteten Schuss sicher gehalten hätte, nun aber an einem unhaltbaren Glückstreffer scheitert. Ganz ähnlich sieht es aus, wenn der Ball durch das Bein oder den Fuß eines Abwehrspielers vertikal abgefälscht wird – dann entsteht ebenfalls Topspin, und der unglückliche Torwart muss mit ansehen, wie der Ball erst über seinen Kopf steigt und sich dann hinter ihm steil ins Netz senkt.

Lässt sich diese Technik gezielt einsetzen? Wieso nicht? Wer hätte vor 50 Jahren schon gedacht, dass ein junger Brasilianer verbissen eine bestimmte Schusstechnik üben würde, bis er schließlich eine perfekte Bananenflanke beherrschte, oder dass zwei Spieler von Coventry City einen spektakulären Doppel-Topspin fabrizieren könnten? Oder dass ein junger David Beckham lange nach Trainingsende noch auf dem Platz bleiben würde, um seinen Schüssen schließlich diesen tödlichen Topspin zu verleihen?

Vielleicht hecken Trainer und Profis bereits irgendwo aus, wie man das Repertoire der Stürmer um einige gezielte Abfälschungen erweitern könnte. Und wahrscheinlich wartet längst irgendwo ein Komitee mit Fußballbürokraten, um jede neue Idee sofort zu verbieten.

5.
Erforschung und Vermessung von Bewegungsabläufen – die Errungenschaften der modernen Sportwissenschaft

Nach Taits bahnbrechender Arbeit zum Flugverhalten eines Golfballs verschwand die neu begründete Disziplin, aus der später die Sportwissenschaft hervorgehen sollte, erst mal wieder aus der öffentlichen Diskussion.

Anhand aktueller sportwissenschaftlicher Zeitschriften lässt sich feststellen, dass die Abhandlungen zum Thema Sport, auf die verwiesen oder aus denen zitiert wird, selten älter als 50 Jahre sind. Das soll jedoch keineswegs die Leistung schmälern, die all die fortschrittlichen Trainer und Spieler bis zu diesem Zeitpunkt erbracht haben. Ihrem Einsatz haben wir radikale Veränderungen der Spielsysteme, die Entwicklung individueller Spielweisen und komplexer Fertigkeiten auf dem Spielfeld zu verdanken.

Damals gab es zwar noch keine Sportwissenschaftler, doch manche Nationalmannschaften gingen schon recht professionell vor. Vier Jahre nach ihrem traumatischen Erlebnis in der Schweiz brachten zum Beispiel die Brasilianer zur WM 1958 einen Mannschaftsarzt und einen Psychologen mit. Der Arzt hatte im Vorjahr die Schweden betreut und ausführliche Dossiers über geeignete Unterkünfte und Trainingseinrichtungen für die Mannschaft angefertigt. Über die Techniken des Psychologen ist nichts bekannt, aber das Auftreten und die neue Spielformation der Brasilianer lassen darauf schließen, dass sie das Trauma von Bern überwinden konnten. England dagegen hatte selbst bei der WM-Finalrunde in Chile im Jahr 1962 noch immer keinen Mannschaftsarzt, was das Team beinahe teuer zu stehen gekommen wäre, denn Abwehrspieler Peter Swan geriet während des Auslandsaufenthalts in Lebensgefahr. Erst Alf Ramsey, nach der WM-Pleite von 1962 Englands neuer Nationaltrainer, behob diesen Missstand.

Ende der 50er Jahre erschienen dann nach einer langen Pause die ersten ernstzunehmenden sportwissenschaftlichen Abhandlungen. Allmählich gelangte man zu der Einsicht, dass der Sport als Forschungsbereich genauso seine Berechtigung hatte wie die traditionelleren Disziplinen und dass die Athleten zudem von den Ergebnissen der Forschungsarbeit profitierten. Erst in den 60er Jahren des 20. Jahrhunderts befasste man sich auch mit dem Thema Fußball – und seitdem ist der Erfolg einer Fußballmannschaft nicht mehr reine Glückssache. Statt alter Konventionen und Vorurteile existieren nun verschiedene quantitative Verfahren, von der exakten Messung der Spielerbewegungen bis hin zur Ermittlung spezieller Fertigkeiten für genaue Schuss- und Kopfballtechniken. All das erforderte eine genaue Erforschung der menschlichen Wahrnehmung – unserer unvollkommenen, oft irreführenden Sicht der Welt – sowie eine minutiöse Aufzeichnung und Vermessung der Bewegungsabläufe beim Fußball.

Tait hatte dies mit seinen neuartigen theoretischen und praktischen Erkenntnissen bereits getan. Aber man stelle sich vor, er hätte nicht Golfbälle in ein ballistisches Pendel gehämmert, um die geringfügigen Abweichungen zu messen, sondern Hochgeschwindigkeitsaufnahmen studieren können. Dann hätten Geschwindigkeit und Abschusswinkel nach einigen einfachen Messungen festgestanden, und Tait hätte die Fotografie für seine wissenschaftlichen Zwecke zu nutzen gewusst. Doch obwohl dieses Medium zu seiner Zeit bereits recht fortschrittlich war, maß man die Belichtungszeit in den 70er Jahren des 19. Jahrhunderts noch immer in Sekunden. Einen Golfball mit hoher Geschwindigkeit hätten die konventionellen Apparate der damaligen Zeit also gar nicht erfassen können. Dieses Problem lösten erst zwei Menschen, die alles andere als konventionell waren: Etienne-Jules Marey und Eadweard Muybridge (beide 1830–1901). Den Zeitgenossen Taits gelangen perfekte Aufnahmen von komplexen Abläufen, die für das menschliche Auge nicht zu erkennen sind. Damit lüfteten sie das Geheimnis der Bewegung von Mensch und Tier.

Allerdings sind sich die drei offenbar niemals begegnet, und vermutlich wusste Tait auch nichts von der wissenschaftlichen Arbeit der beiden. Marey und Muybridge dagegen trafen sich 1861 auf Einladung von Marey in Paris, um ihre jeweiligen Ansätze zu vergleichen, mit denen sie eine große Herausforderung angingen: Sie wollten die Bewegung mit all ihren Aspekten erfassen und analysieren.

Mit dem Franzosen Marey hätte Tait wahrscheinlich eher auf einer Wellenlänge gelegen, denn er war zwar genauso talentiert und erfinderisch wie Muybridge, aber nicht so unkonventionell wie dieser. Wie Tait war Marey Akademiker, hatte an der Universität von Paris Medizin studiert. Dank seiner technischen Begabung hatte er Vorrichtungen erfunden, mit denen er den menschlichen Puls und den Flügelschlag von Vögeln und Insekten messen konnte. Doch richtig zufrieden war er damit nicht, denn selbst hochempfindliche mechanische Geräte bleiben immer ein Störfaktor, der das Verhalten des Forschungsobjekts beeinflusst.

Bei seinem Treffen mit Muybridge im Jahre 1861 kam Marey wohl auf den Gedanken, dass man Bewegungen mittels Fotografie erfassen könne, ohne das Forschungsobjekt zu manipulieren. Es gab nur ein Problem: Bis zur Erfindung leichter Zelluloidfilme in den 80er Jahren des 19. Jahrhunderts konnte der Film nicht schnell genug durch die Kamera gespult werden. Mareys Lösung bestand darin, dass er eine runde Fotoplatte verwendete, die sich hinter der Kameralinse drehte, so dass eine Reihe von Standbildern des sich bewegenden Objekts entstand.

Seine Erfindung trug ursprünglich den Namen *fusil-photo,* Fotogewehr, da sie einer Schusswaffe ähnelte – nur hatte sie statt des Laufs ein Teleobjektiv, das die Bilder auf die sich drehende Filmplatte bannte. Sicher war es ein absonderlicher Anblick, wie Marey damit durch die Gegend wanderte, aber mit seinen Phasenfotografien schneller Bewegungsabläufe konnte er selbst den Flügelschlag eines Vogels festhalten und in allen Einzelheiten studieren.

Außerdem haben wir ihm eine sehr innovative Methode zur Erfassung menschlicher Bewegungen zu verdanken: Er ließ Menschen eng anliegende schwarze Kleidung anlegen und markierte bestimmte Stellen, zum Beispiel Knöchel, Knie und Ellenbogen, mit reflektierenden Knöpfen. Diese Gelenke verband er dann mit dünnen, reflektierenden Streifen, so dass bei seinen Aufnahmen vor einem dunklen Hintergrund lediglich die Knöpfe und die reflektierenden Streifen zu sehen waren. Diese perfekten Aufzeichnungen des Einschwingvorgangs im Gang eines Menschen waren die ersten Beispiele für so genannte Kinematogramme.

Auf den ersten Blick sehen die Versuchspersonen aus wie laufende Strichmännchen, aber wenn man die Masse der Gliedmaßen entsprechend zuweist, kann man die Bewegungen im Einzelnen genau studieren. Mit anhand von Kinematogrammen erstellten mathematischen Modellen lassen sich zahlreiche Schlüsse ziehen. Was geschieht, wenn sich der Spieler beim Schuss ein wenig tiefer beugt? Erhöht sich dann die Abschussgeschwindigkeit des Balls? Und was geschieht, wenn der Torhüter einen Schritt zur Seite macht, bevor er nach dem Elfmeter hechtet? Springt er dann wirklich weiter? Selbst in den hochwissenschaftlichen Methoden der modernen Bewegungsanalyse kann man Mareys Prinzipien noch wieder erkennen – allerdings verwendet man heute statt reflektierender Knöpfe Infrarot-Transponder. Außerdem kommt diese Technik häufig für die naturgetreuen Animationen in großen Zeichentrickfilmen zum Einsatz.

Muybridge dagegen war weitaus exzentrischer. Als Eadweard James Muggeridge in Kingston-upon-Thames geboren, ging er als junger Mann nach Amerika, bevor er nach England zurückkehrte, um Fotografie zu studieren. Im Jahr 1872 freundete er sich mit dem Eisenbahnmagnaten Leland Stanford an, der gleichzeitig Gouverneur von Kalifornien war. Stanford hatte mit seinen Geschäftspartnern James R. Keene und Frederick MacCrellish gewettet, und Muybridge, damals schon ein angesehener Fotograf, ließ sich überreden, die strittige Frage zu klären.

Angeblich ging es um 25 000 US-Dollar. Stanford mit seinem Vermögen aus dem Eisenbahnbau hätte einen solchen Verlust durchaus verkraften können, aber es gibt keinen Hinweis darauf, ob der Betrag tatsächlich jemals floss. In der Wette ging es um die Frage, ob ein Pferd im Galopp für einen kurzen Augenblick schwebt, sich also alle vier Hufe in der Luft befinden. Davon war Stanford nämlich überzeugt, konnte es jedoch nicht beweisen, da die Bewegung so schnell abläuft, dass sie für das menschliche Auge nicht zu erkennen ist. Fast sechs Jahre dauerte es, den Beweis zu erbringen und die Wette zu entscheiden. Im Gegensatz zu Marey verwendete Muybridge mehrere Kameras, die er nacheinander auslöste, während das Pferd über Stolperdraht galoppierte.

Im Jahre 1874 ruhten die Forschungen wegen einer Mordanklage: Muybridge, der schon immer unberechenbar gewesen war, hatte den Geliebten seiner Ehefrau erschossen, weil er den Verdacht hegte, dieser sei der Vater seines neugeborenen Sohnes. Das Urteil lautete »entschuldbare Tötung«, und es liegt die Vermutung nahe, dass Stanford seine Beziehungen hatte spielen lassen und ihm geholfen hatte. Später sollten sich die beiden jedoch zerstreiten, weil Stanford sich mit Muybridges Erkenntnissen brüstete und diesem nur die Rolle des angeheuerten

Fotografen überließ. Muybridge wurde später rehabilitiert, denn er erstellte noch mehrere tausend Bilder und veröffentlichte seine Feststellungen in verschiedenen Aufsätzen, unter anderem 1887 in *Animal Locomotion* und 1901 in *The Human Figure in Motion*. Mit ihren Vorläufern späterer Filmprojektoren trugen sowohl Muybridge als auch Marey dazu bei, dass sich der Film zum beliebten Unterhaltungsmedium entwickelte.

Die Leistungen dieser beiden Pioniere gerieten, anders als Taits Ideen, zwar nicht in Vergessenheit, aber sie konnten mit Sicherheit nicht ahnen, wie rasant sich die Wissenschaft der Bewegungsanalyse weiterentwickeln würde. Nach der Einführung des Zelluloidfilms und schnellerer Fotoemulsionen waren deutlich kürzere Belichtungszeiten möglich, die man nicht mehr in Zehntelsekunden, sondern in Hundertsteln oder sogar Tausendsteln maß.

Im Sport erkannten die Trainer recht bald, welches Potenzial sich da bot. Wichtige Bewegungsabläufe waren mit einem Mal wiederholbar oder sogar in Zeitlupe abspielbar, vor allem aber ließen sich quantitative Analysen anhand der Filmaufnahmen vornehmen. Eine falsch ausgeführte Aktion, die auf Film gebannt ist, kann man immer wieder abspielen und so dem Sportler auch zeigen, wie er sie korrigieren sollte. Doch was tun, wenn der an sich nur geringfügige Fehler aus mehreren nicht ganz korrekt ausgeführten Bewegungen resultiert? Oder wenn Trainer und Sportler neue Techniken ausprobieren möchten, ohne zu wissen, ob diese vielleicht sogar gefährliche Folgen haben? Dazu müssen sie nicht nur die Bewegung an sich nachvollziehen können, sondern auch die zugrunde liegenden Kräfte, die sie bewirken. Genau damit befasst sich die Biomechanik, eine Disziplin, die sich in erster Linie auf die Bewegungsanalyse stützt.

Um eine bestimmte Bewegung zu beschreiben, muss man genau wissen, welche Kräfte dabei zur Wirkung kommen. Dieses grundlegende Problem löste Newton im 17. Jahrhundert und beschrieb es in den berühmten, nach ihm benannten Gesetzen. Kurz gesagt: Kraft bewirkt Beschleunigung. Die Größe der Beschleunigung errechnet sich, indem die bekannte Kraft durch die Masse des bewegten Objekts geteilt wird. Ist dagegen die Beschleunigung bekannt, so lässt sich leicht ermitteln, wie schnell sich der jeweilige Gegenstand bewegt und welche Strecke er zu einem bestimmten Zeitpunkt zurückgelegt haben wird.

Im Fußball müsste man also wissen, welche Kraft in den wenigen Tausendsteln einer Sekunde übertragen wird, in denen der Fuß den Ball berührt. Wird ein ruhender Ball geschossen, so hat er zunächst eine bestimmte Anfangsgeschwindigkeit, auf die dann Schwerkraft und Aerodynamik einwirken. Im Prinzip klingt das ganz einfach, allerdings hat die Sache einen Haken. Mal abgesehen von künstlich geschaffenen Situationen im Labor können wir nie mit Bestimmtheit sagen, welche Kräfte gerade wirken oder wie sie sich mit der Zeit ändern. Doch genau um diesen Aspekt geht es in der Biomechanik – ein klassischer Zirkelschluss also.

In der Praxis löst man das Problem durch einen Umkehrschluss, indem man also von der Wirkung auf die Ursache schließt, von der Bewegung, die zu beobachten ist, auf die Kräfte, die diese bewirken. Die per Film oder Video festgehaltenen Bilder liefern sehr exakte Positionsdaten, von denen sich, sofern die Abmessungen für das Experiment genau dimensioniert sind, genaue Koordinaten der einzelnen Positionen ablesen lassen. Wenn wir wissen, mit welcher Geschwindigkeit die Bilder erfasst sind (bei Filmaufnahmen ist das die Bildfrequenz), liegen uns verschiedene Positionen mit den Zeiten vor, die ein Mensch jeweils braucht, um diese Positionen zu erreichen. Diese Daten können wir leicht in Geschwindigkeiten (pro Zeiteinheit zurückgelegte Strecke) und Beschleunigungen (Änderung der Geschwindigkeit pro Zeiteinheit) umrechnen. Nun kommt noch einmal das Newtonsche Gesetz zum Einsatz, diesmal multiplizieren wir allerdings die Beschleunigungen mit der bekannten Masse des Objekts, um die Momentankraft zu ermitteln. Dieses in der Biomechanik unverzichtbare Verfahren nennt man Inverse Dynamik, weil die Newtonschen Gesetze in umgekehrter Reihenfolge angewandt werden.

In den 60er und 70er Jahren erstellte Stanley Plagenhoff, ein Pionier der Bewegungsanalyse, exakte Kinematogramme *(Abbildung 34)*, indem er Filmaufnahmen Bild für Bild untersuchte und die Positionen der einzelnen Gliedmaßen sorgfältig festhielt.

Anhand dieser Kinematogramme konnte er die Geschwindigkeit und die Beschleunigung der einzelnen Gliedmaßen präzise ermitteln, so dass sich daraus auch neue Erkenntnisse über die Mechanik ergaben, die der Schusstechnik im Fußball zugrunde liegt.

Mittlerweile haben digitale Videoaufnahmen die Fotografie als Forschungsmedium weitestgehend verdrängt, da sie mit ihrer größeren Wirtschaftlichkeit, Benutzerfreundlichkeit und vor allem Softwareunterstützung ungeahnte Möglichkeiten bieten. Bei Studien über Einwürfe oder Freistöße zum Beispiel, wenn sich das Bewegungsfeld über 20 Meter und mehr erstreckt, sind die Messergebnisse wirklich unglaublich exakt.

Ist das Sichtfeld eingeschränkter, also im einstelligen statt im zweistelligen Meterbereich, eignen sich auch andere Systeme. Diese erzeugen zwar keine sichtbaren Bilder, können Positionen aber oft bis auf den Bruchteil eines Millimeters genau messen. Das Prinzip ähnelt Mareys Kinematogrammen mit den schwarzen Anzügen, denn an den entscheidenden Körperstellen der Versuchspersonen werden leichte Sensoren befestigt. Sendet die Aufzeichnungsstation dann Infrarotimpulse aus, so übermitteln die Sensoren sofort die Positionskoordinaten. Solche Systeme bieten den großen Vorteil, dass die Bildsequenzen nicht digita-

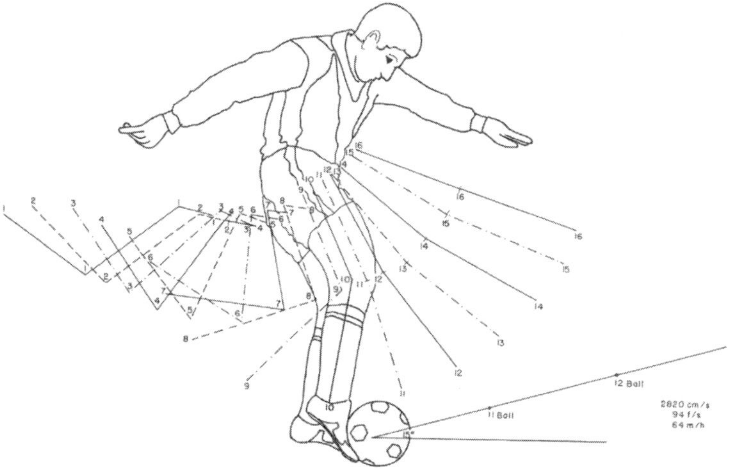

34 Anhand von Filmaufnahmen erstelltes Kinematogramm (nach Plagenhoff)

lisiert werden müssen, dies erledigt nämlich die mit dem Datenerfassungssystem verknüpfte Analysesoftware. Genau wie bei den Digitalbildern werden die Ergebnisse zunächst in Form von Positionen, Geschwindigkeiten und Beschleunigungen ausgegeben, so dass die entscheidenden Kräfte auch hier mittels Inverser Dynamik errechnet werden müssen.

Solche Systeme, ob sie nun mit Digitalbildern oder Infrarot-Transpondern arbeiten, haben wesentliche Erkenntnisse über die Bewegung des Menschen geliefert und die Entwicklung der Biomechanik weit vorangebracht. Viele Jahrzehnte vergingen, bis unsere heutigen komplexen Systeme ausgereift waren. In den 50er Jahren hatten dann auch andere Disziplinen ihren Dornröschenschlaf beendet, denn es erschienen einige wissenschaftliche Abhandlungen zu verschiedenen Bereichen des Sports.

Erwartungsgemäß beschäftigte sich die erste dieser Publikationen mit dem Flugverhalten von Bällen, das bereits Tait so fasziniert hatte. Diesmal ging es jedoch um Baseball und Golf, während der Fußball erst Anfang der 60er Jahre zum Thema ernsthafter quantitativer Studien wurde. Aus dieser Zeit stammen zwei besonders bemerkenswerte Abhandlungen: Eine davon, die sich damit beschäftigt, wie Spieler ihre Torchancen wahrnehmen, enthält einige interessante Erkenntnisse, wird in der Fachliteratur jedoch nur selten erwähnt, während auf die andere, eine statistische Studie über Pässe und Torschüsse, dagegen häufig verwiesen wird. Vor allem in England hatte sie großen Einfluss auf die Ansichten zum Thema Fußball. Im Folgenden werde ich auf beide eingehen.

John Cohen und E. J. Dearnaley von der Universität Manchester veröffentlichten 1962 eine Abhandlung über die Fähigkeiten und das Urteilsvermögen von Fußballspielern beim Versuch, Tore zu schießen (*Skill and judgement of footballers in attempting to score goals*). Obwohl die beiden Psychologen ihr Werk selbst als Studie der »psychologischen Wahrscheinlichkeit« bezeichneten, finden sich darin weder schwer nachvollziehbare Gedankengänge noch hochgestochener Fachjargon. Die beiden Autoren gingen einer ganz konkreten Frage nach: Wie gut schätzen Fußballspieler die Position ein, von der aus sie eine bestimmte Trefferquote erzielen können? Greifen wir zu einem Extremwert und nehmen mal an, dass 100 Prozent der Torschüsse aus über 35 Metern scheitern, während hingegen alle erfolgreich sind, bei denen der Schütze nur wenige Meter vor dem Tor steht. Wie verändert sich nun die Wahrscheinlichkeit zwischen diesen beiden Extremen und wie gut können die Stürmer dies im laufenden Spiel einschätzen?

Diese Abhandlung interessierte mich sehr. Ende der 60er Jahre befasste ich mich mit einer wichtigen »Standardsituation«, in der sich Stürmer und Torwart sozusagen Mann gegen Mann gegenüberstehen, nachdem die Abwehr bereits überwunden ist. Dabei bewegt sich ein einsamer Angreifer auf das Tor zu und muss im Grund nur noch den Torwart schlagen. Die genaue Stelle und der exakte Zeitpunkt des Schusses wären wichtige Daten für mein Modell.

Die Rahmenbedingungen für die beiden Forscher waren offenbar optimal, denn sie hatten zwei Spitzenteams – nämlich Manchester United und West Bromwich Albion – sowie zwei Amateurmannschaften von der Universität Manchester und einer Schule in Manchester gewinnen können. Alles in allem waren 33 Spieler beteiligt, 20 von den Spitzenteams und 13 Amateure. So mancher moderne Sportwissenschaftler mag über diese Ausmaße schmunzeln, insbesondere über die große Anzahl an Profis, denn heutzutage sind selbst talentierte Amateure oft nicht bereit, als Forschungsobjekte herzuhalten.

Die Studie lief folgendermaßen ab: Die Spieler liefen vor den Augen der Beobachter aus der eigenen Hälfte direkt durch die Mitte auf das gegnerische Tor zu, während der Torwart die Torlinie nicht verließ. Die Spieler sollten stehen bleiben, sobald sie meinten, von dieser Stelle aus einen von hundert Schüssen verwandeln zu können. Nachdem diese Position gekennzeichnet war, lief der Stürmer weiter bis zu dem Punkt, an dem die Chancen seiner Meinung nach eins zu fünf standen, dann zwei zu fünf und so weiter, bis zu der Stelle, an der er sich ganz sicher war, jeden Schuss zu verwandeln. Anschließend kehrten die Spieler zu den jeweiligen Positionen zurück, und die tatsächlichen Erfolgsquoten bei fünf Schussversuchen von jeder Stelle wurden gemessen.

Abbildung 35 zeigt nicht nur die Ergebnisse dieses Feldversuchs, sondern stellt auch die Einschätzung der Spieler und die tatsächlichen Treffer gegenüber. Erwartungsgemäß sind die Schätzungen ein wenig optimistisch, aber insgesamt kommen sie der Realität doch recht nahe. Während die Torchancen bei einer Torentfernung von etwa 30 Metern quasi gleich null sind, ist aus sechs Metern ein Treffer fast sicher. Vom Rande des Straf-

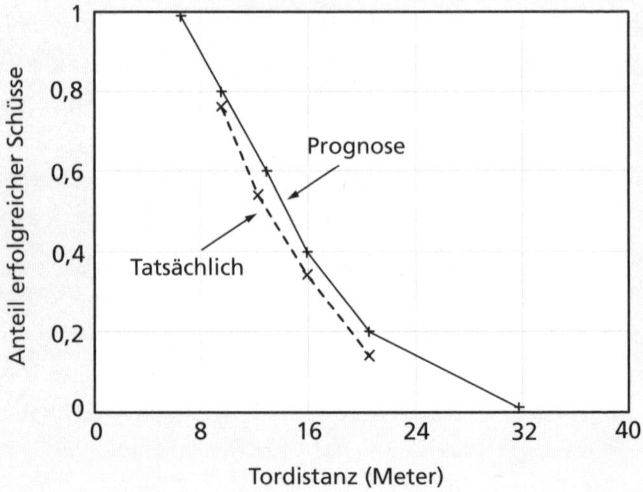

35 Geschätzte und tatsächliche Trefferquote von Fußballspielern (nach Cohen und Dearnaley)

raums aus verwandelten die Angreifer 40 Prozent der Schüsse, und die Chance, vom Elfmeterpunkt aus ins Netz zu treffen, liegt bei 70 Prozent. Das Ergebnis ist deshalb so interessant, weil fast vier Jahrzehnte später in einer Studie herauskam, dass genau dieser Prozentsatz an Elfmetern verwandelt wird.

In einer weiteren Messreihe durfte der Torhüter dann seine Taktik ändern und die Torlinie verlassen. Dabei ergaben sich drei verschiedene Muster: Der Stürmer schoss entweder in einiger Entfernung vom Torwart oder ganz in seiner Nähe, oder aber er dribbelte um den letzten Mann herum und schoss dann ins leere Netz. Über die Hälfte der erzielten Treffer kamen zustande, weil der Torhüter zu langsam reagierte. Für die Stürmer war es besonders nachteilig, wenn der Torwart den Kasten schnell verließ und ihm so nahe kam, dass er den Schuss verhindern oder abfangen konnte.

Diese Erkenntnisse gaben mir in Bezug auf die Mann-gegen-Mann-Situation von Torwart und Angreifer zu denken, denn offenbar war es für den Torhüter die beste Strategie, einen Schuss gar nicht erst zu ermöglichen. In meinem Modell konnte ich diese entscheidende Stelle anhand der Position der Spieler im Verhältnis zu den Torpfosten ermitteln. Für den Torwart war es demnach vorteilhafter, die Linie zu verlassen, anstatt auf den unvermeidlichen Schuss zu warten, selbst auf die Gefahr hin, dass der Stürmer um ihn herumdribbelte. Denn selbst dann konnte der Torhüter noch nach dem Ball hechten, wenn der Angreifer an ihm vorbei wollte.

Cohen und Dearnaley versuchten, ihre Erkenntnisse anhand von Filmaufnahmen echter Spiele zu überprüfen, zu denen auch das berühmte Europapokalfinale zwischen Real Madrid und Eintracht Frankfurt im Jahre 1960 gehörte. Obwohl in diesem Match viele Tore fielen (Madrid gewann 7:3, Puskas erzielte vier Treffer, Di Stefano drei), hämmerte Real die Schüsse meist direkt aus dem Strafraum ins Netz, so dass das Grundprinzip einziger Angreifer – einsamer Torhüter nur selten gegeben war. Wie wir bereits festgestellt haben, sind Filmaufnahmen nicht das optimale Medium, um Ad-hoc-Informationen zu erhalten. Zudem gab es in den 60er Jahren kaum Aufzeichnungen von Fernsehübertragungen, an denen sich besondere Vorfälle im Nachhinein analysieren ließen. Dennoch lieferte die Studie wichtige Erkenntnisse und könnte mit den vielen Informationsquellen, die uns heute zur Verfügung stehen, ruhig noch einmal wiederholt werden.

Die zweite wichtige Untersuchung aus der Anfangszeit der Fußballforschung stammt aus dem Jahre 1968 und trägt den Titel *Skill and chance in association football* (»Fähigkeiten und Zufall im Verbandsfußball«). Charles Reep und Bernard Benjamin befassten sich in dieser Abhandlung mit Schüssen und dem Passspiel. Reep, ein ehemaliger Oberstleutnant der britischen

Luftwaffe, hatte die Daten für die Arbeit über mehrere Jahre zusammengetragen. Dazu hatte er eine Methode entwickelt, um per Kurzschrift jeden einzelnen Ballbesitz während eines Spiels zu verzeichnen – damit war er seiner Zeit weit voraus, denn ähnliche Methoden der Spielanalyse etablierten sich erst zwei Jahrzehnte später. Aufgrund seiner Arbeit Anfang der 50er Jahre und seiner Erfolge als Trainer verschiedener Luftwaffenteams entdeckte ihn bald die Profiliga. Reep gelang es, den abstiegsgefährdeten Zweitligisten Brentford zu retten, danach war er erfolgreich als Berater tätig, zunächst für die Wolverhampton Wanderers und später in den 70ern für Watford.

In der gemeinsam mit Benjamin durchgeführten Studie hat er insgesamt 578 Begegnungen aus der Zeit zwischen 1953 und 1973, darunter zahlreiche Spitzenspiele der englischen Liga und zwei Weltmeisterschaften, detailliert aufgezeichnet. Damals wie heute war der Ballbesitz von besonderem Interesse, und eine wichtige Frage war, wie viele Pässe hintereinander ohne Unterbrechung gespielt werden konnten. Die Ergebnisse sind in *Abbildung 36* zusammengefasst.

Lange Abfolgen gibt es selten, in der Praxis sind also die Chancen, richtig viele Pässe hintereinander zu spielen, sehr gering. Natürlich kennt jeder von uns großartige Gegenbeispiele, die zu spektakulären Toren führten, aber unser Gedächtnis ist eben äußerst selektiv und hat viele tausend langweilige Routineballwechsel erfolgreich verdrängt.

Wenden wir uns lieber den Fakten zu. In der Studie gab es nur in fünf Prozent der gesamten Spielzeit Aktionen, die weniger als vier Pässe umfassten. Sechs oder mehr Pässe machen mit etwa einem Prozent der Gesamtzahl nur einen sehr geringen Anteil aus. Der Grund dafür ist offensichtlich: Für lange Passfolgen ist ein sehr genaues Zuspiel erforderlich, was besonders schwierig wird, wenn die Verteidiger die Räume dicht machen und für eine gute Manndeckung des Passempfängers sorgen.

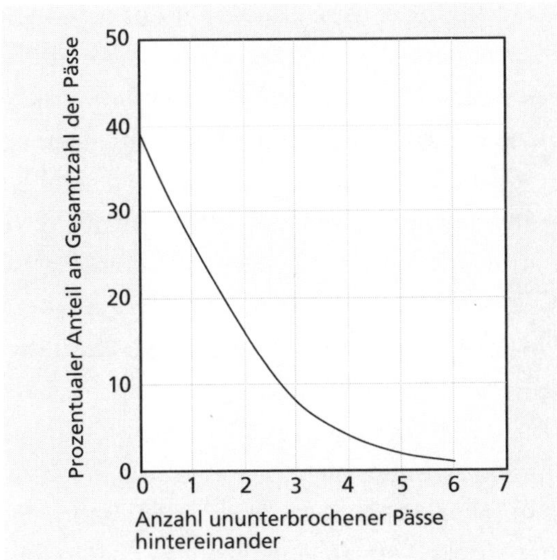

36 Chancen für den Abschluss einer Passfolge einer bestimmten Länge (nach Reep und Benjamin)

Reep und Benjamin ermittelten noch zwei weitere wichtige statistische Werte: Sie wiesen nach, dass etwa 80 Prozent aller Tore nach drei oder weniger Pässen fielen und das Verhältnis von Treffern zu Torschüssen etwa 1:10 betrug. Alle weiteren Untersuchungen zu diesem Thema haben das Ergebnis im Großen und Ganzen bestätigt, weswegen die Vermutung nahe liegt, dass diese Zahlen auf ein grundlegendes Problem im Fußball hinweisen. Cohen und Dearnaley zeigten auf, dass die Torentfernung entscheidend ist, und es mag auch eine Rolle spielen, dass oft nur ein kleiner Teil des Tors zur Verfügung steht. Vielleicht treibt man die Spielstatistik mit solchen Überlegungen auch zu weit – auf jeden Fall hat noch niemand eine plausible Erklärung dafür gefunden.

Die Erkenntnisse von Reep und Benjamin hatten, vor allem in England, große Auswirkungen auf den Verbandsfußball, denn sie führten zu erbitterten Diskussionen und veranlassten so manchen Verein, das so genannte »direkte« oder »Langpass«-Spiel einzuführen. Ziel dieser Taktik war es, den Ball so schnell wie möglich in den Strafraum des Gegners zu befördern – böse Zungen behaupteten, diese Taktik sollte nur die mangelnden Fähigkeiten der Mittelfeldspieler ausgleichen. International konnte sie sich bezeichnenderweise nie durchsetzen. Günther Netzer war seinerzeit allerdings berühmt für seine langen Pässe, ebenso wie Wolfgang Overath für seine kurzen. Die beiden deutschen Nationalspieler sind bis heute unvergessen.

Der Erfolg von Wolverhampton und Watford war zum Teil auf Reeps Methode zurückzuführen, die englische Presse setzte ihm jedoch übel zu, weil sie nicht wahrhaben wollte, dass die statistische Wahrscheinlichkeit in diesem wunderschönen Spiel eine so große Rolle spielte. Dazu kam noch, dass sich einige der Teams, die nach seinen Grundsätzen spielten (obwohl er nicht direkt mit ihnen zu tun hatte), fast ausschließlich auf das Langpassspiel verließen. Ein Beispiel dafür ist Wimbledon: Zeitweilig eines der erfolgreichsten englischen Teams, hatte die Mannschaft bei Heimspielen weniger Zuschauer als andere Vereine, die etliche Ligen tiefer spielten. Ihre Taktik wurde als *Route One Approach* bezeichnet, und da sich die Spieler von Wimbledon ständig mit dem Ball in den gegnerischen Strafraum stürzten, wurde ihnen der Spitzname *The Crazy Gang* verpasst – nach einer Comedy-Truppe, die in den 30er Jahren mit einer Mischung aus Slapstick und Zirkusakrobatik im Londoner Palladium aufgetreten war.

Die Studien von Cohen und Dearnaley sowie die von Reep und Benjamin lieferten in den 60er Jahren zwar wichtige Erkenntnisse über den Fußball, aber keine Informationen zu den physiologischen Anforderungen auf den einzelnen Mannschaftspositionen. Wenn die Trainer nun ihre elf Spieler aufstellten, nach welchen Kriterien sollten sie entscheiden, wer am besten für die klassischen Rollen in der Abwehr (einschließlich Torwart), im Mittelfeld und im Sturm geeignet war? Technische Fähigkeiten, Kraft und Schnelligkeit waren natürlich nahe liegende Punkte, aber wie viel Ausdauer war für welche Position erforderlich?

Müssen zum Beispiel Abwehrspieler ein größeres Laufpensum bewältigen als Angreifer, und stimmt es, dass Mittelfeldspieler die schwerste Aufgabe haben? Dazu gab es verschiedene Meinungen, bis 1976 eine Abhandlung erschien, die diese Fragen ein für allemal umfassend beantwortete. Sie trug den Titel *A motion analysis of work-rate in different positional roles in professional football match-play* (»Bewegungsanalyse über die Arbeitsleistung auf verschiedenen Positionen im Profifußball«) und stammte von Thomas Reilly und Vaughan Thomas, zwei Forschern von der Liverpool Polytechnic (heute John-Moores-Universität).

Zuvor hatte es bereits zahlreiche Versuche gegeben, die Entfernungen zu beziffern, welche die Spieler während eines Spiels zurücklegen. Die Schätzungen gingen weit auseinander, sie reichten von 17 Kilometern bis zu lediglich 4,8 Kilometern, und solche Extremwerte klingen sofort unwahrscheinlich. Der Energieverbrauch der Spieler hängt im Wesentlichen von der zurückgelegten Strecke ab, und bei derart enormen Abweichungen wären die Unterschiede in Bezug auf die Stoffwechselbelastung und somit den Fitnesszustand viel zu hoch. Manche Spiele mögen zwar anstrengender sein als andere, aber eine Mannschaft hätte keine Chance, wenn ihre Spieler im Schnitt mehr als dreimal so weit liefen wie die Gegner.

Bei ihrer Arbeit, für die sich Reilly und Thomas Unterstützung von einem englischen Spitzenclub holten, berücksichtigten sie alle Positionen: Außenverteidiger, Innenverteidiger, Mittelfeldspieler, Stürmer und Torhüter. Die Testmannschaft spielte damals 4-3-3; das System ist in diesem Fall sehr wichtig, da es sich entscheidend auf das Pensum der einzelnen Positionen auswirken kann. Für die heute üblichen Spielformationen ist dieser Faktor noch nicht ausreichend untersucht und wird häufig übersehen, wenn es um das Pensum der einzelnen Fußballer geht.

Reilly und Thomas unterteilten die Bewegungsmuster in verschiedene Kategorien: Laufen, Kreuzen, Sprinten, Gehen und Rückwärtslaufen. Die meisten dieser Bewegungen sind bekannt; die Definition für Kreuzen lautete: »mit fester Absicht und Einsatz rennen«. Räumlich begrenzte Bewegungen wie ein Sprung zum Kopfball, der Hechtsprung des Torwarts, Stillstand zum Ausruhen oder bei Verletzungen waren ebenfalls verzeichnet. Bei Heimspielen analysierten sie die zurückgelegten Entfernungen anhand der bekannten Spielfeldmarkierungen und zeichneten zusätzlich Linien an die Wände neben dem Spielfeld, damit ein richtiges Koordinatenkreuz entstand. Bei Auswärtsspielen suchten sie geeignete Stellen an der Werbebande, die sie dann mit den Spielfeldmarkierungen verknüpften. Die Studie erstreckte sich über eine komplette Saison, insgesamt 51 Pflichtpartien, während derer sie pro Begegnung einen bestimmten Spieler beobachteten. Die Daten trugen sie von Hand ein. Ausschlaggebend war, dass sich die tatsächlich zurückgelegte Entfernung anhand der Koordinaten auf dem Spielfeld genau beurteilen ließ, daher filmten sie die Testpersonen bei jedem analysierten Match, um die Schrittfrequenzen für die typischen Bewegungen wie Laufen, Sprinten etc. zu ermitteln. Die Anzahl der Schritte in der Filmsequenz zählten sie anschließend, so dass sie die Entfernung, die ein jeder Spieler auf die jeweilige Weise zurücklegte, genau bestimmen konnten. Bei solchen Messungen liegt die geschätzte Fehlerquote bei nur einem Prozent – somit war die Genauigkeit akzeptabel, da die Fußballer während eines Spiels normalerweise mehrere Kilometer zurücklegen.

Die Studie der beiden lieferte sehr aufschlussreiche Ergebnisse. Bei jedem Spiel vollführt ein Spieler etwa eintausend einzelne Spielsequenzen, wobei sich verschiedene Bewegungsprofile mit besonderen Aktivitäten wie Kopfbällen und Zweikämpfen abwechseln. Diese Bewegungswechsel ereignen sich durchschnittlich alle fünf bis sechs Sekunden, während etwa alle zwei Minuten eine Ruheperiode von gerade mal drei Sekunden eintritt. Die Sprintstrecken, welche die Sportler etwa alle 90 Sekunden zurücklegten, betrugen im Schnitt 15 Meter.

Es heißt oft, im Fußball komme es auf den Ballbesitz an, doch Reilly und Thomas haben in ihrer Studie nachgewiesen, dass die zehn Feldspieler lediglich auf zwei Prozent der Gesamtstrecke, die sie während einer Begegnung zurücklegen, am Ball sind. In Wirklichkeit wird die Partie ohne Ball gespielt – wer sich immer nur auf den Ballführenden konzentriert, verpasst einen wichtigen Teil des Geschehens. Dies gilt nicht nur für die Zuschauer, sondern auch für die Spieler selbst. Übersieht ein Verteidiger, dass sich abseits des Balls ein entscheidender Angriff entwickelt, dann wirft man ihm vor, er sei zu sehr »auf den Ball fixiert«.

Abbildung 37 zeigt die Entfernungen, welche die Fußballer auf den jeweiligen Positionen zurücklegen. Von allen Feldspielern haben diejenigen im Mittelfeld eindeutig das größte Pensum zu absolvieren; nach dieser Studie legen sie durchschnittlich 9,8 Kilometer pro Spiel zurück. Im Vergleich dazu haben die Innenverteidiger im Schnitt 7,8 Kilometer zu bewältigen, allerdings laufen diese mehr rückwärts und seitlich als ihre Mannschaftskollegen. Die Laufleistung der Stürmer und Außenverteidiger ist mit 8,4 beziehungsweise 8,2 Kilometern fast identisch, allerdings waren auf diesen Positionen die Bewegungsmuster sehr unterschiedlich. Bei den Außenverteidigern (insgesamt waren acht an der Studie beteiligt) gab es die größten Abweichungen in Bezug auf die Gesamtstrecke während einer

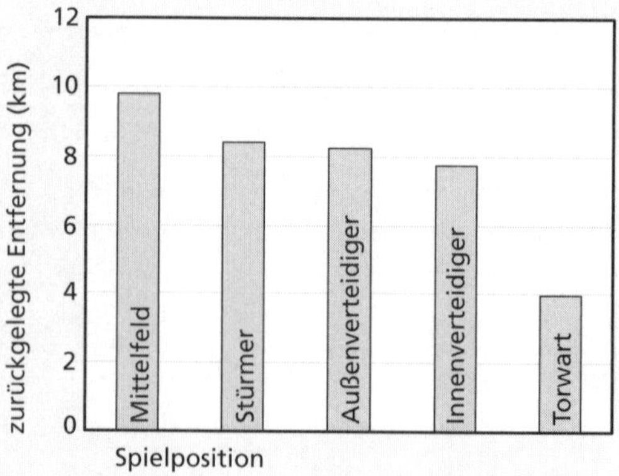

37 Auf verschiedenen Spielpositionen zurückgelegte Entfernung (nach Reilly und Williams)

Saison – daran lässt sich erkennen, dass das Arbeitspensum sehr stark von der jeweiligen Spieltaktik abhängt. Sieht die Taktik einen defensiven Außenverteidiger vor, so entspricht sein Bewegungsprofil in etwa dem eines Innenverteidigers. Läuft er jedoch offensiv nach vorne, sieht sein Profil eher wie bei einem Mittelfeldspieler aus, da er dann eine größere Strecke zurücklegt als bei defensiver Ausrichtung. Außerdem unterschieden sich auch die Werte für die erste und die zweite Halbzeit: Berücksichtigt man sämtliche Bewegungskomponenten (Laufen, Kreuzen und Sprinten), so legten 73 Prozent aller Feldspieler in der zweiten Halbzeit ermüdungsbedingt deutlich kürzere Strecken zurück.

Die Torwartrolle dagegen ist so einzigartig, dass ihr ein gesondertes Profil gebührt. Reilly und Thomas zeigten, dass der Torhüter während eines Spiels etwa vier Kilometer zurücklegt – auf den ersten Blick mag das überraschen, da er ja zumeist im Strafraum bleibt. Das Bewegungsprofil sieht allerdings ganz anders aus als bei den Feldspielern: Der Torwart ist am häufigsten in Ballbesitz, denn er läuft nur knapp über zehn Prozent seiner vier Kilometer ohne Ball, zudem legt er ein Viertel der Gesamtstrecke rückwärts zurück, also doppelt so viel wie alle anderen Feldspieler. Berücksichtigt man alle Aktivitäten und Bewegungen des Torhüters, so ist sein Anteil am Spielgeschehen größer als bei den einzelnen Feldspielern.

Die Studie von Reilly und Thomas wird im Fußball häufig als Bewertungsstandard herangezogen. Ihre Erkenntnisse über die Entfernungen, die auf jeder Position zu bewältigen sind, konnten bislang nicht widerlegt werden, obwohl die Spieler heutzutage durchschnittlich 30 Prozent weiter laufen. Wie wir gleich sehen werden, lassen sich aus dieser und anderen Forschungsarbeiten entscheidende Schlüsse über die körperlichen Anforderungen im Fußball ziehen. Das gilt auch für die Verfahren zur Spielanalyse, die Mike Hughes und seine Mitarbeiter an der Universität von Wales in Cardiff begründeten. Mittlerweile sind die Methoden fortschrittlicher geworden, und ohne die Notationsanalyse, wie diese Disziplin heute heißt, ist Sport im Allgemeinen und Fußball im Besonderen kaum noch denkbar.

Vieles spricht dafür, einen Sport wie den Fußball auf eine kodifizierte Form zu reduzieren – zwei dieser Gründe sind von besonderer Bedeutung: Erstens muss das Spiel in einzeln identifizierbare Elemente aufgeteilt werden, damit es von Grund auf nachvollziehbar ist, und zweitens können die Trainer die Fähigkeiten einzelner Spieler oder auch der gesamten Mannschaft besser fördern, wenn sie exakte Anhaltspunkte für gute oder schlechte Leistungen haben. Auf das eigene Gedächtnis sollten die Verantwortlichen sich hier besser nicht verlassen.

Laut Reilly und Thomas vollführt jeder Fußballer während eines Spiels beinahe eintausend verschiedene Aktionen, viele davon mehrmals oder auch länger, aber das spielt keine Rolle.

Das Gedächtnis ist viel zu selektiv, als dass ein Beobachter die entscheidenden Leistungsindikatoren für einen bestimmten Spieler ohne Erinnerungshilfe erkennen könnte. Ein ganz einfaches Beispiel macht das deutlich: Wenn man ein Spiel beiläufig verfolgt, kommt man unter Umständen zu dem Schluss, dass ein Stürmer besser sei als ein anderer, weil er mehr Tore geschossen hat. Eine genauere Analyse könnte jedoch ergeben, dass der vermeintlich schlechtere Spieler in Wirklichkeit einen größeren Teil seiner Chancen verwandelt hat, und das ohne Unterstützung durch sein Mittelfeld. Ein geregeltes Notationssystem ist daher besser als die spontane Erinnerung und bietet, sofern es richtig konzipiert ist, normative Indikatoren, die sinnvolle Vergleiche ermöglichen. Mit anderen Worten: Stürmer X schoss nicht einfach zwei Tore, sondern verwandelte zehn Prozent seiner Chancen, während Flügelstürmer Y mit 60 Prozent seiner Eckbälle den kurzen Pfosten erreichte.

Die ersten Notationssysteme waren zwar sehr nützlich, wiesen jedoch einige Nachteile auf, die einer umfassenden Anwendung im Wege standen. Die Notation von Hand lässt sich nicht ohne weiteres lernen, sondern es dauert eine ganze Weile, bis man ein Spiel in Echtzeit verfolgen kann. Außerdem müssen die Aufzeichnungen anschließend ausgewertet und in ein Format übertragen werden, das eine sinnvolle Analyse ermöglicht. Beide Verfahren änderten sich durch den Einsatz von Computern, allerdings musste dazu erst die Dateneingabe verbessert werden. Zunächst blieb die Notierung von Hand effizienter, da nämlich nur wenige Leute gut genug tippen, waren die normalen Tastaturen für diesen Zweck nicht sonderlich geeignet.

Einen echten Fortschritt bedeutete die Verbesserung der Computerschnittstellen – man änderte die Tastatur so ab, dass einzelne Tasten dem Spielfeld entsprachen, später setzte man dann Overlay-Tastaturen zur direkten Datenerfassung ein. Dabei handelt es sich um Flatboards, normalerweise im DIN-A3-

oder A4-Format, die auf Berührung reagieren. Die Dateneingabe erfolgt, indem man einen Punkt auf der Oberfläche berührt, der so programmiert ist, dass er für eine bestimmte Stelle oder eine bestimmte Aktion steht. Somit ist die Auflösung deutlich höher als beispielsweise bei dem davor gültigen System. Wichtig ist dabei vor allem, das Overlay so zu definieren, dass es dem Layout des Spielfelds entspricht, wobei verschiedene Bereiche des Boards bestimmten Spieleraktionen zugewiesen sind.

Hughes, Robertson und Nicholson verwendeten ein Overlay-Keyboard mit standardmäßigen Spielfeldmarkierungen, auf dem bestimmte Kontaktfelder die Standardaktionen – Pässe, Eckstöße oder Freischüsse – darstellten. So konnten sie die Spielmuster der Weltmeisterschaft von 1986 detailliert analysieren. Partridge und Frank studierten derweil auf ähnliche Weise die Flanken, die bei dem Turnier aus verschiedenen Bereichen des Spielfelds in bestimmte Zonen innerhalb und in die Nähe des Strafraums kamen. Mittlerweile ist allerdings auch diese Form der Datenerfassung überholt, denn heute kann man mit grafischen Benutzeroberflächen die Spielfeld-Overlays direkt am Bildschirm definieren, so dass die Dateneingabe per Mausklick oder sogar per Sprachkommando möglich ist.

Die Notationsanalyse wird im Fußball für die verschiedensten Zwecke eingesetzt, drei Beispiele machen jedoch deutlich, welch wichtige Erkenntnisse diese Technik über die Leistung von Teams oder Einzelspielern liefert.

Im Jahr 1990, bei der Weltmeisterschaft in Italien, schlug Deutschland Argentinien im Finale mit 1:0, während England und Italien um Platz 3 spielten. Italien gewann mit 2:1, also belegte Deutschland letztendlich den ersten Platz vor Argentinien, Italien und England. P. H. Luhtanen analysierte dieses Turnier 1993 unter dem Gesichtspunkt, wie die Mannschaften im Angriffsdrittel spielten – genauer gesagt, wie häufig und mit welchem Erfolg eine Mannschaft, die in dieser Schlüsselzone in Ballbesitz war, aufs Tor schoss. Dazu verwendete er ein Overlay und entwarf ein Notationssystem für Spiele, die er live im Stadion, live im Fernsehen und als Aufzeichnung verfolgen ließ.

Seine detaillierte Analyse umfasste die oben angeführten Mannschaften und ergab, dass Deutschlands Sieg kein reiner Glücksfall gewesen war. In Bezug auf Ballbesitz und Chancennutzung war die Mannschaft ihrem Gegner eindeutig überlegen, denn bei 69 Prozent aller Angriffe behielt sie den Ball, in 37 Prozent dieser Situationen ergaben sich Torchancen, die sie wiederum in zehn Prozent aller Fälle verwandelten. Die entsprechenden Zahlen für das englische Team lauteten 67, 26 und zwölf Prozent. Mit anderen Worten: England war im letzten Drittel fast genauso häufig im Ballbesitz und konnte sogar einige Chancen mehr verwandeln, spielte insgesamt aber weniger Torchancen heraus. Interessant ist außerdem, dass das Verhältnis von erfolgreichen Treffern zu Schüssen aufs Tor für das Turnier insgesamt 1:9,3 betrug und damit der magischen Quote von Reep sehr nahe kam.

Das zweite Beispiel beschäftigt sich mit einem anderen wichtigen Thema: der Verletzungsgefahr. Welche Aktionen bergen das größte Verletzungsrisiko? Zu welchem Zeitpunkt des Spiels verletzen sich die meisten Spieler? Welche Stelle des Fußballfeldes ist in dieser Hinsicht am gefährlichsten? Um diese Fragen zu beantworten, untersuchten Rahnama, Reilly und Lees, drei Wissenschaftler von der John-Moores-Universität in Liverpool, zehn Erstligaspiele der Fußballsaison 1999/2000 in England.

Für ihr Notationssystem unterteilten sie das Spielfeld in 18 Zonen – ähnlich den neun Zonen aus *Abbildung 17* in Kapitel 3, wobei sie Angriffs-, Mittel- und Abwehrdrittel noch einmal halbierten. Das Notationsschema umfasste 16 Standardaktionen wie Dribbeln, Kopfball, Zweikampf, Schüsse und Ein-

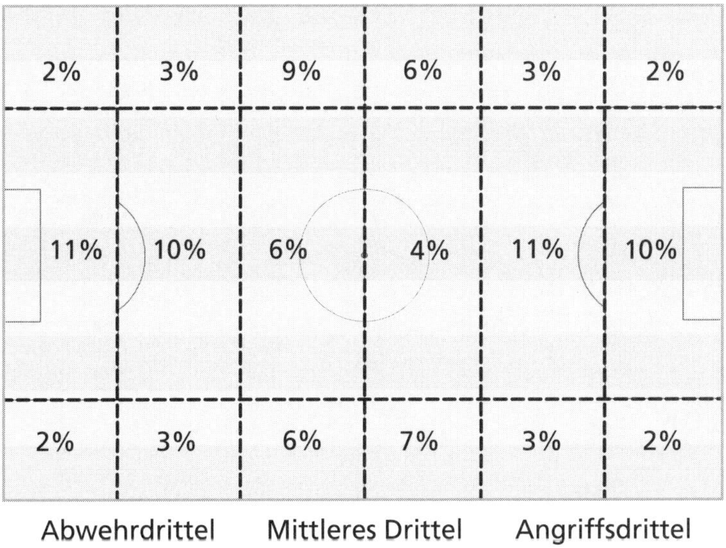

38 Verletzungshäufigkeit nach Stelle auf dem Spielfeld (nach Rahnama, Reilly und Lees)

würfe. In den zehn untersuchten Spielen fanden 17 877 einzelne Aktionen aus diesen 16 Gruppen statt, von denen 43 Prozent (also genau 7667) ein gewisses Verletzungsrisiko bargen (gering, mäßig oder hoch). Somit kommt es in 1000 gespielten Stunden durchschnittlich zu insgesamt 53 Blessuren; schwere Verletzungen sind mit etwa zehn Prozent jedoch recht selten. Allerdings weiß jeder Fan, dass bei bestimmten Spielen, bei denen besonders große Rivalität herrscht, deutlich mehr schwere Verletzungen auftreten.

Erwartungsgemäß haben während eines normalen Spiels vor allem Zweikämpfe Verletzungen zur Folge, wobei das Risiko in der ersten und der letzten Viertelstunde am größten ist. Die meisten Zuschauer würden dem intuitiv sicher zustimmen – ein Spiel wird meist mit hohem Tempo eröffnet, während in der Schlussphase die Müdigkeit ihren Preis fordert. Darunter leidet dann jeweils das genaue Timing im Zweikampf, so dass es schneller zu Verletzungen kommt.

Abschließend widmet sich diese Untersuchung noch der Frage, ob die Verletzungsgefahr an verschiedenen Stellen des Spielfelds unterschiedlich hoch ist. Bei den 7667 registrierten Vorfällen haben die Forscher jeweils verzeichnet, in welchen Zonen sie sich ereigneten (vgl. *Abbildung 38*). Im mittleren Bereich der Angriffs- und Abwehrdrittel ist die Häufigkeit deutlich größer – also genau dort, wo die Abwehrspieler die Stürmer angehen müssen, um Tore zu verhindern. Wenn sie nicht gerade einen Elfmeter fürchten, steigen die Verteidiger meist voll ein, da in der Regel viel auf dem Spiel steht.

Im Gegensatz zu den beiden vorherigen Beispielen befasste sich die Untersuchung von G. Gerisch und M. Reichelt aus dem Jahre 1993 mit einem ganz konkreten Aspekt: Sie betrachteten in dem wichtigen Europapokal-Halbfinale zwischen Bayern München und Roter Stern Belgrad im April 1991 Mann-gegen-Mann-Situationen, in denen zwei Feldspieler um den Ballbesitz kämpften. Im Notationsschema waren die Aktionen Kopfball, Foul, Ballgewinn oder Ballverlust, sowie »Ziel erreicht« oder »gescheitert« vorgegeben. Die letzte Kategorie bezog sich zum Beispiel auf Schüsse oder die Abwehr von Schüssen. Solche Aktionen kosten wesentlich mehr Kraft als andere Spielzüge, da sie zahlreiche Sprints und Sprünge erfordern.

Gerisch und Reichelt ordneten diese Ereignisse nicht nur den üblichen Spielfeldzonen (also Abwehr-, Mittel- und Angriffsdrittel sowie Mitte, linke und rechte Seite) zu, sondern versahen die Daten auch mit einem Zeitcode, so dass die Mann-gegen-Mann-Situationen im Spielverlauf verfolgt werden konnten. Insgesamt gab es 250 solche Begegnungen, genau 125 auf jeder Seite, was auf den ersten Blick ein ausgeglichenes Spiel vermuten lässt. Allerdings kommt es natürlich darauf an, welches Team den Zweikampf für sich entscheiden konnte und wie das

Pensum unter den einzelnen Spielern aufgeteilt war. Bei näherer Betrachtung stellt sich heraus, dass Roter Stern den Ballbesitz effizienter auszunutzen vermochte als die Münchner. Nach einer druckvollen Anfangsphase erzielte Bayern zwar ein frühes Tor, ließ sich dann aber das Spiel aus der Hand nehmen, während Belgrad den Vorteil nutzte und kurz vor der Halbzeit den Ausgleich erzielte.

Bayerns Mittelfeldspieler Bender, der bei diesem Treffer eindeutig nicht auf seiner Position stand, hatte innerhalb von 25 Minuten 18 schreckliche Zweikämpfe ausfechten müssen, und während des gesamten Spiels konnte er nur 29 Prozent dieser Begegnungen gewinnen. Er kam einfach nicht zurück auf seine Position, als Roter Stern zum Ausgleich stürmte. Belgrads Prosinecki zeigte dagegen eine wahre Meisterleistung im Mittelfeld und entschied das Spiel für seine Mannschaft. Seine Zweikampfleistung stand in heftigem Gegensatz zu der von Bender, denn er gewann 59 Prozent seiner Zweikämpfe und gab bis zum Schlusspfiff alles.

Obwohl die Bayern Kampfgeist zeigten und gegen Ende der Partie im Spiel Mann gegen Mann besser wurden, konnten sie ihre Überlegenheit in der Schlussphase nicht zu einem Tor nutzen, sondern liefen in einen Konter von Roter Stern, die schließlich mit 2:1 siegten. Nachdem sie Olympique Marseille im Finale im Elfmeterschießen besiegt hatten, gewannen die Jugoslawen 1991 den Europapokal.

Benders unglücklicher Auftritt in diesem Halbfinale bestätigt, dass Fußball eine körperlich anspruchsvolle Angelegenheit auf höchstem Niveau ist. Dies wird nicht nur aus Reillys und Williams Bewertung des Arbeitspensums deutlich, sondern auch aus allen weiteren Studien über die physiologischen Anforderungen dieser Sportart. Für den Stoffwechsel ist es eine unglaubliche Belastung, in 90 Minuten etwa zehn Kilometer weit zu laufen und dabei immer wieder kräftezehrende Sprints,

Drehungen und Sprünge einzubauen. Wo genau sitzt der Motor für diese Anstrengung, und welcher Treibstoff ermöglicht diese ungeheure Leistung?

Die erste Frage ist leicht zu beantworten. Im menschlichen Körper gibt es nur einen Antrieb für körperliche Aktivität – die für die jeweilige Bewegung zuständige Muskelgruppe. Da sich Muskelfasern lediglich zusammenziehen können, sind sie so am Skelett verteilt, dass sie bestimmte Gliedmaßen je nach Bedarf auf oder ab bewegen können, wie auch der Muskelzyklus, der zum Laufen oder Springen erforderlich ist. Das Ausmaß der Muskelkontraktion, also die Kraft, mit der die Bewegung ausgeführt wird, hängt von den Nervenimpulsen ab, die an den Muskel geschickt werden – je höher die Impulsrate, desto stärker die Kontraktion und damit die Kraft. Da sich die Muskelgruppen bei wiederholter starker Belastung häufig verkürzen, machen die Spieler in der Aufwärmphase und nach dem Spiel Dehnübungen, um ihre Muskeln zu schonen.

Die Bewegung wird von einem biologischen System mit chemischer Grundlage erzeugt. Adenosin-Triphosphat, kurz ATP, eine in den Muskelgruppen gespeicherte Substanz, wird in Adenosin-Diphosphat, ADP, aufgespalten und löst Muskelkontraktionen aus. Dabei wird die chemische Energie in mechanische Energie umgewandelt. Dies ist allerdings niemals zu 100 Prozent möglich, sondern ein kleiner Teil der Energie geht als Wärme verloren. Die chemische Reaktion läuft zwar sehr schnell ab, doch in der Muskulatur ist nicht viel ATP vorhanden, so dass sie ständig Nachschub braucht, damit die körperliche Leistung nicht abfällt. Hierzu gibt es zwei Möglichkeiten: Entweder produziert der Körper ATP aus aeroben Quellen, das heißt dem eingeatmeten Sauerstoff, oder aus chemischen Vorräten innerhalb der Muskelgruppen selbst, den so genannten anaeroben Quellen, die noch intensivere Energieschübe ermöglichen.

Die aerobe ATP-Versorgung ist die wichtigste Energieaufnahme im Fußball, denn sie sorgt für etwa 90 Prozent der während des Spiels erforderlichen Energie. Genau wie bei einem klassischen Motor, der Treibstoff mit Sauerstoff verbrennt, werden auch hier Fette, Kohlenhydrate und ein geringer Anteil Proteine mit dem eingeatmeten Sauerstoff verknüpft und über das Blut in die Muskelzellen transportiert. Wie wirkungsvoll dieser Prozess ist, hängt vom Herz-Kreislauf-System des Einzelnen ab. Dieses wird häufig als Sauerstoffvolumen VO_2 angegeben und definiert das Volumen an Sauerstoff, das in einer bestimmten Zeit bei einer bestimmten Körpermasse aufgenommen wird.

Die maximale Sauerstoffaufnahme, $VO_{2\,max}$, gilt als Maßstab für absolute Fitness bei aerober Leistung; Spitzenwerte von 4,5 Litern pro Minute sind dabei keine Seltenheit. Diese Werte können natürlich nicht das gesamte Spiel über aufrechterhalten werden, Schätzungen haben jedoch ergeben, dass die Leistungen von Feldspielern bei ungefähr 75 Prozent des $VO_{2\,max}$ liegen, während der Wert für Torhüter bei etwa 50 Prozent liegt.

Da die Sauerstoffaufnahme bei Anstrengung nur mittels Atemmasken gemessen werden kann, lässt sich die Stoffwechselbelastung unter tatsächlichen Spielbedingungen mit solchen Geräten kaum ermitteln. Zum Glück gibt es noch eine andere Möglichkeit: Die Messungen können auch unter Laborbedingungen erfolgen, zum Beispiel auf einem Laufband, und werden dann mit der Herzfrequenz in Beziehung gesetzt. Zu diesem Zweck erhalten die Spieler leichte Herzfrequenzmesser, welche die Informationen per Funk übertragen und eine recht genaue Schätzung der VO_2-Werte während eines echten Spiels ermöglichen. D. Van Gool, D. van Gerven und J. Boutmans maßen 1983 die Herzfrequenz von Feldspielern in Schlägen pro Minute und erhielten Durchschnittswerte von 155 (Innenverteidiger), 155 (Außenverteidiger), 170 (Mittelfeldspieler) und 171 (Stürmer).

Diese Zahlen stimmen mit der Schätzung des Arbeitspensums von Reilly und Thomas überein, die auf der jeweils zurückgelegten Gesamtstrecke basierte.

In einem normalen Spiel beträgt die Zeit, während der ein Spieler besonders intensive Aktionen ausführt, nur etwa sieben Minuten, die sich auf viele sehr kurze Ausbrüche verteilen. So könnte es beispielsweise etwa 20 Sprints von jeweils circa zwei Sekunden geben, dazu viele plötzliche Beschleunigungen, Stopps, Täuschungsmanöver und Sprünge. Selbst eine so unscheinbare Sache wie das Dribbeln belastet den Körper ganz erheblich, wie Reilly und Ball in einer Studie aus dem Jahr 1984 nachwiesen. Sie simulierten Dribblings auf dem Laufband, indem der Ball von einem Brett vor dem Laufband immer wieder zum Sportler zurückprallte. Bei einem Tempo von 14 Stundenkilometern war der Energieverbrauch durch das Dribbeln um sieben Prozent höher als beim bloßen Laufen – rechnet man das auf die Dauer eines ganzen Spiels um, ist der Unterschied schon ganz erheblich.

Die über den Sauerstoff aufgenommene Energie reicht für diese sporadischen Intensivaktionen nicht aus, daher müssen die Muskelgruppen auf interne Quellen zurückgreifen, die so genannte anaerobe Belastung. Sind die aeroben Vorräte ausgeschöpft, so stehen zwei begrenzte Speicher zur Verfügung. Zum einen kann das Kreatinphosphat in den Muskelfasern selbst aufgespalten werden, die andere Möglichkeit ist der Abbau von Glycogen (Glukose oder Zuckermoleküle), einer Substanz, die aus den Kohlehydraten in der Nahrung gewonnen und ebenfalls im Muskelgewebe gespeichert wird. Da bei dieser chemischen Reaktion Milchsäure entsteht, gibt die Untersuchung der Laktatwerte im Blut Aufschluss über die anaerobe Belastung während eines Spiels.

Wie sieht denn nun der Energieverbrauch der Beteiligten bei einem Spiel im Spitzenfußball konkret aus? Wie bereits erwähnt, hat man bei den Topspielern $VO_{2\,max}$-Kapazitäten von annähernd 4,5 Litern pro Minute gemessen, also läge der Gesamtenergieverbrauch bei einer durchschnittlichen Auslastung von 75 Prozent bei 1700 Kilokalorien (kcal) pro Spiel. Diese in nur 90 Minuten aufgewandte Energie entspricht etwa 67 Prozent der empfohlenen Tagesmenge für einen gesunden Mann. Bei anstrengenden Partien verlieren die Spieler allein 2 bis 2,5 Kilogramm ihres Gewichts durch Schwitzen – all das sind Aspekte, die bei den Ernährungsempfehlungen unbedingt berücksichtigt werden müssen.

Spieler, die regelmäßig trainieren und einmal pro Woche ein Pflichtspiel absolvieren, sollten pro Tag je nach Körpermasse zwischen 3000 und 3500 kcal zu sich nehmen, Fußballerinnen der Spitzenklasse brauchen etwa 500–600 kcal weniger. Eine ausgewogene Ernährung muss neben Proteinen und Fetten vor allem Kohlenhydrate enthalten, da diese die Glycogenspeicher im Körper wieder füllen. Nudeln, Reis, Brot und Kartoffeln sind die besten Kohlenhydratquellen, die Mahlzeiten vor einem Spiel dürfen allerdings aus verschiedenen Gründen nicht zu üppig sein.

Zu diesem Zeitpunkt ist keine übermäßige Kohlenhydrataufnahme erforderlich, weil bereits reichlich Glycogen vorhanden ist, ein kleiner Imbiss reicht völlig. Ist das Spiel vorüber, sind die körpereigenen Glycogenvorräte dagegen erschöpft und können nur in den ersten Stunden nach der Belastung besonders gut wieder aufgefüllt werden. Kohlenhydrathaltige Getränke fördern die Regenerierung, dazu ein kleiner Snack direkt nach dem Abpfiff, später eine richtige Mahlzeit. Auf diese Weise werden die Glycogenspeicher innerhalb von 24 Stunden wieder gefüllt, was besonders dann wichtig ist, wenn innerhalb kurzer Zeit mehrere Pflichtspiele auf dem Programm stehen.

Auch der Flüssigkeitsverlust während einer harten Trainingseinheit oder eines Spiels muss unbedingt ausgeglichen werden.

Heutzutage gibt es zahlreiche spezielle Getränke, aber eigentlich reicht Flüssigkeit mit einem Zuckergehalt von etwa sechs Prozent sowie ein wenig Natriumsalz aus – diese Mischung ist vorteilhafter als reines Wasser. Täglich sollten zwei bis drei Liter Flüssigkeit getrunken werden, und zwar nicht erst dann, wenn man Durst verspürt, denn in diesem Fall sind die Flüssigkeitsreserven bereits angegriffen.

Neben der Versorgung mit Kohlenhydraten beschäftigen sich Sporternährungswissenschaftler auch mit dem Bedarf an Proteinen, Vitaminen und Mineralstoffen. Generell ist keine erhöhte Proteinaufnahme erforderlich (bis etwa 100 Gramm pro Tag gelten als akzeptabel). Während längerer intensiver Belastungen können jedoch Probleme auftreten, denn dann wird der körpereigene Vorrat an Aminosäuren, dem Hauptbestandteil des Proteins, geplündert. Für Frauen und jüngere Spieler ist das besonders kritisch, denn wird das Problem nicht erkannt und behoben, steigt die Anfälligkeit für Verletzungen und Krankheiten.

Der Bedarf an Vitaminen und Mineralstoffen wird immer wieder diskutiert, nach dem aktuellen Stand geht man davon aus, dass eine ausgewogene Ernährung fast alles enthält, was bei hoher Belastung erforderlich ist. Die einzige Ausnahme ist Eisen, da geringe Mengen über den Schweiß und den Urin ausgeschieden werden. Normalerweise nehmen wir über die Nahrung recht wenig Eisen zu uns, Eisenmangel lässt sich jedoch leicht behandeln. Die gleichzeitige Einnahme von Vitamin C verbessert die Verwertung von Eisen, außerdem kann das Spurenelement in dosierten Mengen in Tablettenform zugeführt werden.

Heutzutage stellt sich der Fußball ganz anders dar als um 1860, als die ernsthaften Amateure nur 14 einfache Regeln zu befolgen hatten. Das Spiel ist anspruchsvoller geworden und das Tempo schneller – vor allem aufgrund der wissenschaftlichen Erkenntnisse, die man seit Mitte des letzten Jahrhunderts gewonnen hat.

Fast jeder Aspekt des Fußballs ist davon betroffen, und noch ist kein Ende abzusehen. Eine wichtige Frage betrifft den Burnout der Spieler angesichts der vielen Länderspiele und europäischen Wettbewerbe, die sie neben den anstrengenden Begegnungen in ihrer Liga zu bestreiten haben. Reiche Clubs können sich Doppelbesetzungen leisten, andere müssen darauf hoffen, dass die Sportwissenschaftler preisgünstigere Lösungen finden. Wahrscheinlich werden die Trainingspläne künftig exakt auf die wöchentlichen Termine zugeschnitten und an die Verpflichtungen über die ganze Saison hinweg angepasst. Solche Programme müssen allerdings unbedingt auch Erholungsphasen für die Schlüsselspieler berücksichtigen.

Der Fußballer der Zukunft wird die heutigen Methoden sicher genauso amüsiert betrachten wie wir das Training von vor 50 Jahren – endlose Runden um das Spielfeld, um die vage Größe Ausdauer zu fördern, und den Ball sahen die Spieler nur samstags beim Match.

6.
Motivation oder mentale Stärke – die psychologische Dimension

Am 25. Mai 2005 trafen der AC Mailand und der FC Liverpool im Champions-League-Finale aufeinander – eine der fesselndsten Partien in der Geschichte dieses Wettbewerbs, vielleicht sogar die beste aller Zeiten. Zwar bot das Spiel nicht die fußballerischen Glanzleistungen, die Real Madrid 1960 bei seinem 7:3-Sieg gegen Eintracht Frankfurt gezeigt hatte, und die Mailändern waren (mit allem Respekt vor ihrer Leistung in der ersten Halbzeit) auch technisch nicht so überlegen wie ihr Team von 1994, das den FC Barcelona mit 4:0 vom Platz fegte. Nein, aber zum ersten Mal in einem Europapokalfinale gelang es einer Mannschaft, die in der ersten Halbzeit absolut unterlegen gewesen war, einen Rückstand von drei Toren aufzuholen, sich mit unglaublichem Mut und fast übermenschlicher Ausdauer eine zweite Chance zu erkämpfen und schließlich im Elfmeterschießen den Sieg davonzutragen. Der Welt wurde ein Paradebeispiel für den Siegeswillen eines Teams präsentiert. Liverpool war mental überlegen und nutzte diese psychologische Stärke optimal aus.

Dazu brauchten die Engländer allerdings ein wenig Unterstützung. In der Verlängerung war Mailand nämlich wieder zu sich gekommen, so dass Liverpool höchste Gefahr drohte. In der Schlussminute gelang Andrej Schewtschenko ein Kopfball aus kürzester Entfernung, den Liverpools Torwart Jerzy Dudek nur wegfausten konnte, und als Schewtschenko dann die Möglichkeit zum Nachschuss hatte, sah es so aus, als sei Dudek bereits geschlagen. Mit einem unglaublichen Reflex schaffte er es aber, den Ball doch noch zu halten. Dass in diesem Augenblick der sicher geglaubte Siegtreffer für Mailand nicht fiel, war ein vernichtender Schlag für die Mannschaft, vor allem für Schewtschenko. Welche Konsequenzen dieser Vorfall noch haben sollte, zeigte sich kurze Zeit später, als sich Dudek und Schewtschenko beim alles entscheidenden Elfmeter gegenüberstanden.

Geht ein unentschiedenes Spiel ins Elfmeterschießen, so muss der Trainer jene Spieler auswählen, die der Aufgabe gewachsen sind. Außerdem muss er ihnen Selbstvertrauen geben, indem er sie mental auf die bevorstehende Herausforderung vorbereitet. Liverpools Trainer Rafael Benítez war sich über zwei unerfreuliche Tatsachen im Klaren: Liverpool hatte sieben der letzten 15 Elfmeter verschossen, während die Italiener erst zwei Jahre zuvor das Champions-League-Finale gegen Juventus Turin im Elfmeterschießen gewonnen hatten. AC Mailands Torwart Nelson de Jesus Dida hatte damals drei Elfer gehalten, und da er in wichtigen Begegnungen stets besonders stark spielte, war ihm das durchaus wieder zuzutrauen. Zum Glück wird Benítez nie nervös, sondern strahlt selbst unter dem größten Druck noch Ruhe aus. Kurz vor einem Elfmeterschießen sind reißerische Sprüche nämlich absolut unangebracht, denn die Spieler müssen sich sammeln, um sich auf die bevorstehende Aufgabe zu konzentrieren.

Benítez ist also die Ruhe in Person, wenige Schritte entfernt spielt sich jedoch das absolute Gegenteil ab: Die Fernsehkameras halten fest, wie Jamie Carragher, einer von Liverpools Helden, auf Torwart Dudek einredet. Mit wilden Gesten bläut er Dudek ein, an »Brucie« zu denken. Damit meint er Liverpools ehemaligen Torhüter Bruce Grobbelaar, der im Europapokalfinale von 1984 den Elfmeterschützen des AS Rom durch sein Gezappel auf der Torlinie so nervös gemacht hat, dass dieser verschoss. Dudeks Miene ist ruhig, fast belustigt, doch er hört Carragher aufmerksam zu.

In dieser Phase ist er mit sich »im Lot«, seine gerade geglückten phantastischen Paraden haben ihn optimal auf die bevorstehende Aufgabe eingestellt. So etwas geschieht, wenn Sportler sich absolut sicher fühlen und davon überzeugt sind, dass sie das Spiel voll im Griff haben. Psychologische Erregung bedeutet dann eine zusätzliche Motivation. Zum Glück wählt der Trainer Carragher nicht als Elfmeterschützen aus – zwar hätte er seine Mannschaft sicher nicht im Stich gelassen, wenn man ihn gefragt hätte, doch im Gegensatz zu Dudek ist er nicht nur körperlich völlig am Ende, sondern gleichzeitig gefährlich aufgewühlt und damit nicht in der richtigen Verfassung, um die erforderliche Leistung zu bringen.

Auch als Dudek an dem für das Elfmeterschießen ausgewählten Tor, hinter dem hauptsächlich Milan-Anhänger stehen, Mailands Torwart Dida begegnet, offenbart sich sein enormes Selbstvertrauen. Die Fernsehbilder zeigen, dass Dudek gegenüber seinem Torwartkollegen auf jegliche Psychotricks verzichtet – die spart er sich für das Elfmeterschießen und die Schützen auf, die ihm wenig später gegenüberstehen werden. Die Fans sehen also nur zwei Spieler auf dem Feld, die gemeinsam vor der schwersten Prüfung stehen, die es für einen Torwart gibt.

Als Mailands Serginho zum ersten Elfmeter antritt, macht Dudek einen entscheidenden Schachzug: Er verlässt die Torlinie und geht zum Elfmeterpunkt, um Serginho etwas zu sagen. Der Schiedsrichter gestattet das natürlich nicht, sondern winkt Dudek zurück, doch der hat mit dieser Aktion dafür gesorgt, dass Serginho ihn wahrnimmt: »Hallo, ich bin's. Ich habe gerade einen unhaltbaren Schuss eures besten Stürmers pariert, und in wenigen Sekunden geht es um *deinen* guten Ruf!«

Der Torwart begibt sich also zurück auf seine Position, doch als er sich wieder zu Serginho umdreht, liefert er eine außergewöhnliche Darbietung: Er springt wild auf der Torlinie herum, noch viel extremer als seinerzeit Grobbelaar, und jede Bewegung ist genau berechnet. Dudek muss seinen Erregungszustand aufrechterhalten, und heftige Bewegungen helfen ihm dabei. Außerdem zeigt er Serginho dadurch, welch großen Teil des Torraums er abdeckt.

Die erste Aktion hat den Stürmer bereits verunsichert, und jetzt ist er völlig aus dem Konzept und kann sich nicht mehr konzentrieren. Eigentlich hätte er nur an die bevorstehende Aufgabe denken dürfen: seinen Anlauf, den richtigen Ballkontakt und den Schuss, der ins Netz trifft. Stattdessen muss er sich diese Albernheiten ansehen! Er wirft einen Blick zum Schiedsrichter, aber aus dieser Richtung kommt keine Hilfe. Dudeks Verhalten ist zwar absolut unorthodox, aber nicht regelwidrig. Serginho denkt sich also: »Damit ist jetzt Schluss – ich knalle den Schuss so hart aufs Tor, dass er keine Chance hat.« Und erwartungsgemäß jagt er den Ball meterweit über die Querlatte.

Ganz anders sieht es aus, als Dida auf Liverpools ersten Elfmeter wartet. Er steht mitten im Tor, die Hände fast reglos an den Seiten, bis der Stürmer seinen Anlauf fast beendet hat, und unternimmt keinerlei Versuch, eine Diskussion mit den Schützen anzufangen. An Mailands Sieg von 2003 war er maßgeblich beteiligt, doch bei einem der drei Schüsse, die er damals halten konnte, hatte er unerlaubterweise zu früh die Torlinie verlassen, und vielleicht bewegt er sich jetzt deshalb kaum. Gegen den Schuss von Didi Hamann ist er jedenfalls machtlos, so dass die Mailänder unter Druck geraten. Noch ist zwar nichts verloren, aber den nächsten Elfmeter müssen sie unbedingt verwandeln, um den Anschluss an Liverpool nicht zu verlieren.

Die Spieler, die im Mittelkreis auf ihren Einsatz warten, werden langsam nervös, doch sie müssen alle beunruhigenden Gedanken verdrängen und sich konzentrieren. Der ängstliche Gesichtsausdruck von Andrea Pirlo, Mailands nächstem Schützen, zeugt nicht gerade von großem Selbstvertrauen. Bezeichnend auch, dass Dudek mit dem Ball in der Hand auf Pirlo wartet und zum Elfmeterpunkt marschiert, um ihm das Leder zu überreichen. Kann ein Schiedsrichter eine derart höfliche Geste verbieten? Dem Torwart gelingt es damit, sich seinem Gegner körperlich zu nähern, und indem er ihm den Ball gibt, sagt er im Grunde: »Der gehört eigentlich mir, aber du darfst es mal versuchen. Mal sehen, ob du mehr Glück hast als dein Kollege, der gerade verschossen hat.«

Pirlo wartet nervös, bis Dudek sich umdreht, dann geht die Hampelei auf der Torlinie wieder los. Im Gegensatz zu Serginho zögert Pirlo nicht lange, aber auch er ist ganz offensichtlich aus der Fassung gebracht. Jegliche Konzentration und alles Selbstvertrauen sind verschwunden. Bevor Pirlo den Ball erreicht, verlässt Dudek bereits die Torlinie, und das gibt den Ausschlag: Der Schütze spürt die Bewegung, stockt und bringt nur einen schwachen Schuss zustande, den der Torwart problemlos halten kann. Dieser regelwidrige Elfmeter hätte eigentlich wiederholt werden müssen – und dann wäre Mailand womöglich wieder zurück ins Spiel gekommen. Doch Schiedsrichter Mejuto Gonzalez gibt das Tor; sein Assistent, der als Beobachter an der Seitenauslinie steht, hat ebenfalls keine Einwände. Vielleicht hat Dudek mit seiner Show die Offiziellen genauso abgelenkt, so dass niemandem seine unerlaubte Reaktion aufgefallen ist.

Mailand ist jetzt in arger Bedrängnis. Liverpools Vorsprung wird zwar etwas kleiner, weil John Arne Riise verschießt, doch als Schewtschenko zu Mailands letztem Elfmeter antritt, ist ihm klar, dass er treffen *muss*, damit Liverpool überhaupt noch einmal antritt. Auch ihn erwarten Dudeks Einlagen, außerdem ist ihm sicher nur zu gut in Erinnerung, dass er vor wenigen Minuten zwei 100-prozentige Torchancen vergeben hat. Der Torhüter hat seitdem jedoch zwei Bälle gehalten, somit ist sein Selbstvertrauen gigantisch.

In der Zeitlupe erkennt man es genau. Dudek vollführt erneut seine »Hallo Kumpel, schön dich zu sehen«-Nummer, aber bevor er den Ball überreicht, macht er einen Schritt zurück, so dass Schewtschenko sich nach dem Leder recken muss. Der Torwart lässt also keinen Zweifel daran, dass er die Sache in der Hand hat. Als er sich umdreht, zeugt seine Miene von höchster Konzentration. Er feuert sich mit *self-talk* an, um seine Motivation weiter zu steigern, bevor er sich wieder dem Ball zuwendet. Er geht zurück, ohne das Leder aus den Augen zu lassen, dann erst richtet er seine Aufmerksamkeit auf Schewtschenko.

Dieser zeigt seine Nervosität, indem er sich zweimal mit den Händen durchs Haar fährt, und vielleicht denkt er gerade daran, wie er in der letzten Minute der Verlängerung versagt hat. Dann sieht er den Torwart, der wieder wie von Sinnen auf der Torlinie herumtanzt. Die Folge ist der schwächste Elfmeter überhaupt – ausgerechnet von Europas bestem Stürmer, dem Spieler, der nur zwei Jahre zuvor ganz cool den Siegtreffer gegen Juventus Turin erzielt hatte. Dudek muss sich kaum anstrengen und schlägt den Ball, der saft- und kraftlos mitten aufs Tor zufliegt, verächtlich zur Seite.

Liverpool hatte damit nicht nur den fünften europäischen Titel, sondern auch einen gigantischen Willenskampf gewonnen. Erst hatten die Engländer ihrem Gegner in der zweiten Halbzeit ihr Spiel aufgezwungen, dann im Elfmeterschießen überragende mentale Stärke bewiesen.

In der Beschreibung dieses Finalereignisses habe ich unter anderem die Begriffe »Erregungszustand«, »Konzentration« und »*self-talk*« verwendet, die alle aus der Sportpsychologie stammen, einer Disziplin, die entscheidend zur Förderung der sportlichen Leistung beiträgt. Während man die körperliche Belastung anhand der Herzfrequenz unter Spielbedingungen ermitteln kann oder technische Fehler mittels Hochgeschwindigkeitsaufnahmen von Spielszenen korrigiert, lassen sich die geistige Wachheit oder das mentale Wohlbefinden eines Spielers nicht so leicht festmachen. Die Sportpsychologie ist eine empirische Wissenschaft, vielleicht sogar die empirischste aller Disziplinen, die sich mit der Leistungsfähigkeit auf dem Platz befassen.

Außerdem ist sie besonders vielschichtig: Neben verschiedenen Techniken und Verfahren werden häufig Fragebögen und Studien eingesetzt, um bestimmte Erkenntnisse zu gewinnen. Das Beispiel von Liverpool gegen Mailand zeigt stellvertretend für viele tausend andere Begegnungen: Sind die technischen Fähigkeiten und die körperliche Fitness zweier Mannschaften in etwa gleich, dann entscheidet oft die mentale Verfassung. Trainer und Spieler sollten die psychologische Seite des Sports demnach nicht unterschätzen.

Diesen Fehler machten die Brasilianer nach ihrem traumatischen Zusammentreffen mit Ungarn in Bern 1954 sicherlich nicht. Damals hatten sie bereits die Nerven verloren, bevor sie nach dem Abpfiff die ungarische Kabine enterten und Fäuste und Flaschen fliegen ließen. Angeblich soll das permanente mutwillige Foulspiel der Ungarn maßgeblich dazu beigetragen haben. Dabei ist es der älteste Trick überhaupt, die Konzentration des Gegners zu schwächen, indem man ihn mit zermürbenden Störmanövern und Vergeltungsaktionen an einem vernünftigen Spielaufbau hindert.

Bei der WM 1958 in Schweden sorgte das brasilianische Team jedenfalls mit seinem Mannschaftspsychologen für eine Sensation, und die gesamte Presse machte sich darüber lustig. Ein Kommentator berichtete beispielsweise, die Spieler hätten Menschen zeichnen müssen, und ließ sich darüber aus. Den meisten Außenstehenden blieb der Sinn verschlossen, sie amüsierten sich lediglich darüber, wie gelungen einige der Zeichnungen waren, während andere kaum mehr als Strichmännchen darstellten. Vermutlich sollte die Angst durch so genanntes »Verbildlichen« abgebaut werden, obwohl sich dies nach so langer Zeit nicht mehr genau sagen lässt. Wir werden später noch sehen, wie wirkungsvoll diese Methode bei extremem Leistungsdruck sein kann. Zuerst befassen wir uns jedoch mit einem der wichtigsten Konzepte, dem Erregungszustand, und seiner Rolle im Mannschaftssport.

Ohne einen gewissen Grad an Erregung ist keine körperlich anspruchsvolle Leistung möglich. Im Sport ist damit allgemein eine erhöhte physiologische und geistige Wachsamkeit gemeint. Dieser Zustand ist für den einzelnen Sportler sehr wichtig, kann aber leider nicht mit einem simplen Test analysiert werden. Trotzdem wollen wir einmal annehmen, es wäre so und wir hätten ein Messgerät, an dem man dies auf einer Skala einfach ablesen könnte – von Null, also absoluter Passivität wie im Tiefschlaf, über mäßige Aufmerksamkeit bis hin zum Extremwert, will heißen größter Aufregung oder sogar Furcht. Daneben gäbe es die entsprechenden Angststufen – bei geringer Erregung kaum wahrnehmbar, jedoch geradezu bedrohlich, wenn die bevorstehende Aufgabe schwer zu bewältigen oder gar gefährlich erscheint. Damit sind wir bei einem wichtigen Punkt angelangt: Erregung an sich löst keine Angst aus, Letztere entsteht vielmehr erst, wenn die betroffene Person ihre Aufgabe beurteilt und den Fähigkeiten und der Leistungsbereitschaft gegenüberstellt, die sie für eine erfolgreiche Bewältigung zu mobilisieren vermag.

Besteht die Angst – im Sport oder in anderen Bereichen – so lange, dass sie immer wieder auftritt oder sogar chronisch wird, dann sprechen wir von Stress, und unter Stress kann niemand anspruchsvolle Spitzenleistungen erbringen. Allerdings ist nicht jede Angstreaktion automatisch negativ, im richtigen Augenblick ist sie sogar ein durchaus wichtiges Element des Erregungsprozesses. Es kommt einfach darauf an, dass der Betroffene alles unter Kontrolle behält – wie es so treffend heißt: »Es macht nichts, wenn man Schmetterlinge im Bauch hat, die Kunst ist nur, sie in Formation fliegen zu lassen.«

Angst und die damit zusammenhängenden körperlichen Reaktionen werden in *somatische* und *kognitive* Angst unterteilt. Unter somatischer Angst (von griechisch *soma* = Körper) versteht man die direkte körperliche Reaktion auf die jeweilige Erregung, während sich die kognitive Angst in negativen oder bedrohlichen Gedanken über die bevorstehende Aufgabe äußert.

Studien haben ergeben, dass beide Angstformen vor einem anspruchsvollen Sportereignis ansteigen, wobei die somatische Angst deutlich nachlässt, sobald die Aktivität begonnen hat. Die kognitive Angst bleibt jedoch während des gesamten Wettbewerbs bestehen und schwankt in Abhängigkeit von der jeweiligen Spielphase. Für das Match Liverpool gegen Mailand bedeutet dies, dass während der normalen Spieldauer und der Verlängerung die Spieler beider Mannschaften mal mehr, mal weniger unter kognitiver Angst zu leiden hatten, die bei dem dramatischen Elfmeterschießen schließlich übermächtig wurde.

Wie gesagt, es existiert leider kein »Erregungsmesser«, der diesen Zustand oder die damit verbundene Angst ermitteln könnte. Natürlich gibt es bestimmte Körperreaktionen, zum Beispiel erhöhten Blutdruck, beschleunigte Atmung, erhöhte Pulsfrequenz, Schwitzen und einen erhöhten Spiegel bestimmter Hormone, vor allem des Adrenalins. All das lässt sich genau messen, allerdings nicht im Spielgeschehen.

Sportpsychologen setzen daher auf sorgfältig ausgearbeitete Fragebögen, die diese Zustände vor und nach dem Match bewerten, wobei unerwartete Wendungen im Verlauf des Spiels unberücksichtigt bleiben. Zudem müssen die Fragebögen, damit sie für wissenschaftliche Zwecke geeignet sind, genau jene Aspekte ansprechen, die eindeutige Einblicke in das Verhaltsmuster der jeweiligen Versuchsperson ermöglichen, und diese muss ehrlich und aufrichtig antworten. Unter der Voraussetzung, dass all diese Bedingungen erfüllt sind, liefern solche

Erhebungen durchaus wichtige Erkenntnisse über den Zusammenhang zwischen dem Erregungszustand und der entscheidenden Reaktion, nämlich der körperlichen Leistung.

Die klassische Erklärung, die so genannte »Triebtheorie«, stammt aus den 40er Jahren. Aufs Wesentliche reduziert, geht sie davon aus, dass die Leistung sich direkt proportional zur Erregungsstufe verhält. Bei Routinetätigkeiten (also einer einfachen Aufgabe) würde sich die Leistung bei erhöhter Erregung demnach verbessern, wie *Abbildung 39* illustriert.

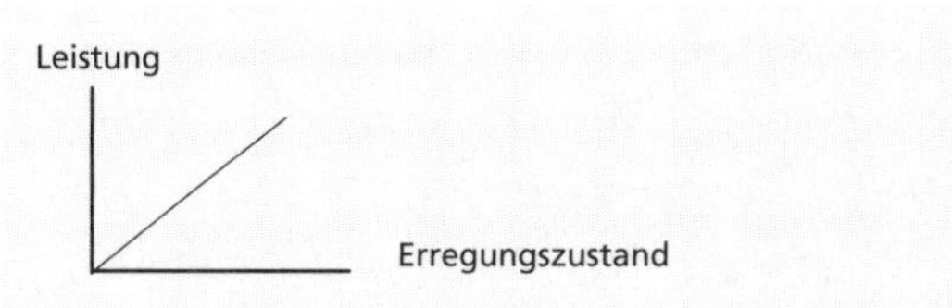

39 Einfache Triebtheorie

Dieses einfache Modell erklärt, wieso altgediente Fußballer bessere Leistungen bringen als Neulinge: Steigt der Druck oder wird die Aufgabe technisch anspruchsvoller, machen unerfahrene Spieler einfach mehr Fehler, so dass ihre Leistung abfällt.

Allerdings stellte sich bald heraus, dass dieses Modell nur bedingt zutraf. Bei Spitzensportlern sind die Reserven nämlich auch nicht unbegrenzt, so dass die Leistung irgendwann einen Spitzenwert erreicht, nach dem sie dann zwangsläufig abnimmt. Psychologen ersannen daraufhin ein Modell, das einem umgekehrten U entspricht (*Abbildung 40*).

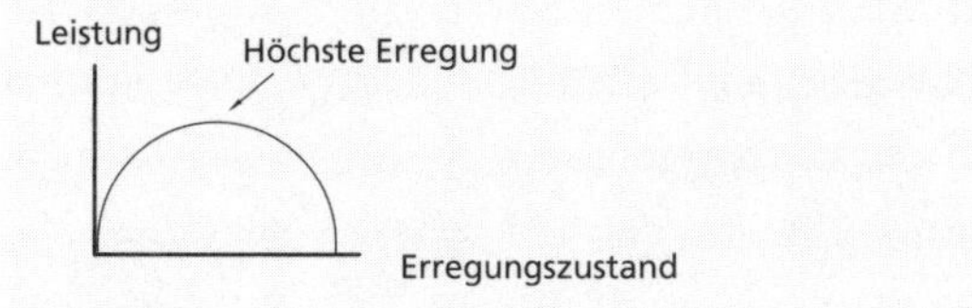

40 Modell »Umgekehrtes U«

Dabei gingen sie von einer optimalen Erregungsstufe aus, nach deren Überschreitung in gewisser Weise das »Gesetz des abnehmenden Ertrags« greift, das heißt, die Leistung wird schwächer, obwohl die Erregung unter Umständen weiter ansteigt. Für Mannschaftspsychologen oder Trainer bedeutet dies, dass sie für jeden Fußballer, der eine gewisse Funktion übernehmen soll, genau die richtige Erregungsstufe ermitteln müssen. Diese ist natürlich nicht bei allen Spielern oder allen körperlichen Belastungen gleich; ein Mittelfeldspieler, der nach einem 20-Meter-Sprint einen erfolgreichen Zweikampf verbuchen kann, hat eine andere Erregungsstufe als sein Mannschaftskollege, der sich gerade auf einen Elfmeter oder einen Strafstoß konzentriert.

Zu große Erregung, wie Dudek sie bei den Mailändern hervorrief, ist außerdem kontraproduktiv und beeinträchtigt die Leistung. Übersteigt die Erregung den Optimalwert deutlich, so kann das böse Folgen haben *(Abbildung 41)*.

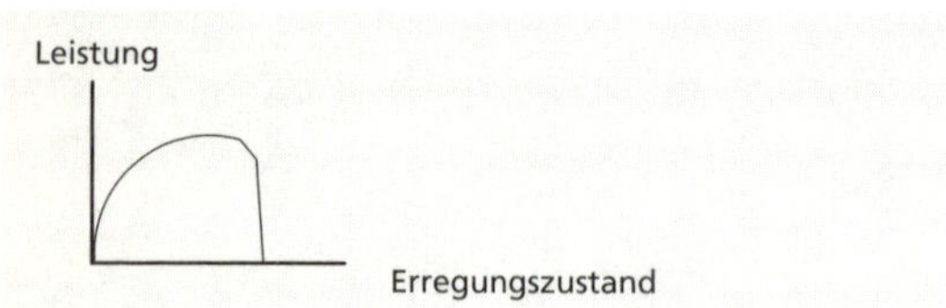

41 Katastrophentheorie (nach Fazey und Hardy)

Der Einzelne gerät dann nämlich in einen Bereich, in dem jede weitere Erregung, so gering sie auch sein mag, nicht nur eine allmähliche Verschlechterung, sondern einen deutlichen Absturz der Leistung bedeutet. Psychologen bezeichnen dies als Katastrophentheorie, und wenn erst einmal eine gewisse Stufe überschritten ist, erholen sich die Betroffenen häufig gar nicht mehr. So erging es zum Beispiel der Marathonläuferin Paula Radcliffe, als sie bei den Olympischen Spielen 2004 scheiterte – sie sah sich einer immensen Aufgabe gegenüber und konnte plötzlich keine Leistung mehr abrufen, so dass sie unweigerlich zusammenbrach.

Bevor wir uns nun den Maßnahmen zuwenden, mit denen die unerwünschten Auswirkungen der erregungsbedingten Angst reduziert werden können, sollten wir die Person an sich betrachten, denn Angst ist stets durch die Persönlichkeit bedingt. Zunächst hat man zu diesem Zweck Fragebögen verwendet, zum Beispiel die von Hans Jürgen Eysenck, welche die Persönlichkeit zwei verschiedenen Wesenszügen zuordnete: Extraversion und Neurotizismus. Extrovertierte Personen gehen aus sich heraus und suchen nach Aufmerksamkeit, während Neurotiker einen hohen Grad an Angst aufweisen. Für beide Wesenszüge gibt es jeweils einen Gegenpart: Bei Extrovertierten wäre das die Introversion, bei Neurotikern Stabilität.

Sportler, die Eysenck anhand seines Persönlichkeitsfragebogens getestet hat, werden in Diagrammen wie in *Abbildung 42* erfasst.

Die Illustration (Seite 164) zeigt eine echte Bewertung (Davey 1987) einer Mannschaft, die Fußball nach australischen Regeln spielt, also nicht gerade ängstlich sein dürfte. Jeder Punkt in dem Schaubild stellt einen Spieler des Teams dar. Die Ergebnisse zeigen, dass die Mannschaft insgesamt eher neurotisch-extrovertiert ist, denn der durchschnittliche Angstwert des Einzelnen liegt – jeweils auf einer Skala von 0 bis 100 – bei 70, der Wert der Extraversion bei 65. Nach australischen Regeln spielende Fußballer erzielen seit über zehn Jahren in beiden Kategorien einen Wert von etwa 60, die Angst der analysierten Sportler liegt demnach deutlich über dem Durchschnitt. Tatsächlich handelt es sich um eine Mannschaft, die bei wichtigen Wettbewerben regelmäßig versagt, weil übertriebene Ängstlichkeit ihre Leistung hemmt. Siegreiche Teams wiesen dagegen in Bezug auf Angst und Extraversion Werte von 50–55 auf,

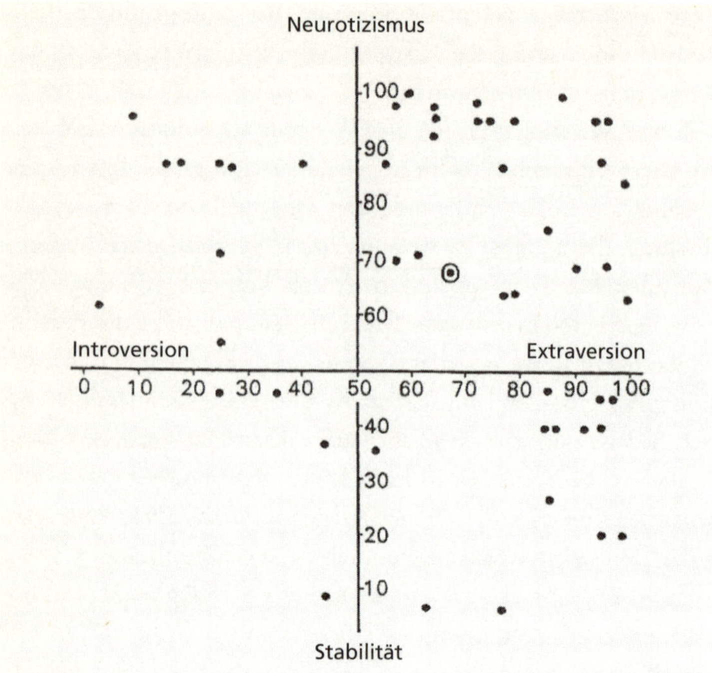

42 Persönlichkeitsprofile bei Fußballern, die nach australischen Regeln spielen (nach Davey)

also deutlich geringere Werte als die in *Abbildung 42* dargestellte Gruppe.

Neben dem Persönlichkeitsfragebogen von Eysenck gibt es zahlreiche weitere Tests zur Beurteilung der Angst in Einzel- und Mannschaftssportarten, zum Beispiel den SCAT (Sport Competition Anxiety Test) oder den POMS (Profile of Mood States). Natürlich darf man von solchen Persönlichkeitstests nicht automatisch auf den sportlichen Erfolg schließen, aber da übertriebene Ängstlichkeit die Leistung erwiesenermaßen beeinträchtigt, sollte sie für einen Wettkampf so gering wie möglich sein. Alle Maßnahmen dieser Art müssen allerdings berücksichtigen, dass Persönlichkeit höchst individuell ist.

Abbildung 42 zeigt zum Beispiel, dass ein großer Teil der Testpersonen einen gewissen Grad an Introvertiertheit und Angst aufwies. Auch wenn eine Mannschaft aus introvertierten Neurotikern ihren Gegner wohl niemals vom Platz fegen wird, ist dieser Charakterzug nicht zwangsläufig negativ. Ein Trainer sollte in jedem Fall bedenken, dass introvertierte, ängstliche Individuen die höchste Erregungsstufe zumeist schneller und mit erheblich weniger Stimulation erreichen als andere. Umgekehrt muss er seine Spieler eventuell stärker beruhigen und bei der Konzentration unterstützen, wenn die extreme Erregung die Leistung zu beeinträchtigen droht.

In der Praxis lässt sich Erregung meist recht leicht hervorrufen. Meist entsteht der gewünschte Zustand bereits nach fünf Minuten engagierter körperlicher Arbeit, so dass eigentlich keine besonderen Maßnahmen erforderlich sind. Früher setzte man unter anderem auf laute, aufpeitschende Musik, emotionale Ansprachen der Trainer und Betreuer, Standpauken und Schmähreden über den Gegner. Und von mindestens einem äußerst erfolgreichen englischen Trainer, nämlich Alex Ferguson, ist bekannt, dass er die so genannte »Fön-Methode« anwendet: Er baut sich vor dem jeweiligen Spieler auf wie ein Ausbilder beim Militär vor einem Rekruten und brüllt ihm entgegen, was er von ihm erwartet, dass dem armen Kerl sprichwörtlich die Haare nach hinten fliegen.

Hat die Angst bereits eine kritische Stufe erreicht, so ist eine Intervention vom Spielfeldrand wesentlich schwieriger, und die Fußballer müssen während eines Spiels selbst für Abhilfe sorgen. Da wir unseren eigenen psychologischen Zustand nicht immer richtig einschätzen, braucht der Trainer nicht wenig an Kenntnissen und Übung, bis seine Spieler bestimmte Techniken auch in kritischen Situationen anwenden können. Einige Methoden sind jedoch recht Erfolg versprechend, insbesondere Zielsetzung, Entspannung, bildliche Vorstellung und *self-talk*.

Das Prinzip der Zielsetzung ist im Sport und in Managementkreisen weit verbreitet. Dabei kommt es darauf an, komplexe, unüberwindlich scheinende Aufgaben in leichter zu bewältigende Elemente aufzuteilen, was den damit verbundenen Stress reduziert. Im Fußball heißt das, der Spieler muss lernen, zwischen Leistung und Ergebnis zu unterscheiden. Das Ergebnis, meist als Sieg oder Niederlage definiert, kann den Einzelnen entmutigen, da er den Spielausgang selten allein in der Hand hat: Niemand kann sich persönlich das Ziel setzen, eine bestimmte Begegnung zu gewinnen oder die WM-Trophäe zu erringen. Manch einer engagiert sich sehr für ein gutes Ergebnis und zeigt dabei überragende persönliche Leistungen. Scheitert das Team dennoch, so wird dieser Spieler extrem demotiviert, was wiederum häufig zu Selbstzweifeln, Angst und somit erneutem Versagen führt.

Überschaubare Leistungsziele sind dagegen tatsächlich erreichbar: Ein Spieler kann sich beispielsweise das persönliche Ziel setzen, mehr Elfmeter zu verwandeln, etwa seine Quote innerhalb einer gewissen Zeit von 50 Prozent auf 75 Prozent zu erhöhen. Setzt er dies tatsächlich um, so fördert es sowohl seine technischen Fähigkeiten als auch sein Selbstvertrauen, und er versagt dann nicht so schnell, wenn er unter Druck gerät. Unter Trainern wird dieser Ansatz auch als »Treppenmodell« bezeichnet – die einzelnen Unteraufgaben stellen die Stufen dar, über welche die Fußballer nach und nach das gesetzte Ziel erreichen. Diese Methode eignet sich besonders zur Reduzierung von somatischer Angst, da das schrittweise Vorgehen sowohl die Technik als auch das Selbstvertrauen fördert.

Entspannungsmethoden helfen ebenfalls gegen die Angst; sie lassen sich in zwei Arten unterteilen: Zentrierung und progressive Muskelentspannung. Beide verringern die erregungsbedingte Angst, indem Muskelspannung, Herzfrequenz und schnelle Atmung reduziert werden. Bei der Zentrierung konzentriert sich die Atmung auf den Bauch, der in etwa den Körperschwerpunkt eines Menschen bildet. Die Aufmerksamkeit wird dabei von negativen, beunruhigenden Gedanken weg auf ein bestimmtes Ziel gerichtet, zudem findet eine positive Verstärkung statt, da die Konzentration auf den Körperschwerpunkt kontrollierte Bewegungen fördert. Hierbei wird ein bestimmter Atemzyklus eingehalten:

Einatmen → Ausatmen → Zentrieren → Entspannen.

Bleibt der Spieler danach zentriert, so kann er mental dazu aufgefordert werden, sich nun auf die zu erbringende Leistung zu konzentrieren.

Die progressive Muskelentspannung ist ein umfassenderer Vorgang, da abwechselnd die wichtigsten Muskelgruppen angespannt und wieder entspannt werden. Da Muskeln zumeist »über das Ziel hinausschießen«, also die Entspannung nach der absichtlichen Kontraktion größer ist als zuvor, wird die allgemeine Spannung nach und nach abgebaut. Diese Übung ist besonders dann sinnvoll, wenn die Angst mit Zentrierung allein nicht mehr bewältigt werden kann. Beide Methoden erfordern jedoch ein erhebliches Maß an Kenntnissen und Übung, bevor sie spontan in einem Wettkampf eingesetzt werden sollten.

Eine der effektivsten psychologischen Techniken zur Leistungsförderung im Sport ist die bildliche Vorstellung. Dabei macht sich die betreffende Person ein wirklichkeitsgetreues geistiges Bild von den Handlungen, die sie ausführen möchte. Der enorme Vorteil liegt darin, dass die Aktivität desensibilisiert wird, mit anderen Worten: Die Spieler können eine Fertigkeit üben, ohne das Gefühl von Unzulänglichkeit oder Versagen zu verspüren.

Mentales Training stimuliert Nervensystem und Muskeln angeblich fast genauso wie die tatsächliche Aktion – daher nennt man diesen Prozess auch »Muskelgedächtnis«. Damit das mentale Training Erfolg zeigt, muss es allerdings genauso engagiert und realistisch durchgeführt werden wie die tatsächliche Aktion, wofür sich am ehesten diskrete Aktivitäten mit in sich geschlossenen Bewegungen eignen. Natürlich ist es unmöglich, die unzähligen Abläufe in einer kompletten Partie mental einzustudieren. Deshalb beginnen die meisten mit einer der oben beschriebenen Entspannungsmethoden. Danach stellen sie sich die gewünschte Fertigkeit mit allen wichtigen Bestandteilen vor, sowohl von innen als auch von außen. Die Fußballer sehen demnach alle Aktionen zunächst so, wie sie sich für sie selbst darstellen würden, und anschließend so, wie ein Beobachter sie dabei wahrnehmen würde.

Diese Vorstellung lässt sich gut mit der Gedächtnismethode verknüpfen, besondern dann, wenn ein Spieler eine Bewegung oder eine Handlung in der Vergangenheit schon einmal einwandfrei ausgeführt hat. Auch anhand von Film- oder Videoaufnahmen kann man sich ein Ereignis besonders gut einprägen. Dies eignet sich vor allem für Freistöße oder Elfmeter, da bei solchen Standardsituationen meist genug Zeit bleibt, um gezielt Stress abzubauen und danach die gewünschte Aktion rasch vor dem geistigen Auge ablaufen zu lassen.

Bei der letzten hier erörterten Methode, dem *self-talk*, werden persönliche Gefühle angesprochen, die bestimmte Verhaltensweisen und Handlungen auslösen. *Self-talk* hat aber nur dann die erwünschte Wirkung, wenn er positiv ist. Selbst vermeintlich motivierende Gedanken können zu Angst und Versagen führen, wenn sie falsch gewichtet sind.

Schewtschenko beispielsweise mag vor seinem Elfmeter womöglich scheinbar positive Gedanken gehabt haben: »Wenn ich treffe, muss Liverpool noch mal antreten, und wenn sie dann verschießen, sind wir wieder im Rennen!« Hier dominierte also nicht die positive Einstellung, dass er den Schuss sicher verwandeln würde, sondern er dachte daran, dass er auf keinen Fall verschießen durfte. Gegen seinen Willen rückte das Bild des Scheiterns in den Vordergrund, welches die entsprechende Verhaltensreaktion hervorrief. Besser wäre gewesen, er hätte auf seinem langen Weg vom Mittelkreis zum Elfmeterpunkt gedacht: »Spiel den Ball nach rechts, in Schulterhöhe in den Winkel.« Schließlich hätte er sich den Schuss bildlich vorgestellt und kurz vor dem Anlauf noch einmal wiederholt: »Rechts, Schulter, Winkel.«

Jede positive Bestätigung ist besser, als über die negativen Aspekte und die Folgen eines möglichen Versagens nachzugrübeln. Besonders wirkungsvoll ist *self-talk*, wenn er nicht aus dem Stegreif erfolgt, sondern auf frühere Erfahrungen zurückgreift und auf gewisse wiederkehrende Situationen abgestimmt ist. So lässt sich die Konzentration oder die Aufmerksamkeit in wichtigen Augenblicken wieder herstellen – bei Abwehrspielern zum Beispiel hinsichtlich der Manndeckung in gefährlichen Standardsituationen, bei Stürmern kurz vor einem schwierigen Schuss.

Alle diese Techniken sollen die entscheidende Erregungsstufe bewahren oder wieder herstellen, die dafür sorgt, dass ein Spieler unter Druck die gewünschte Leistung bringt – dieses Gefühl, dass es einfach läuft und nichts unmöglich ist. Die gegnerische Mannschaft wird aber natürlich alles tun, um dies zu verhindern. Sofern sie die Chance sieht, diese optimale Verfassung zu erschüttern – vor allem, wenn das mit legalen Mitteln möglich ist –, dann wird sie nicht lange zögern. In den letzten zehn Jahren war jedoch zu beobachten, dass diese Taktik nicht mehr nur auf dem Spielfeld verfolgt wird, sondern dass vor allem die Trainerriege in den Medien derartige Psychotricks einsetzt.

Das folgende Szenario ist wohlbekannt: Team B ist eine aufstrebende Mannschaft, die mit dem Spitzenverein, Team A, um die Meisterschaft kämpft. Trainer B äußert sich in der Öffentlichkeit ganz bescheiden: »Wir sind noch lange nicht so weit, dass wir Team A gefährlich werden könnten.« Dieses Statement wird in den Medien leicht abgeändert, man vergleicht die Fähigkeiten von Team B und Team A und bittet Trainer A um eine Stellungnahme. Erwartungsgemäß ist seine Antwort ziemlich belanglos, doch die Botschaft ist jetzt eine andere: Team B ist nicht gut genug, und Trainer A findet das auch. Empört stürmt Trainer B vor dem entscheidenden Spiel gegen Team A in die Kabine. »Seht euch das an«, schreit er, »die behaupten, wir wären nicht gut genug! Denen werden wir's zeigen!« Und so wird Team B besonders motiviert, obwohl dem Spiel eigentlich eine negative Beurteilung durch den eigenen Trainer vorausgegangen ist. Vielleicht erkämpft sich Team B dadurch sogar die entscheidende Führung im Kampf um den Titel. Oder Team B ist in mehreren wichtigen Wettbewerben dabei oder strebt eine rekordverdächtige Siegesserie an. Jedenfalls muss Trainer A jetzt eingreifen. »Diese Situation ist nicht leicht«, verkündet er. »Wir kennen das aus eigener Erfahrung und wissen, wie schnell man unter solchem Druck versagt.« Was dann geschieht, hängt in erster Linie von der psychischen Belastbarkeit von Trainer B ab.

Ein gutes Beispiel, wenn auch bei weitem nicht das einzige, stammt aus dem Kampf um die englische Meisterschaft in der Saison 1995/1996. Newcastle United hatte sich einen beeindruckenden Vorsprung vor Manchester United gesichert und schien den Titel schon in trockenen Tüchern zu haben. Doch dann legte sich Alex Ferguson mit Newcastles Trainer Kevin Keegan an. Ferguson behauptete, Newcastle sei nur so weit vorn, weil sich die anderen Mannschaften gegen Manchester mehr ins Zeug legten als gegen Newcastle. Keegan hätte darüber einfach nur lachen sollen, genau wie über die ebenso lächerlichen Behauptungen des Schotten, Manchester bekomme nie Elfmeter, die Nachspielzeit sei immer zu kurz und so weiter.

Das war alles nicht ganz ernst gemeint, aber Keegan schluckte den Köder. Nachdem Newcastle eine hart umkämpfte Partie gegen Leeds United für sich entscheiden konnte, verlor er vor laufenden Kameras völlig die Fassung und sagte mit fast erstickter Stimme: »Davon sollte man ein Video an Alex Ferguson schicken – das [die Leistung von Leeds] war es doch, was er wollte. So was sagt man einfach nicht über Leeds. Es wäre phantastisch, wenn wir sie schlagen könnten. Er ist in meiner Achtung sehr gesunken ... Es wäre phantastisch, wenn wir sie schlügen. Phantastisch.« All die kleinen Wenns sind das Verräterische an seiner Aussage – nur die Spitze des ungeheuren Eisbergs aus Zweifeln, die Newcastles Schicksal schließlich besiegelten. Wenn der Trainer selbst keine Zuversicht ausstrahlen kann, wie will er dann seine Mannschaft motivieren? Wenn wundert es da, dass Newcastle sich von Manchester noch überholen ließ und die Saison auf Platz 2 hinter Fergusons Team beendete.

Allerdings fallen nicht alle Trainer auf derartige Provokationen herein. Auch Arsenals Arsène Wenger geriet schon ins Visier von Fergusons Zermürbungstaktik, doch im Gegensatz zu Keegan ließ er sich nicht aus der Ruhe bringen, sondern hatte mehr als einmal die passende Antwort parat. Als Manchesters Trainer nach einem vorzeitigen Aus in der Champions League 2002 behauptete, sein Team sei seit Weihnachten die beste Mannschaft in der englischen Meisterschaft, entgegnete Wenger: »Jeder hält die eigene Frau für die schönste.« Der Konter saß und brachte Ferguson zum Schweigen. Vielleicht ist das überhaupt der beste Umgang mit Psychotricks: genauso austeilen, wie man einstecken muss.

Derartige psychologische Wechselwirkungen spielen auch bei einer dunkleren Seite des Fußballs eine Rolle: der Gewalttätigkeit, in die meist Hooligans verwickelt sind. Anhand von drei exemplarischen Begebenheiten (leider gibt es unzählige Beispiele) will ich nun erläutern, wie sehr dieses Verhalten den

Fußball durchdrungen hat und wie wenig die Handlungen oft mit dem Sport an sich zu tun haben.

Das erste Beispiel ist die Tragödie im Heysel-Stadion vom 29. Mai 1985, bei der 39 Menschen ihr Leben verloren. Damals gingen Liverpool-Fans auf Juventus-Anhänger los, weil die beiden Gruppierungen im selben Stadionbereich kaum voneinander getrennt waren.

Bei dem zweiten Vorfall handelt es sich um den Zusammenstoß von Ajax-Amsterdam- und Feyenoord-Anhängern im März 1997. Mit Fußball hatte das nur am Rande zu tun, als die holländische Polizei eine Gruppe Feyenoord-Fans zum Spiel geleitete. Die Beamten rechneten aber schon damit, dass es irgendwann zu heftigen Auseinandersetzungen mit Ajax-Anhängern kommen würde (deren Team an jenem Tag übrigens gar nicht gegen Feyenoord spielte). Die Hooligans, mehr als 100 an der Zahl, ließen ihre Autos auf der Autobahn stehen, liefen zu einer vorher ausgesuchten Stelle und griffen die versammelten Ajax-Fans mit Eisenstangen, Hämmern, Baseballschlägern und Ketten an. Ein Beteiligter kam ums Leben, daneben gab es zahlreiche Schwerverletzte.

Das letzte Ereignis fand am 9. Juni 2002 in Moskau statt, über 8000 Kilometer von der Begegnung entfernt, um die es ging. Auf einer Großleinwand in der Nähe des Roten Platzes verfolgten Fußballfans das WM-Spiel zwischen Russland und Japan. Russland verlor, und die Zuschauer, soweit bekannt ausschließlich Russen, fingen an zu randalieren. Zwei Todesopfer waren zu beklagen, 50 Menschen wurden schwer verletzt.

All das sind natürlich Extremfälle, aber überall auf der Welt, wo Profifußball gespielt wird, gibt es viele ähnliche Beispiele für gewalttätiges Verhalten.

Daneben kommt es auch vor, dass die gesamte Mannschaft gewalttätig wird, auch wenn dies mittlerweile zum Glück sehr selten geworden ist. Ein Beispiel wären die Krawalle zwischen

Brasilianern und Ungarn bei der WM 1954 sowie deren Neuauflage beim WM-Spiel zwischen Italien und Chile 1962 in Santiago. Mitte der 60er Jahre wurde die Mannschaft von Leeds United, in ganz Europa für ihre rustikale Spielweise bekannt, zweimal mitsamt ihren Gegnern kollektiv des Platzes verwiesen, damit sich die Gemüter beruhigen konnten. Und im November 2005 sorgte die Türkei für Aufruhr, als nach dem verlorenen WM-Qualifikationsspiel gegen die erfolgreichen Schweizer diese unter Prügeln in die Kabine flüchten mussten.

Während des Spiels beschränkt sich die Gewalt in der Regel auf vereinzelte Vorfälle, für die bekanntlich Strafen wegen Unsportlichkeit vorgesehen sind. Sie erreichen zwar nicht das Ausmaß wie Gewalt durch Hooligans, dennoch gibt es einige spektakuläre und besonders unschöne Beispiele: Als Eric Cantona von Manchester United am 25. Januar 1995 in der Begegnung gegen Crystal Palace die rote Karte sah, stürzte er sich im Kung-Fu-Stil auf einen Zuschauer, der ihn in vorderster Front anfeindete. Auf dem Spielfeld ist Gewalt an der Tagesordnung. Einer der schlimmsten Fälle der letzten Jahre war der brutale Tritt mit beiden Beinen, mit dem Roy Keane von Manchester United seinen Gegner Alf-Inge Haaland von Manchester City schwer verletzte. Keane gab die Tätlichkeit in seiner Autobiografie unumwunden zu und zeigte auch in Interviews keine Reue, sondern deutete an, es unter den gleichen Umständen wieder so zu machen.

Auch die Trainer lassen sich gelegentlich zu Gewaltausbrüchen hinreißen. Der mittlerweile verstorbene Brian Clough regte sich einmal so sehr darüber auf, dass die Fans aufs Spielfeld gestürmt kamen, dass er vor laufenden Kameras auf einen Fan einschlug. Der berühmteste Vorfall überhaupt stammt jedoch vom 15. Februar 2003, als Sir Alex Ferguson zugab, einen Fußballschuh durch die Kabine von Manchester United getreten zu haben, wodurch David Beckham sich eine Platzwunde an der Stirn zuzog.

Schließlich gibt es noch die »sanktionierte Gewalt«, deren Aggressivität von Sportart zu Sportart verschieden ist. Hier legen die jeweiligen Spielregeln klar fest, wie weit man gehen darf. Im Verbandsfußball ist die Gewalt somit nie so extrem wie in ausdrücklichen Kontaktsportarten, zum Beispiel American Football oder Rugby. Wie weit die Spieler im Verbandsfußball gehen, kommt darauf an, wie sehr sie die Regeln beachten und ob die Offiziellen deren Einhaltung sorgfältig kontrollieren.

Eigentlich sollten die Regeln feste Größen sein, aber da die einzelnen Fußballkulturen ziemlich unterschiedlich sind, kommt es immer wieder zu Konflikten, wenn bei internationalen Wettbewerben etwa südamerikanisches auf angelsächsisches Temperament trifft.

Natürlich liegt es nahe, die Gewalt im Fußball anhand eines der bereits erörterten Konzepte zu untersuchen, zum Beispiel im Zusammenhang mit dem Erregungszustand. Diese Erregung müsste vermutlich extrem sein, bevor eine aggressive Handlung erfolgt. Würde dann nicht die Katastrophentheorie (der Faktor, der die Aktivität hemmt, wenn die Erregung den Höchstwert überschritten hat) greifen und die Handlung ändern oder sogar einschränken, wie es bei normalen Wettkämpfen der Fall ist? Vielleicht liegt es wirklich an der übermäßigen Erregung, dass viele Gewaltakte nicht zielgerichtet ausgeführt werden, sondern die Täter sich auf blindes Zuschlagen beschränken.

Ganz anders zum Beispiel die absolut kontrollierte und zielgerichtete sanktionierte Gewalt im Boxsport. Die Erregung spielt bei der Gewalt im Sport durchaus eine Rolle, allerdings immer in Verbindung mit anderen Gefühlszuständen. Das psychologische Modell der Reversal-Theorie erläutert die Motivation und ermöglicht eine Interpretation der oben angeführten Gewaltbeispiele.

Die Reversal-Theorie geht von vier verschiedenen Gefühlszuständen aus, die jeweils einen Gegenpart haben.

Telisch Vermeidet Erregung Zielorientiert Ernsthaft Zukunftsorientiert Vorausplanend Bevorzugt wichtige Aktivitäten Versucht, Aktivität abzuschließen	**Paratelisch** Wunsch nach Erregung Gefühlsorientiert Spielerisch Auf die Gegenwart ausgerichtet Spontan Bevorzugt unwichtige Aktivitäten Versucht, Aktivität hinauszuzögern
Konformistisch Bedürfnis, Regeln einzuhalten Fügsam Kooperativ Gefällig	**Negativistisch** Bedürfnis, Regeln zu brechen Rebellisch Stur Zornig
Überlegenheit Bereit, sich mit anderen zu messen Strebt nach Kontrolle Härte und Kraft stehen im Vordergrund	**Anteilnahme** Bereitschaft zur Kooperation Strebt nach Harmonie/Einheit Zärtlichkeit und Empfindsamkeit stehen im Vordergrund
Autisch Befasst sich mit sich selbst Strebt nach persönlichem Vorteil Empfindet Verlust als unangenehm Keine Identifikation mit anderen Egoistisch Eigene Gefühle stehen im Vordergrund	**Alloisch** Befasst sich mit anderen Will geben Empfindet Verlust als angenehm Identifikation mit anderen Altruistisch Gefühle anderer stehen im Vordergrund

43 Gefühlszustände in der Reversal-Theorie (nach Kerr)

John H. Kerr (2005), J. H. Apter (1997) und andere haben die Gefühlszustände identifiziert, die in ***Abbildung 43*** mit den jeweiligen Beschreibungen wiedergegeben sind: telisch – der Zustand, in dem Erregung vermieden wird – mit dem Gegenpart paratelisch – der Zustand, der nach Erregung strebt. Das Gegenteil der Konformität ist Negativität, Überlegenheit gehört zur Anteilnahme, und der autische Zustand zum alloischen.

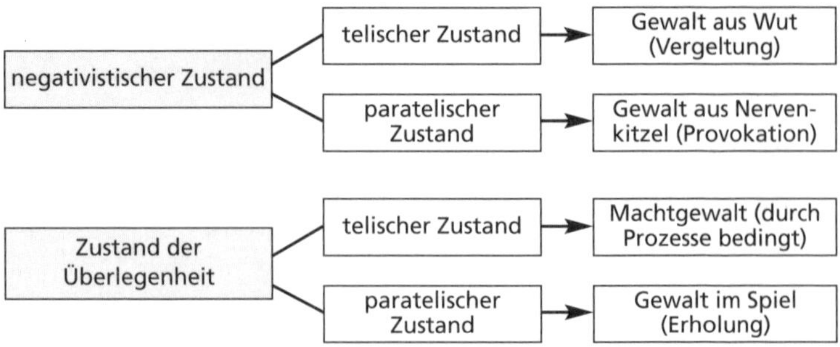

44 Kombinierte Gefühlszustände, die zu Gewalt führen (nach Apter)

Zu diesem letzten Paar sind sicher einige Erläuterungen nötig: Autische Personen befassen sich mit dem Ich und konzentrieren sich auf die eigenen Gefühle, während alloische Personen sich Gedanken um die Gefühle anderer machen. Normalerweise zeigen Fußballer konformistische Tendenzen (Einhaltung der Regeln, Fortsetzung des Spiels), es sei denn, es kommt zu Umkehrreaktionen. Diese treten vermutlich unbeabsichtigt auf und werden meist durch äußere Ereignisse ausgelöst. Zum Beispiel kann ein Spieler durch ein direktes Foul oder eine Unsportlichkeit gegen einen Teamkollegen vom Konformismus zu dessen Gegenteil, also dem Negativismus, getrieben werden. In diesem Kontext bedeutet Negativismus keinesfalls Gleichgültigkeit, sondern wird durch Aufsässigkeit und Wut charakterisiert.

Die Kombination bestimmter Gefühlszustände führt in letzter Instanz zu Gewalt.

Diese Gefühlszustände sind in *Abbildung 44* zu sehen und haben bestimmte Reaktionen zur Folge: Gewalt aus Wut, Gewalt als Nervenkitzel, Machtgewalt und Gewalt im Spiel. Die oben beschriebenen Vorfälle, von Hooligan-Aktionen bis hin zu Konflikten in der Kabine, können den einzelnen Gewalttypen zugeordnet werden.

Wut war der Auslöser für die Krawalle der Fußballteams bei den Weltmeisterschaften in der Schweiz und in Chile und verleitete auch Eric Cantona dazu, bei Crystal Palace einen Zuschauer anzugreifen. Diese wutbedingte Gewalt entsteht, wenn Konformismus in Negativismus verkehrt wird, wobei die Täter ihre Handlung fast immer als Vergeltungsmaßnahme, als Reaktion auf eine Provokation oder eine Verletzung sehen, die sie selbst oder ein Mannschaftskollege erfahren haben.

Da die beteiligten Personen zumindest ursprünglich nicht auf Erregung aus sind, haben sie sich mit ihrer Gewalttat meist so abreagiert, dass die Situation nicht weiter eskaliert. Unter Umständen kehrt sich die Gefühlslage des Täters auch noch einmal um, er wird also wieder konformistisch und hat keine weiteren Gewaltabsichten. Da nun allerdings der Auslöser, also die Person, welche die Vergeltungsaktion verursacht hat, zum Opfer geworden ist, kann der Kreislauf der Gewalt eskalieren und sogar auf die ganze Mannschaft übergreifen, sofern niemand Einhalt gebietet.

So verlief zum Beispiel der Vorfall mit Cantona: Der Platzverweis erfolgte nach einem besonders brutalen Zweikampf (Vergeltung). Dann fühlte sich Cantona von einem Zuschauer beleidigt (er wurde also zum Opfer), woraufhin er seinen berühmten Tritt vollführte (Vergeltung). Der Zuschauer versetzte ihm einen Schlag, und Cantona (wieder das Opfer) wehrte sich (Rache). Auch seine Mannschaftskollegen, unter anderem Paul Ince, mischten sich in das Geschehen ein, bis Cantona schließlich gebändigt werden konnte. Dieser Vorfall ist also typisch für Gewalt der ganzen Mannschaft und hätte schnell dahingehend eskalieren können, dass auch andere Zuschauer in der Nähe in Mitleidenschaft gezogen worden wären.

Gewalt als Nervenkitzel ist dagegen der Beweggrund für die meisten Hooligan-Aktionen, kann jedoch rasch in wutbedingte Gewalt umschlagen, die meist wesentlich schlimmere Folgen hat. In diesem Zustand dominiert Negativität in Verbindung mit dem Wunsch nach Erregung, wobei die Negativität die Hemmschwelle für Regelverstöße und Provokationen senkt. Die Umkehr vom konformistischen zum negativistischen Zustand ist meist in Langeweile oder dem Wunsch nach stärkerer Erregung begründet. Auch Kleingruppen, die gezielt auf Gewalt aus sind und als Katalysatoren für die Mehrheit dienen – also die Rädelsführer der Hooligans –, können diese Umkehr hervorrufen. Vor den eigentlichen Gewaltakten brauchen die Täter eine Art Schutzsystem, das zwischen ihnen und den Behörden oder den Folgen ihrer Taten steht. Aus diesem Grund isolieren sich Hooligans auf den Rängen, legen Wert auf Anonymität und weichen der Staatsgewalt zumeist aus, wenn es außerhalb der Stadien zu Auseinandersetzungen kommt.

Diese charakteristischen Merkmale waren bei der Tragödie im Heysel-Stadion gegeben: Eine kleine, schlecht ausgestattete Polizeitruppe griff bei den anfänglichen, eher harmlosen Reibereien zwischen gegnerischen Fans im selben Stadionbereich nicht durch. Auch das brutale Aufeinandertreffen von Ajax- und Feyenoord-Anhängern ging erst dann richtig los, nachdem die Polizei abgehängt worden war. Und in Moskau profitieren die Hooligans von der unzureichenden Polizeipräsenz bei der Fernsehübertragung. Natürlich muss dieser Prozess weiter eskalieren, bis es bei reiner Gewalt als Nervenkitzel – also dem Bedürfnis, gegen Regeln zu verstoßen oder sich gegen die Staatsgewalt aufzulehnen – so weit kommt, dass Menschen in Lebensgefahr geraten. Ist dieser Punkt erreicht, dann ist ein Umschwung zur wutbedingten Gewalt erfolgt, und die Handlungen werden als Vergeltung für tatsächliche oder subjektiv wahrgenommene Anfeindungen oder Angriffe der anderen Seite gesehen.

Machtgewalt entsteht, wenn sich Anteilnahme in Überlegenheit wandelt, denn in diesem Zustand will die jeweilige Person

Kontrolle ausüben und sich mit anderen messen. Machtgewalt hängt in der Regel mit dem Zustand der Überlegenheit zusammen, in dem Erregung vermieden wird. Zu diesem offensichtlichen Widerspruch und damit einer gewohnheitsmäßigen Gewaltanwendung kommt es dann, wenn diese Kombination bereits seit längerer Zeit vorherrscht. Im Gegensatz zur Gewalt aus Wut (wo sich Konformismus in Negativität verkehrt) findet keine spontane Umkehr statt, sondern Machtgewalt wird in einem Klima, in dem Furcht und Aggressivität vorherrschen, als »normale« Reaktion empfunden.

So war es vermutlich auch bei dem berühmten Vorfall in der Kabine im Old Trafford Stadion, als Sir Alex Ferguson einen Schuh nach David Beckham warf. Der Trainer bezeichnete das Ganze im Nachhinein als »absurden Unfall«, Beckham musste jedoch von seinen Mannschaftskameraden zurückgehalten werden, so erbost war er über den fliegenden Schuh und die Tatsache, dass Ferguson ihm die Schuld für die schlechte Leistung in dem gerade beendeten Pokalspiel gab.

War das nun klassische Gewalt aus Wut oder ein Symptom für Machtgewalt, die eine fest verwurzelte Trainermentalität widerspiegelt? Für letztere Theorie würde sprechen, dass in der Vergangenheit sehr viele Spieler mit dem Meister aneinander gerieten und daraufhin den Club verließen, unter anderem Paul McGrath, Norman Whiteside, Paul Ince oder Jaap Stam. Letzterer besaß sogar die Frechheit, Ferguson in seiner Autobiografie zu kritisieren, worauf man ihn prompt zu Lazio Rom abschob. Fünf Monate nach dem Vorfall mit dem Fußballschuh, von denen zwei in der spielfreien Zeit lagen, folgte Beckham dem Beispiel der anderen und verschwand zu Real Madrid.

Kann sich ein derartiges Trainerverhalten auf Spieler mit der gleichen Mentalität auswirken? Roy Keanes berüchtigter Angriff auf Alf-Inge Haaland gilt allgemein als klassische Wutgewalt, als Revanche für einen vorangegangenen Vorfall zwischen zwei Spielern. Die Zeitspanne zwischen den beiden Ereignissen (immerhin drei Jahre) und Keanes dringendes Bedürfnis, sich zu »rächen«, beweisen jedoch das Gegenteil und zeigen, dass es sich hierbei um Machtgewalt handelte. In seiner von einem Ghostwriter verfassten Autobiografie äußert Keane sich kurz und bündig zu der Angelegenheit: »Ich hatte fast 180 Minuten auf Alfie gewartet, oder drei Jahre, wenn man es so sieht. Ich hatte lange genug gewartet. Ich trat heftig zu. Der Ball war da auch irgendwo (glaube ich). So war's.« Roy Keane wird als Favorit für die Nachfolge von Sir Alex Ferguson gehandelt, wenn die beiden – im übertragenen Sinne – irgendwann die Fußballschuhe an den Nagel hängen.

Gewalt im Spiel, die vierte Form feindseliger Handlungen, tritt dann auf, wenn der Zustand der Überlegenheit mit dem Wunsch nach Erregung zusammentrifft. Wie bei der Gewalt als Nervenkitzel sind auch hier schützende Rahmenbedingungen erforderlich, welche durch die Spielregeln selbst und die Offiziellen, die für deren Einhaltung sorgen, gewährleistet werden. Die Zuschauer können ein Spiel nur dann genießen, wenn die Übereinkunft besteht, dass die Regeln im Großen und Ganzen eingehalten werden – dieser Zustand erfordert daher neben der Kombination aus Überlegenheit und dem Wunsch nach Erregung auch ein hohes Maß an konformistischen Tendenzen.

In einem normalen Fußballspiel muss man die »sanktionierte Gewalt« in Relation zu anderen Sportarten sehen, denn sie erreicht nicht die Ausmaße an körperlicher Gewalt, die etwa im American Football, Rugby oder Eishockey an der Tagesordnung ist. Dennoch ist Körperkontakt nicht grundsätzlich verboten, leichtere Rempeleien beispielsweise sind gestattet, wenn der Ball in der Nähe ist und beide Mitstreiter versuchen, ihn zu erreichen. Daher wird »Gewalt« in Form von Schulterstößen oder rabiater Zweikämpfe manchmal noch als regelgerecht betrachtet, auch wenn dies durchaus eine Temperamentsfrage ist.

Die Sportpsychologie ist, wie bereits erwähnt, eine empirische Wissenschaft und zieht die verschiedensten Erkenntnisse und Methoden heran, um die Leistung der Sportler zu erhöhen. Da stellt sich natürlich die Frage, wie weit solche Techniken im Profifußball verbreitet sind und wie man den Nutzen von Sportpsychologen beurteilt.

Für Vergleiche auf internationaler oder europäischer Ebene stehen nicht genügend Daten zur Verfügung, eine wichtige Studie befasst sich allerdings mit der Einstellung zur Sportpsychologie in England. Matthew Pain und Chris Harwood nahmen 2004 eine detaillierte Untersuchung der Kenntnisse und Meinungen einer ausgewählten Gruppe von 56 Personen vor, darunter Nationaltrainer, Leiter von Sporthochschulen und Hochschultrainer. Angeregt wurde die Studie durch die Strategie »Psychologie für den Fußball« der FA, eine positive, zukunftsorientierte Initiative, die England bessere Spieler und Trainer bescheren soll.

Pain und Harwood verfolgten einen zweigleisigen Ansatz. Zunächst sandten sie einen ausführlichen Fragebogen an alle britischen Sporthochschulen (2004 gab es 38 solcher Institute) und elf Nationaltrainer. 55 Prozent der Hochschulen und 73 Prozent der Nationaltrainer antworteten.

Die Fragen waren nach der bekannten 5-stufigen Likertskala strukturiert und lauteten zum Beispiel: »Kreuzen Sie die Zahl an, die Ihren Kenntnissen in den folgenden Bereichen entspricht.« Die 1 bedeutete dabei »keine Kenntnisse«, die 3 war »durchschnittlich« und die 5 entsprach »ausgezeichneten Kenntnissen« in diesem Bereich. Bezüglich der oben erörterten psychologischen Konzepte sah das Ergebnis wie folgt aus:

Zielsetzung war am besten bekannt und erreichte einen Mittelwert von 3,74, also besser als »durchschnittlich«, aber auch noch nicht »gut«. Bildliche Vorstellung/Visualisierung lag bei 3,04, die Kenntnisse waren also »durchschnittlich«, während *self-talk* und Entspannung mit 2,74 beziehungsweise 2,4 zwar schlechter als »durchschnittlich«, aber immerhin nicht »gar nicht bekannt« waren.

Nach einem ähnlichen Bewertungssystem sollten die Umfrageteilnehmer beurteilen, welche Hindernisse ihrer Ansicht nach von sportpsychologischen Beratern überwunden werden müssten, um die Profis in der Liga optimal zu unterstützen. Der finanzielle Aufwand erwies sich dabei als größtes Hindernis – eigentlich unglaublich, denn die Beschäftigung solcher Leute kostet nicht mehr als ein paar Wochenlöhne eines durchschnittlichen Spielers in der englischen Liga.

Besonders aufschlussreich waren allerdings die bei den anschließenden Befragungen aufgezeichneten wörtlichen Kommentare. Für die Interpretation dieser Äußerungen muss man wissen, dass Sportpsychologen in früheren Studien meist sehr in der Kritik standen, weil sich diese Disziplin in den Augen vieler Trainer und Betreuer nur mit Verletzlichkeiten und Schwächen befasste, also mit »Problemsportlern«.

Ein Hochschuldirektor sagte beispielsweise einmal: »Ich glaube, dass der Begriff Psychologie immer noch abschreckend wirkt. Bei den Fußballclubs sind zwar solche Leute beschäftigt, aber sie geben nicht gerne zu, dass sie Sportpsychologen sind. Stattdessen nennen sie sich Betreuer oder Mentoren oder so ähnlich, weil sie ganz genau wissen, dass man sich über Sportpsychologen lustig macht, unter einem anderen Namen dagegen werden sie gerne eingesetzt. Der Begriff ›Psychologe‹ ist im Fußball bis heute nicht voll akzeptiert, obwohl es allmählich besser wird. Wir alle arbeiten mit Psychologie, aber wir nennen sie nicht so, sondern verkleiden sie. Es wäre schwierig, hier einen offiziellen Sportpsychologen einzusetzen.«

Pain und Harwood bescheinigten der Mehrheit der an der Studie Beteiligten nur »begrenzte Kenntnisse der Sportpsychologie«, dennoch klingt ihr Fazit optimistisch: »Wenn die Psychologie-Strategie der FA dazu führt, dass die englische Fußballgemeinde entsprechend aufgeklärt wird, und wenn die Berater weiterhin unter Beweis stellen können, dass sie in der anspruchsvollen Fußballkultur unentbehrlich sind, dann werden sie diese Hindernisse allmählich überwinden.«

Wir sind also auf dem richtigen Weg.

7.
Standardsituationen – die Spiele im Spiel

Im modernen Fußball gewinnen Standardsituationen zunehmend an Bedeutung, denn in wichtigen Wettbewerben entsteht daraus ein Großteil der Treffer. Nach manchen Quellen soll die Quote bei bis zu 40 Prozent liegen, andere sprechen von einem Viertel bis einem Drittel der Tore.

Allerdings stellt sich angesichts solcher Zahlen die Frage, welche Aktionen in die Statistik eingeflossen sind. Streng genommen gelten nur jene Spielzüge als Standardsituation, mit denen das Spiel beginnt oder nach einer Unterbrechung, zum Beispiel einem Regelverstoß, wieder aufgenommen wird. Dazu gehören auch der an sich recht harmlose Anstoß sowie der Schiedsrichterball, bei dem der Schiedsrichter das Leder zwischen zwei gegnerischen Spielern zu Boden fallen lässt. Da aus diesen Situationen allerdings selten Tore entstehen, berücksichtigen viele Studien ausschließlich Einwürfe, Eckbälle und Freistöße, die deutlich bessere Torchancen bieten.

Manchmal umfasst diese engere Definition auch Elfmeter – wobei dann wieder überlegt werden muss, ob die Treffer, die in einem Elfmeterschießen erzielt werden, ebenfalls berücksichtigt werden sollen. Eigentlich dürften solche Tore nicht einmal in das Endergebnis eingerechnet werden, denn ein Spiel, das ins Elfmeterschießen geht, ist eigentlich unentschieden. Mit der herbeigeführten Entscheidung wird anschließend nur ermittelt, welche Mannschaft das Turnier gewinnt oder in die nächste Runde einziehen darf. Trotzdem liest man häufig: »Team A hat Team B mit 5:4 im Elfmeterschießen geschlagen.«

Das alles ist schon kompliziert genug, doch darüber hinaus muss man bei der Definition von Standardsituationen auch noch berücksichtigen, wie viele Ballkontakte bei der Entstehung des Tors mitzählen sollen. Ein Elfmeter wird fast immer mit einem einzigen Schuss erledigt, ein Tor nach einem Eckball oder einem langen Einwurf entsteht dagegen meist nach mehreren Kopfbällen oder Pässen. Nach wie vielen Ballberührungen sprechen wir nun nicht mehr von einer Standardsituation, sondern vom normalen Spielfluss? Darauf gibt es keine eindeutige Antwort, die Definition muss eben so exakt sein, dass alle Tore, die aus Standardsituationen hervorgehen, ordentlich in die Statistik einfließen.

Bevor wir die verschiedenen Spielzüge eingehender betrachten, sind vielleicht einige Zahlen interessant. Im Jahre 1999 analysierten A. G. Grant, A. M. Williams und T. Reilly die im WM-Finale von 1998 geschossenen Tore. Damals gewann Gastgeber Frankreich in einem denkwürdigen Spiel 3:0 gegen Brasilien. Die Brasilianer waren entgegen ihrer Art nervös und unsicher, konnten die Niederländer im Halbfinale erst im Elfmeterschießen besiegen und hatten im Finale der Kraft und Finesse von Zinedine Zidane nichts mehr entgegenzusetzen.

Insgesamt fielen in dem Turnier 171 Tore, 20 verwandelte Elfmeter nicht eingerechnet. Grant, Williams und Reilly setzten für ihre Analyse eine strenge Definition des Begriffs »Standardsituation« an und berücksichtigten ausschließlich Einwürfe, Freistöße und Eckbälle. In *Abbildung 45* sind jedoch auch die Elfmeter aus dem normalen Spiel und aus den Elfmeterschießen mit aufgeführt.

Nach der strengen Definition waren 25 Prozent der 171 erzielten Treffer auf Standardsituationen zurückzuführen. Schließt man die während der regulären Spielzeit erzielten Elfmeter ein, so beläuft sich die Quote auf 33 Prozent, mit den Treffern aus den Elfmeterschießen sogar auf 40 Prozent der Gesamttore.

Diese Unterschiede zeigen, dass eine angemessene Definition gar nicht so einfach ist. Klarheit und Einheitlichkeit sind unerlässlich, vor allem, wenn verschiedene Leistungen verglichen werden sollen.

Ähnliche Untersuchungen bestätigen die Erkenntnisse in *Abbildung 45* im Wesentlichen. Nach der strengen Definition (ohne jegliche Elfmeter) entstanden bei den Weltmeisterschaften 1990 und 1994 beispielsweise 32 Prozent bzw. 25 Prozent der Tore aus Standardsituationen.

WM-Spiele mögen nicht ganz mit dem Fußball auf Vereinsebene zu vergleichen sein, doch diese Zahlen unterstreichen, dass Standardsituationen eine gute Chance für einen erfolgreichen Treffer bieten. Und da sie so häufig sind – insgesamt gibt es bei internationalen Begegnungen durchschnittlich 45 Einwürfe, Eckbälle und Freistöße –, lohnt es sich durchaus, solche Aktionen zu planen und einzustudieren. Heutzutage weiß fast jede Mannschaft im Voraus, nach welcher Strategie sie vorgehen wird, wenn sich eine gefährliche Standardsituation ergibt.

Generell versteht man unter Standardsituation die Fälle, die in *Abbildung 46* angeführt sind, also Torschuss, Einwurf, Eckball, direkter Freistoß, Mann-gegen-Mann-Situation von Torwart und Stürmer sowie Strafstoß und Elfmeterschießen.

Hierbei gilt zumeist die strenge Definition, dass das Spiel entweder beginnt oder wieder aufgenommen wird, außerdem sollte mit nur einem Ballkontakt ein Tor erzielt werden. Schiedsrichterball und Anstoß finden dagegen keine Berücksichtigung – die meisten Fans teilen sicher die Ansicht, dass diese nicht sonderlich spektakulär sind. Beim Schiedsrichterball ist es völlig ausgeschlossen, dass daraus ein Tor resultiert, beim Anstoß sieht es dagegen schon anders aus.

Ein Direktschuss wäre zwar nicht zulässig, nach einem kurzen Pass wäre jedoch durchaus ein Treffer denkbar. Kann ein Schuss von der Mittellinie wirklich torgefährlich sein? Die Ant-

Standardsituation	Erzielte Treffer
Einwurf	1
Eckstoß	20
Freistoß	21
Elfmeter (laufendes Spiel)	15
Elfmeter (Elfmeterschießen)	20

45 Tore nach Standardsituationen bei der WM 1998 – insgesamt 171 Tore im laufenden Spiel, 191 einschließlich Elfmeterschießen

Standardsituation	Treffer mit einem Ballkontakt möglich?
Abstoß	Ja
Einwurf	Nein
Eckstoß	Ja
Direkter Freistoß	Ja
Mann-gegen-Mann Torwart/Stürmer	Ja
Strafstoß und Elfmeterschießen	Ja

46 Standardsituationen im Fußball

wort lautet ja, und wir werden uns gleich noch mit langen Abschlägen befassen. In den meisten Fällen geht es beim Anstoß jedoch darum, den Ballbesitz zu sichern und erst einmal Selbstvertrauen aufzubauen, indem man zu Spielbeginn einige Pässe spielt.

Lediglich in der in Kapitel 5 beschriebenen Situation, wenn sich Torhüter und Stürmer Mann gegen Mann gegenüberstehen, war das Spiel vorher nicht unterbrochen. Diese Situation zählt deshalb zu den Standardsituationen, weil sie große Torchancen verspricht und besonders schnell ausgeführt wird. Die meisten

Begegnungen dieser Art dauern nur etwa eine Sekunde und führen oft zu einem Tor.

Die anderen Standardsituationen in *Abbildung 46* könnte man noch weiter unterteilen: Beispielsweise sind direkte Treffer durch einen Einwurf nicht zulässig und nach Eckstößen oder manchen Freistößen so unwahrscheinlich, dass fast immer eine Vorlage, also ein Pass auf einen Teamkollegen, erforderlich ist. Die restlichen Standardsituationen werden wir dagegen in erster Linie als Direktschüsse oder Torchancen mit möglichst wenig Ballkontakten betrachten – obgleich es grundsätzlich möglich wäre, die Sache durch einen Pass auf einen Mannschaftskameraden etwas komplizierter zu gestalten (das gilt übrigens auch für Strafstöße).

Abbildung 46 liefert gleichzeitig eine Rangliste der Trefferwahrscheinlichkeit, von gering (Abstoß) bis sehr hoch (Elfmeter). Ausführliche Untersuchungen gibt es bislang allerdings nur für Strafstöße und Elfmeterschießen: Im laufenden Spiel werden 80 Prozent der Elfmeter verwandelt, geht ein Unentschieden ins Elfmeterschießen, liegt die Quote jedoch nur noch bei 75 Prozent. Bei den anderen Situationen lassen sich die Trefferquoten nur anhand subjektiver Beobachtungen ermitteln: So führen etwa 60 Prozent der Mann-gegen-Mann-Situationen zwischen Torwart und Stürmer zu Toren, während nur 15 Prozent aller direkten Freistöße verwandelt werden. Die Erfolgsquote bei Eckstößen entspricht wahrscheinlich in etwa derjenigen bei Freistößen, liegt bei Einwürfen aber offenbar deutlich darunter. Gesicherte Zahlen liegen hier allerdings nicht vor. Unabhängig von der Torwahrscheinlichkeit empfiehlt es sich, wie bereits erwähnt, alle Standardsituationen im Vorfeld taktisch durchzusprechen und nicht von Fall zu Fall spontan zu improvisieren.

Die Analyse von Standardsituationen ist mehr als eine bloße akademische Spielerei, denn in ausgeglichenen, defensiv ausgerichteten Spielen ist eine Standardsituation oft die einzige Möglichkeit, das taktische Patt aufzubrechen. Gelingt es Trainer und Mannschaft, diese »Spiele im Spiel« zu ihren Gunsten zu entscheiden, so steigt auch die Anzahl der Tore, die daraus resultieren. Sportanalytiker können von Glück sagen, dass sich Standardsituationen so deutlich vom allgemeinen Spielgeschehen abheben, denn die kurze Zeitspanne und die klaren Absichten der Angreifer und Abwehrspieler machen eine biomechanische Analyse dieser Aktionen möglich.

Neben den Torchancen bieten Standardsituationen auch einen strategischen Vorteil, da die angreifende Mannschaft besonders bei Freistößen, Eckbällen und langen Einwürfen gezielt aufrücken kann, und zwar viel besser als im laufenden Spiel. In diesen Fällen muss die gegnerische Seite auch weit hinten Verteidigungsarbeit leisten, so dass sich in der mittleren Zone des Angriffsdrittels ungefähr die gleiche Zahl an Angreifern und Verteidigern gegenübersteht. Im laufenden Spiel würde man allerdings niemals so viele Spieler nach vorne schicken, da dann die Gefahr eines schnellen Konters viel zu groß wäre.

Sehen wir uns nun die einzelnen Standardsituationen genauer an – zunächst einmal die mit der geringsten Torwahrscheinlichkeit, nämlich den Abstoß des Torwarts. Es mag überraschen, dass ein Torhüter durchaus auf diesem Wege den einen oder anderen Treffer erzielt. Vor 1912, als die Schlussmänner den Ball in der gesamten eigenen Hälfte mit der Hand spielen durften, war es sogar an der Tagesordnung. Da das Handspiel nun auf den Strafraum beschränkt ist, sind Torschüsse schwieriger geworden und erfordern deutlich mehr Draufgängertum.

Trotzdem fehlt es nicht an Beispielen: Manche Torhüter stürmen in den Schlusssekunden in Richtung gegnerische Hälfte, um bei einem Eckball oder Freistoß mitzuwirken, andere sind erklärte Elfmeter- oder Freistoßspezialisten. Peter Schmeichel von Manchester United war so ein »stürmender Torwart«, während José Luis Chilavert, der schillernde Schlussmann von Paraguay, für beeindruckende Elfmeter und angeschnittene Freistöße bekannt ist. Manchmal melden sich Torhüter auch zum Elfmeterschießen, zum Beispiel Portugals Torwart Ricardo, der im Viertelfinale der Europameisterschaft 2004 den letzten und entscheidenden Elfmeter gegen England verwandelte. Und damit nicht genug: Immer häufiger sieht man Torhüter, die als Ausputzer fungieren und den Strafraum verlassen, um einen Ball wegzuschlagen oder ihre Stürmer mit einem langen Pass zu unterstützen.

Man kann endlos über direkte Treffer aus dem Tor spekulieren, sollte dabei aber auf dem Boden der Tatsachen bleiben. Damit so etwas überhaupt theoretisch möglich ist, muss der Ball eine ungeheure Strecke zurücklegen, denn auf einem regulären Spielfeld von 101 Metern Länge liegen Torraum und gegnerisches Tor 95 Meter auseinander. Gehen wir einmal von optimalen Bedingungen aus: Der Ball wird mit über 100 Stundenkilometern geschossen, der Torwart kann ihm einen starken Rückwärtsdrall von etwa 500 UpM verleihen und trifft dabei auch den optimalen Schusswinkel.

Abbildung 47 zeigt die Höchstweite, die mit einem solchen Schuss erzielt werden kann, nämlich um die 70 Meter. Die Flugbahn wurde anhand des in Kapitel 4 beschriebenen mathematischen Modells (Bray und Kerwin, 2003) berechnet. Für einen langen Flug ist eine höchstmögliche Abschussgeschwindigkeit in Verbindung mit starkem Rückwärtsdrall erforderlich. In der Ballistik – der Lehre von den Körpern, die sich unter Schwerkraft frei bewegen – gilt normalerweise, dass die höchste Reichweite bei einem Abschusswinkel von 45 Grad zur Horizontalen erzielt wird.

Für die Reichweite in *Abbildung 47* ist mit 18 Grad jedoch ein deutlich flacherer Abwurfwinkel vorgegeben – die Ballistik lässt nämlich den Luftwiderstand und den aerodynamischen

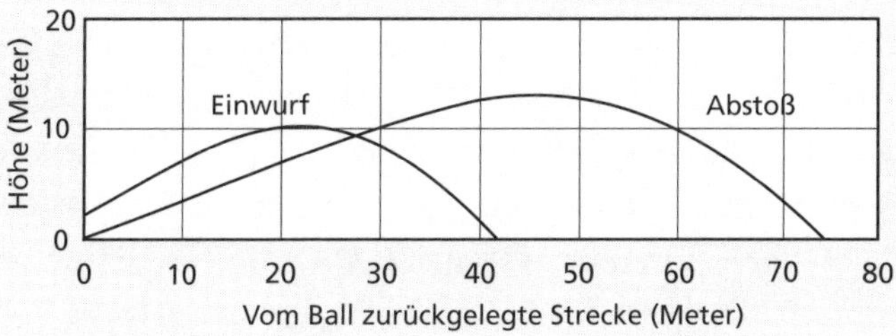

47 Vergleich von langem Einwurf und Abstoß

Auftrieb außer Acht, die sich jedoch erheblich auf die Flugbahn auswirken. Für den Torhüter ist es natürlich von Vorteil, dass der Abschusswinkel nicht so steil ist, denn wird ein Ball vom Boden aus geschossen, lassen sich Winkel von 45 Grad nur sehr schwer realisieren.

Mit etwa 70 Metern Reichweite überbrückt ein solcher Schuss deutlich mehr als die Hälfte des Spielfelds. Wird der Ball also direkt nach dem Anstoß vom Mittelkreis aus geschossen, so kann er ohne weiteres das Tor erreichen, allerdings nicht ohne vorherigen Aufprall. Genau dies gelang Pat Jennings, dem Torwart von Tottenham Hotspur, 1967 gegen Manchester United, und zwar im Charity-Shield-Match, bei dem der englische Pokalsieger gegen den Meister antritt: Manchesters Schlussmann Alex Stepney konnte nur fassungslos zusehen, wie Jennings Befreiungsschlag nach einem Aufprall über seinen Kopf ins leere Netz segelte. Dabei hatte der starke Rückenwind Jennings' Schuss erheblich unterstützt.

Berücksichtigt man in dem für *Abbildung 47* herangezogenen Modell auch den Faktor Wind, dann ergibt sich, dass der Ball bei Rückenwind mit einer Stärke von 24 km/h ganze neun Meter weiter fliegt. Torhütern und Trainern kann man also Folgendes raten: Versucht einen solchen Schuss am besten an einem stürmischen Tag, wenn euch der Wind über die Schulter pfeift.

Auf einen Torerfolg dürft ihr allerdings nur hoffen, wenn ihr die Abschussbedingungen optimal hinbekommt.

Oder vielleicht sollte man für diese Standardsituation lieber den Ratschlag ableiten, dass besonders lange Schüsse zu vermeiden sind, wenn die Abwehr gut steht und die Angreifer eng deckt. Der beste Abstoß ist immer noch der, welcher gewährleistet, dass die eigene Mannschaft in Ballbesitz gelangt, selbst wenn die Reichweite dann nicht so überragend ist.

Mit einem langen Einwurf lassen sich natürlich nicht so große Reichweiten erzielen wie mit einem Abstoß, dennoch entwickelt sich diese Standardsituation immer mehr zu einer ernstzunehmenden Angriffsvariante. Die Erfolgsquote liegt zwar noch nicht so hoch wie bei Eck- oder Freistößen, aber mit einer Wurfgeschwindigkeiten von über 70 km/h und vor allem aufgrund ihrer hohen Zuspielgenauigkeit darf man gute Einwürfe nicht unterschätzen. Die meisten Spieler gehen nach der konventionellen Methode vor, während die spektakuläre und aussichtsreichere in Kapitel 1 erläuterte Salto-Technik kaum verbreitet ist. Die Fans hätten an solchen exotischen Einlagen sicher großen Spaß, aber welcher Profi will schon das Risiko eingehen, sich auf einer rutschigen winterlichen Seitenauslinie vor 60 000 Zuschauern auf die Nase zu legen?

Der Einwurf selbst hat seit seiner Einführung einige merkwürdige Entwicklungen genommen. Anfänglich galt die Regel: Wenn ein Ball ins Aus geht, darf ihn derjenige einwerfen, der ihn zuerst erreicht. Diese Einwürfe durften mit einer Hand ausgeführt werden, so dass die Spieler den Ball oft über lange Strecken in Richtung Tor schleuderten, etwa so, wie viele Torhüter es heute tun. Die moderne Regel, dass der Ball mit beiden Händen über den Kopf geführt werden muss, empfand man zunächst sicher als sehr restriktiv, und es dauerte eine ganze Weile, bis das Leder auch mit dieser Technik so weit flog wie bei den einarmigen Aktionen in den 70er Jahren des 19. Jahrhunderts.

Obwohl Einwurfspezialisten mit Leichtigkeit über 40 Meter überbrücken, dient der Einwurf normalerweise nur dazu, das Spiel wieder in Gang zu bringen. Allerdings wird dabei genau darauf geachtet, dass der Ball nicht kampflos an den Gegner geht, vor allem in gefährlichen Angriffspositionen. Anders sieht es aus, wenn der Einwurf direkt auf Strafraumhöhe erfolgt. Eine Spielfeldhälfte ist etwa 35 Meter breit, somit kann der kurze Pfosten leicht erreicht werden, während so manche Einwurfprofis sogar bis an den langen Pfosten kommen. Den meisten Treffern, die nach Einwürfen entstehen, geht eine Vorlage am kurzen Pfosten voraus, so dass sich der Werfer nur auf diese Position konzentrieren muss – allerdings sind zuvor ein paar wichtige Vorbereitungen notwendig.

Für richtig lange Einwürfe muss der Ball fest und sicher in der Hand liegen, und selbst vor normalen Einwürfen sollte man ihn vorher kurz am Trikot abwischen. Besonders gründlich beseitigt man Matsch und Feuchtigkeit, wenn man das Leder unters Trikot steckt und sorgfältig abreibt. Ein bekannter Einwurfspezialist verlangte jedes Mal nach einem Handtuch, um den Ball abzutrocknen – das Regelwerk schweigt dazu, und wenn das Ergebnis sehenswert ist, sollten die Offiziellen eigentlich nichts dagegen haben.

Abbildung 47 zeigt die Flugbahn eines Einwurfs, der den Ball 40 Meter weit trägt, also weit in die Angriffszonen vor dem Tor hinein. Um das zu erreichen, sind – wie bei Distanzschüssen – optimale Wurfbedingungen erforderlich, vor allem Höhe und Eigenrotation sind entscheidend. Früher wusste man nicht, wie wichtig die Eigendrehung auch bei Einwürfen ist, unsere Studien über diese Technik (Bray und Kerwin, 2004) haben dies jedoch deutlich aufgezeigt. Für diese Forschungsarbeit zogen wir Jungprofis und gute College-Spieler heran, von denen die Besten Abwurfgeschwindigkeiten von fast 65 Stundenkilometern erreichten, also optimale, fast 35 Meter weite Einwürfe.

Abbildung 47 geht von einer Geschwindigkeit von 72 km/h aus, die für einen guten Werfer problemlos möglich ist.

Ein 40 Meter weiter Einwurf hat entscheidende Konsequenzen, sowohl für die Stürmer als auch für die Abwehr. Im Vergleich zu einem Eckstoß, der genau die gleiche Strecke zurücklegt, ist die Flugzeit relativ lang: drei Sekunden gegenüber 2,1 Sekunden bei der Ecke. Zudem fliegt der Ball sehr hoch, der Scheitelpunkt der Flugbahn ist mit zehn Metern fast doppelt so hoch wie bei einer Ecke. Somit bleibt den Abwehrspielern mehr Zeit, sich auf den Ball einzustellen, und vor allem bietet sich dem Torwart meist ungehinderte Sicht auf den fliegenden Ball.

Die richtigen Einwurfspezialisten versuchen oft, sich einen taktischen Vorteil zu verschaffen, indem sie den Ball in einem flacheren Winkel werfen. Dazu braucht man mehr Eigenrotation und eine noch höhere Geschwindigkeit, sonst würde der Ball nicht weit genug fliegen, bevor er zu Boden fällt. Bei einer flachen Flugbahn ist es äußerst schwierig, 40 Meter weit zu werfen, trotzdem ist gerade bei schmalen Spielfeldern ein flacher Wurf mit kürzerer Reichweite oft von Vorteil.

Mit langen Einwürfen, besonders Vorlagen am kurzen Pfosten, verfolgen die Spieler oft das gleiche Ziel wie mit Eckstößen, womit wir uns gleich befassen werden. Bei Ecken müssen die Abwehrspieler mindestens 9,1 Meter vom Ball entfernt stehen, bei Einwürfen gab es bis vor kurzem dagegen keine diesbezüglichen Vorschriften. Leider sind die besten Werfer und ihre jeweiligen Wurftechniken so gut bekannt, dass der Gegner nur einen Abwehrspieler möglichst nah an die Außenlinie stellen muss, um die bevorzugte Wurfposition zu blockieren. Dadurch wird der energische Abschluss der Bewegung, der bei allen langen Abgaben unverzichtbar ist, so gut wie unmöglich, der Anlauf muss weiter hinten beginnen und folglich deutlich vor der Außenlinie enden. In den engen Stadien, in denen auch heute noch manche Topvereine spielen, fehlt oft der nötige Platz für lange Zuspiele.

Da die Einwerfenden die im Weg stehenden Abwehrspieler nicht selten absichtlich ignorierten und es dann zu Kollisionen und den unvermeidlichen unschönen Auseinandersetzungen kam, griff man von offizieller Seite ein: Seit der Saison 2005/2006 gilt die Regel, dass der Abwehrspieler mindestens zwei Meter von der Einwurfstelle entfernt im Feld stehen muss. Auf den Positionen, von denen aus das Tor leicht zu erreichen ist, sind lange Einwürfe seither eine wertvolle Angriffsalternative.

Ein weiterer wichtiger Aspekt dieser Standardsituation ist, dass man bei einem Einwurf nicht im Abseits stehen kann, ein Umstand, der taktisch leider viel zu wenig genutzt wird. Ein schnell ausgeführter Einwurf ist für einen Stürmer, der völlig regelgerecht hinter den letzten Abwehrspielern läuft, genauso wertvoll wie ein Steilpass. Problematisch wird es nur, wenn der Spieler, der zuerst am Ball ist, nicht die besten Einwürfe zustande bringt und somit das Timing des Spielzugs nicht stimmt.

Mit gezielten Trainingseinheiten ließe sich allerdings dafür sorgen, dass die Einwürfe generell effizienter werden. Wenn Torhüter sich zu Spezialisten für ruhende Bälle entwickeln können, dann sind Feldspieler auch in der Lage, sich die Kunst der rasch ausgeführten langen Einwürfe anzueignen – dem Angriffspotenzial würde das jedenfalls auf beiden Seiten zugute kommen.

Weiter oben haben wir uns damit befasst, aus welchen Standardsituationen direkte Treffer möglich sind. Der Eckstoß ist unter diesem Gesichtspunkt am ungefährlichsten, denn die Toröffnung ist vom Schützen an der Eckfahne abgewandt, so dass er den Ball anschneiden muss. In der Praxis kann man dem Schuss kaum eine derartige Krümmung verleihen, dass er erst von der Torlinie weg und dann zurückfliegt, um dieses Ziel zu gefährden.

Bei der Erforschung dieser Standardsituation kam wieder unser Freistoßmodell zum Einsatz (Bray und Kerwin, 2003). Es stellte sich heraus, dass der Ball bei allen Eckstößen, die zu einem Tor führten, niemals mehr als ca. 2,3 Meter von der Torlinie entfernt war und sich auf den entscheidenden letzten Flugmetern stets eindeutig innerhalb des Torraums befand. In dieser Zone kann ihn im Grunde jeder gute Torwart durch einen Sprung erreichen.

Ein derartiges Zuspiel ist also offenbar geradezu ein Geschenk für den Torhüter – zumindest heutzutage, da man den Schlussmann nicht mehr einfach wegrempeln darf wie früher. Nach den heutigen Regeln gilt der Torwart (zu Recht) als »im Ballbesitz«, sobald er das Leder mit irgendeinem Teil seiner Hände oder Arme berührt. Die Schiedsrichter legen diese Regel meist sehr großzügig aus, so dass gerade in Europa jeder Körperkontakt mit dem Torwart vermieden werden sollte.

Direktschüsse sind taktisch also nicht empfehlenswert, demnach müssen die Angreifer in dieser Standardsituation einen anderen Weg zum Torerfolg suchen. Wie beim langen Einwurf bildet der kurze Pfosten das Hauptziel, da die meisten Tore, die sich aus Eckstößen ergeben, aus Vorlagen von dieser Position resultieren. Doch auch Zuspiele, die an den langen Pfosten oder darüber hinaus gehen, versprechen gute Chancen.

Anders als beim Einwurf ist bei einem Eckstoß immer noch genug Kraft in Reserve, und der kurze oder lange Pfosten kann voller Elan angegriffen werden. Zudem lässt sich die Flugbahn des Balls flacher halten, so dass der Torwart keine ungehinderte Sicht auf das Leder hat.

Abbildung 48 zeigt, welche Positionen die Abwehrspieler und Stürmer bei einem Zuspiel auf den kurzen Pfosten typischerweise einnehmen. Die beiden Angreifer ziehen in der Regel drei Verteidiger auf sich: einen, der den kurzen Pfosten auf der Torlinie abdeckt, und zwei weitere, die für die Stürmer

48 Abwehr am kurzen Pfosten bei Eckstoß

zuständig sind. Auf dieser Position stehen immer die besten Kopfballspieler, also werden diese zumeist von einem oder mehreren Innenverteidigern bewacht. Die verteidigende Mannschaft könnte zusätzlich noch jemanden in den vorgeschriebenen 9,1 Metern Entfernung vom Eckball aufstellen, um den Schützen einzuschüchtern und eine kurze Ecke zu verhindern. Die angreifende Mannschaft hat also schon einmal ein wichtiges Ziel erreicht: Die Abwehr ist auf bestimmte Positionen konzentriert, so dass sich unweigerlich an anderen Stellen Lücken auftun.

In dieser Situation stehen dem Torwart sechs Spieler in der Sichtlinie, so dass er den Ball bei einem flachen Eckstoß nur schlecht verfolgen kann. Der Angreifer am kurzen Pfosten ist lediglich dafür zuständig, das Leder in die gefährliche Mittelzone weiterzuleiten. Da der Ball bei einem Kopfball nach hinten nicht viel Tempo verliert, stehen die Abwehrspieler vor einem großen Problem: Das Leder fliegt mit hoher Geschwindigkeit am Tor vorbei und kann von Angreifern oder Verteidigern leicht so abgefälscht werden, dass es im Netz landet.

Scharf nach innen gelenkte Schüsse auf den langen Pfosten landen, wie erwähnt, eigentlich immer beim Torwart, während es gewisse Vorteile hat, den Ball in die Zone jenseits des langen Pfostens zu schießen. Bei schlechter Manndeckung kann ein guter Kopfball von hier aus ins Netz gehen, oder ein Spieler köpft den Ball einfach zurück vor das Tor, so dass ein Mannschaftskollege wiederum köpfen oder es mit einem Schuss versuchen kann.

Gelegentlich sieht man noch zwei andere Eckballvarianten, die allerdings nur dann Erfolg haben, wenn die Verteidigung schläft. Steht kein Abwehrspieler auf dem 9-Meter-Punkt, so sollte ein rasches Zuspiel auf einen Stürmer erfolgen, der vom kurzen Pfosten an den Rand des Strafraums gelaufen kommt. Dieser kann dann entweder selbst aufs Tor schießen oder wenigstens auf den Eckballschützen zurückpassen, der mittlerweile ins Feld gelaufen ist und somit einen besseren Winkel für einen Schuss in die Mitte hat.

Eine kurze Ecke zu einem in der Nähe postierten Kollegen dient dem gleichen Zweck: Der Schusswinkel wird günstiger. Beide Taktiken kosten allerdings wertvolle Sekunden, und die Angreifer müssen aufpassen, dass sie nicht ins Abseits geraten, wenn ihre Mannschaftskollegen den Ball weiter ins Feld bringen. Leider lässt sich die Verteidigung im Spitzenfußball selten hereinlegen und bietet den Stürmern so gut wie nie die Möglichkeit, ungehindert in diese Richtung zu laufen.

Schließlich gibt es noch die seltsamste kurze Ecke überhaupt: Der Ball wird zu einem Kollegen gespielt, der nur etwa einen Meter von der Eckfahne entfernt steht. In einem ausgefeilten Zusammenspiel stoppt dieser Spieler den Ball, so dass der Schütze unweit der Ausgangsposition noch einmal schießen kann. Der einzige Vorteil dieser Aktion besteht darin, dass sich die Schussgenauigkeit verbessert, da die Eckfahne nun nicht mehr im Weg steht. Insgesamt ist das jedoch kein großer Gewinn, da sich weder der Angriffswinkel öffnet noch die Schussdistanz verringert, und die Abwehr fällt nur selten auf diese Showeinlage herein.

Im Vergleich zu den anderen Standardsituationen kann es bei der Begegnung Mann-gegen-Mann zwischen Torwart und Angreifer zahlreiche Ballkontakte geben, bevor ein Schussversuch erfolgt. Zunächst muss die angreifende Mannschaft die gegnerische Abwehr überwinden, bis nur noch ein einzelner Stürmer mit freier Bahn aufs Tor übrig bleibt. Dies kann auf verschiedene Weise zustande kommen, zum Beispiel durch einen missglückten Versuch, den Stürmer ins Abseits laufen zu lassen, oder wenn ein nachlässig geschlagener Pass aus der Verteidigung abgefangen wird.

Abbildung 49 zeigt ganz deutlich, in welchem Dilemma der Torwart dann steckt. Bleibt er auf der Linie, bietet sich dem Stürmer ein mehr als einladendes Ziel, denn er kann in etwa einen Bereich von 2 Metern Breite × 2,5 Metern Höhe abdecken. Die typischen Hechtsprünge hat man dabei nicht berücksichtigt, sondern lediglich die Fläche, die er durch bloßes Recken erreicht. In solchen Situationen ist nur wenig Zeit für taktische Finessen. Der Fachbegriff lautet hier »Reflexparade« – wenn der Schuss kommt, versucht der Schlussmann einfach, irgendein Körperteil in die Flugbahn des Balls zu bekommen.

Verlässt er dagegen seine Linie, so deckt er irgendwann die gesamte Breite des Tores ab *(Abbildung 49)* und »verringert den Winkel«. Technisch gesehen bietet sich dem Stürmer dann kein Ziel mehr, auf das er schießen könnte – doch leider werden die Torhüter selbst in dieser augenscheinlich optimalen Position oft geschlagen. Indem er sein Tor verlässt, trifft der Torwart immerhin eine klare Entscheidung und bringt dadurch den

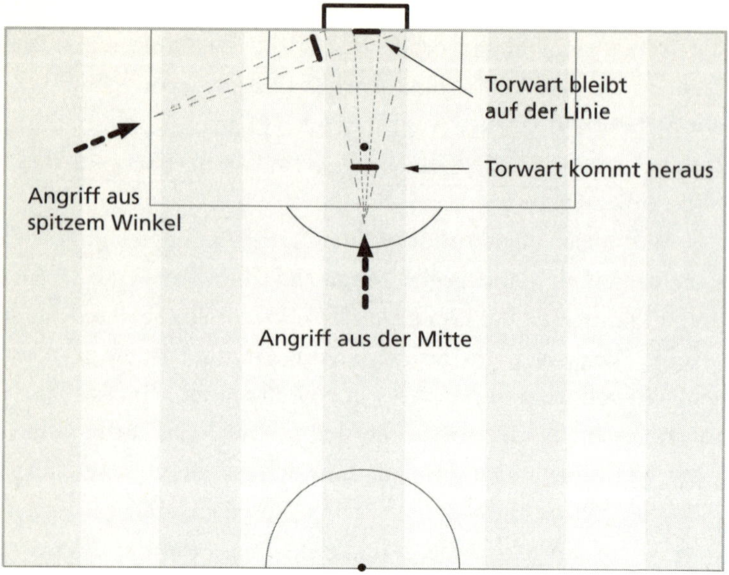

49 Winkelreduzierung bei Mann-gegen-Mann-Situation zwischen Torwart und Stürmer

Stürmer aus dem Konzept; zudem ist die Chance, den Ball zu halten, in diesem Fall größer als auf der Torlinie.

Abbildung 49 zeigt außerdem die Position, die der Torwart einnehmen muss, wenn sich ihm der Angriff aus einem spitzeren Winkel nähert. Da das Tor dann nicht so weit geöffnet ist, muss er weniger weit hinauslaufen, um den Schuss abzuwehren. Die entscheidenden Positionen können für jeden Winkel, in dem sich der Angreifer nähert, exakt berechnet werden (Bray, *Readings in Sports Psychology*, 1972).

Bei einem Angriff aus der Mitte müsste der Torwart just in dem Augenblick, wenn der Stürmer den Strafraum erreicht hat, 4 Meter vom Angreifer entfernt sein, um den Schuss zu unterbinden. Erfolgt der Angriff aus einem spitzeren Winkel, zum Beispiel 25 Grad zur Torlinie (wie in *Abbildung 49*), dann muss

50 Zonen, innerhalb derer der Torwart bei Mann-gegen-Mann-Angriffen laufen muss oder warten kann

der Torwart nicht so weit laufen – eine Entfernung von 9,6 Metern zum Angreifer reicht hier aus. Bei den spitzesten Winkeln kann der Torwart direkt stehen bleiben und zumindest theoretisch davon ausgehen, dass er die gesamte Fläche deckt.

Für all das sind sehr gutes Augenmaß und vor allem ein exaktes Timing von Seiten des Torwarts erforderlich. Bei Angriffen aus der Mitte hat er eigentlich keine Wahl – wenn die Abwehr bei 27 Metern bereits geschlagen ist und der Torwart sofort reagiert, kann er den Schuss knapp hinter dem Elfmeterpunkt abfangen. Ist die Abwehr bereits früher überwunden, zum Beispiel bei 37 Metern, dann erreicht der Schlussmann die kritische Position kurz hinter der Strafraumgrenze – vorausgesetzt, er hat sofort reagiert. Würde er in der zweiten Situation warten, bis der Stürmer auf 27 Meter herangekommen ist, dann würden die beiden wie im ersten Beispiel etwa am Elfmeterpunkt aufeinander treffen.

Wo liegt nun der Unterschied? Für einen Stürmer ist es psychologisch ungeheuer wichtig, wenn er in den Strafraum gelangt, ohne dass der Torhüter sich rührt. Er schießt dann meist sehr früh, wenn der Schlussmann noch nicht in der optimalen Position steht, und mit besonders viel Selbstvertrauen.

Für den Torwart sieht die Situation erst dann besser aus, wenn der Angriffswinkel bei etwa 30 Grad zur Torlinie liegt. Dann kann er sich an den Spielfeldmarkierungen orientieren: Ist die Abwehr überwunden, muss sich der Schlussmann innerhalb der Geraden bewegen, die von den Torpfosten über die Torecken zur Strafraumecke führen ***(Abbildung 50)***; ist der Winkel spitzer, so kann er abwarten und muss nicht so weit herauslaufen, um den Schuss abzublocken.

Gute Torhüter haben immer den spitzen Winkel im Kopf und bewegen sich fast intuitiv so auf die erwartete Schusslinie zu, dass sie mittig zwischen dem langen und dem kurzen Pfosten stehen. Für die Abwehrspieler gilt das Gleiche: Jeder Verteidiger, der den vorwärtsstürmenden Angreifer einholen kann, sollte versuchen, ihn aus der gefährlichen Mittelposition zu drängen und den Schuss so lange wie möglich hinauszuzögern, bis der Stürmer in einen sehr spitzen Winkel und damit eine weniger gefährliche Schussposition gelaufen ist.

Aus der vierten Standardsituation, dem direkten Freistoß, entstehen die meisten Treffer. Bei einem indirekten Freistoß wird zwar meist nur dann ein Tor erzielt, wenn zuvor noch ein anderer Spieler Ballkontakt hatte, aber in dieser Position ist es ein Leichtes, schnell einen kurzen Pass zu spielen. Daher wird in kritischen Positionen sowohl bei direkten als auch bei indirekten Freistößen eine Mauer aufgestellt. Die Anzahl von Spielern, die bei verschiedenen Distanzen und Winkeln für die Mauer erforderlich ist, lässt sich leicht ermitteln – zunächst soll jetzt jedoch eine Geschichte erzählt werden, die zeigt, was alles möglich ist.

Wenn der Schiedsrichter einer Mannschaft einen Freistoß zuspricht, versammeln sich die Abwehrspieler unweigerlich auf der Position, um eine schnelle Ausführung zu verhindern. Normalerweise fragt der Schiedsrichter den Spieler, ob er eine Mauer haben möchte. Das klingt merkwürdig, denn wieso sollte der Stürmer freiwillig seine Torchancen schmälern? In Wirklichkeit ist eine Mauer jedoch durchaus vorteilhaft, denn zum einen könnte sich zwischen den wartenden Verteidigern eine Lücke auftun, zum anderen muss die Mauer den vorgeschriebenen Abstand von 9,15 Metern zum Freistoßpunkt einhalten. Lehnt der Stürmer eine Mauer ab, gibt der Schiedsrichter den Ball frei, wozu er übrigens keinen gellenden Pfiff ertönen lassen muss.

Genau das geschah nämlich im Dezember 2004, als Arsenals Thierry Henry seinen frechen Freistoß im wichtigen Ligaspiel gegen Chelsea verwandelte. Damals kämpften Arsenal und Chelsea Kopf an Kopf um die Tabellenspitze, wobei sich Chelsea letzten Endes durchsetzen sollte. Chelseas Schlussmann Petr Cech war so außer sich, dass ihn später die FA für seine Äußerungen über Schiedsrichter Graham Poll verwarnte. Cech hatte am langen Pfosten noch die Mauer dirigiert, so dass sich eine gewaltige Lücke bot, die Henry mit seinem schnell ausgeführten Freistoß ausnutzte.

Damit wären wir bei einem der wichtigsten Prinzipien der Abwehrarbeit: Der Torwart sollte die Aufstellung am langen Pfosten einem Feldspieler überlassen, dem er aber durchaus zurufen kann, wie viele Verteidiger er in der Mauer haben möchten. Und die Freistoßposition sollte er niemals aus den Augen lassen.

Wenn sich der Stürmer für eine Mauer entscheidet, gibt der Schiedsrichter den Ball erst frei, wenn diese Mauer steht. Dann folgen meist die vertrauten Szenen, dass der Schiedsrichter vier

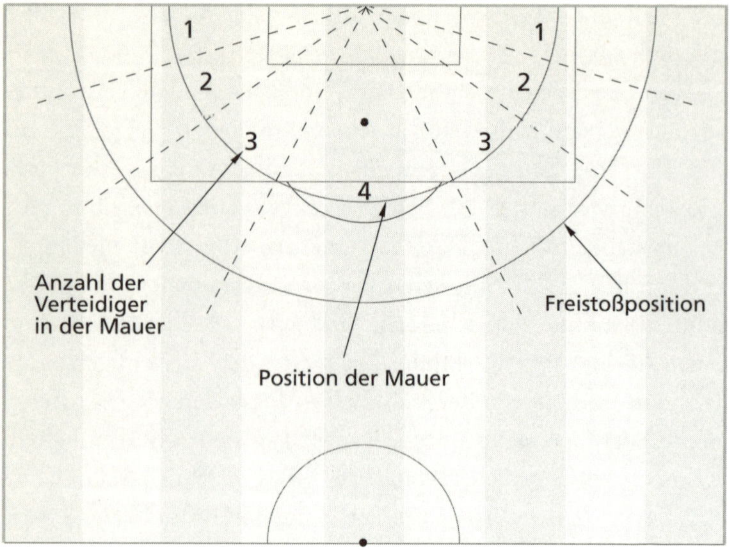

51 Freistoß aus 27 Metern: Anzahl der Abwehrspieler in der Mauer bei verschiedenen Schusswinkeln

oder noch mehr Verteidiger zurückdrängt, die plötzlich aus unerklärlichen Gründen die erforderliche Entfernung zur Mauer nicht mehr kennen. Nun sind die Angreifer im Vorteil, da sich in dem vorübergehenden Chaos oft gute Chancen für einen Treffer bieten. Unter diesen Umständen wurden schon viele vermeintliche Tore nicht gegeben, und unzählige Freistöße mussten wiederholt werden. Gehen wir aber mal davon aus, dass eine Mauer gebildet wird und die Verteidiger diese richtig aufstellen. Wie viele Abwehrspieler braucht man dann auf jeder Position?

In unserer Studie über die angeschnittenen Freistöße (Bray und Kerwin, 2003) haben wir eine Formel entwickelt, mit der sich berechnen lässt, wie viele Abwehrspieler bei Freistößen aus verschiedenen Distanzen und Winkeln in der Mauer stehen sollten. Die ermittelten Zahlen entsprechen den Abwehrmauern, die

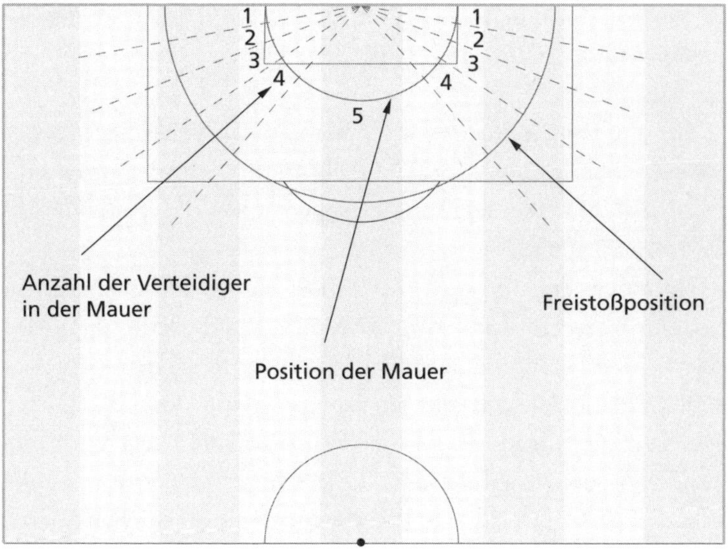

52 Freistoß aus 18 Metern: Anzahl der Abwehrspieler in der Mauer bei verschiedenen Schusswinkeln.

wir in echten Fußballspielen sehen. Die meisten Torhüter stellen die Mauer so auf, dass eine Seite den langen Pfosten abdeckt und die andere gerade so weit reicht, dass sie ihm nicht die Sicht auf den Schuss versperrt (vgl. *Abbildung 23* in Kapitel 4).

In der Praxis deckt die Mauer etwa 75 Prozent der Torlinie. Die Position ist also vergleichbar mit der Situation, wenn sich Torwart und Stürmer Mann gegen Mann gegenüberstehen, denn die Barriere scheint die direkte Schussbahn zu verhindern. Allerdings versuchen Spitzenfußballer nur selten einen direkten Schuss, und besonders bei zentralen Freistößen am Strafraumrand bietet sich ein sehr einladendes Ziel – zumindest dann, wenn ein Spieler den Ball ordentlich anschneiden kann.

Interessanterweise wird die Mauer immer schmaler, je weiter der Angriffspunkt von der Mitte wegrückt. In *Abbildung 51* zeigt der äußere Kreis die Positionen bei einem Freistoß aus

27 Metern, der innere Kreis gibt an, wo die Mauer Stellung beziehen muss, um die vorgeschriebene Distanz von 9,15 Metern einzuhalten.

Bei Freistößen aus der Mitte stehen vier Verteidiger in der Mauer, doch je spitzer der Winkel, desto weniger Spieler sind erforderlich. Näher am Tor steigt die Anzahl dagegen, wie *Abbildung 52* zeigt.

Bei einem Freistoß aus 18 Metern aus der gefährlichen Mittelposition stehen fünf Spieler in der Mauer. Ein Freistoß aus 18 Metern erfolgt fast immer aus dem Strafraum, es sei denn, die Abschussposition liegt direkt am äußeren Rand des »D«. Dieser Fall ist in *Abbildung 52* nur der Vollständigkeit wegen mit aufgeführt, in der Annahme, dass diese Schüsse im Strafraum indirekt ausgeführt werden. In der Praxis würde an solchen Stellen aber höchstwahrscheinlich ein Strafstoß gegeben.

Ein zentraler Freistoß bei einer Tordistanz zwischen 18 und 27 Metern wirkt oft wie ein Geschenk, doch ganz so leicht ist es leider nicht. Gehen wir einmal davon aus, dass der Stürmer den Ball mit perfektem Sidespin schießen kann, so dass er von rechts nach links schwenkt und auf die ungeschützte Torhälfte zufliegt (vgl. *Abbildung 23* in Kapitel 4). Setzt er den Schuss zu weit rechts an, dann hat der Torwart leichtes Spiel; etwas weiter links aber und wenn er den Ball so anschneidet, dass er genau in der Mitte über die Torlinie fliegt, wird es gefährlich. Oder er setzt sogar so weit links an, dass der Ball direkt am langen Pfosten ins Netz geht.

Die ungeschützte Hälfte der Torlinie sieht zwar verlockend aus, aber damit der Angreifer dieses eigentlich recht große Ziel trifft, muss er an der Abwehrmauer eine ganz schmale Stelle treffen – der Bogen, den der Ball beschreibt, wird mit zunehmender Entfernung nämlich immer größer. Ein kleiner Stellungsfehler an der Mauer kann daher gigantische Ausmaße annehmen, wenn der Ball die Torlinie erreicht.

Auch die richtige Höhe ist nicht so einfach zu treffen: Damit sich der Ball rechtzeitig wieder senkt, darf er nicht zu hoch an der Mauer vorbeifliegen, also müssen Geschwindigkeit und Hub genau kontrolliert werden. Der Stürmer versucht sozusagen, den Ball durch einen außerordentlich schmalen »Briefkastenschlitz« knapp über der Mauer zu schieben.

Abbildung 53 zeigt die Grenzwerte für einen zentralen Freistoß aus 23 Metern Entfernung. Noch schwieriger wird es, wenn der Schuss aus einem spitzeren Winkel erfolgt. Beträgt der Winkel weniger als 25 Grad zur Torlinie, ist ein direkter Schuss im Grunde zwecklos, so dass es taktisch geschickter wäre, den Freistoß auf einen Mannschaftskollegen zu passen. Kann der Stürmer dabei ein bisschen mit Topspin zaubern, erhöhen sich die Chancen – zumindest fliegt der Ball dann schön flach.

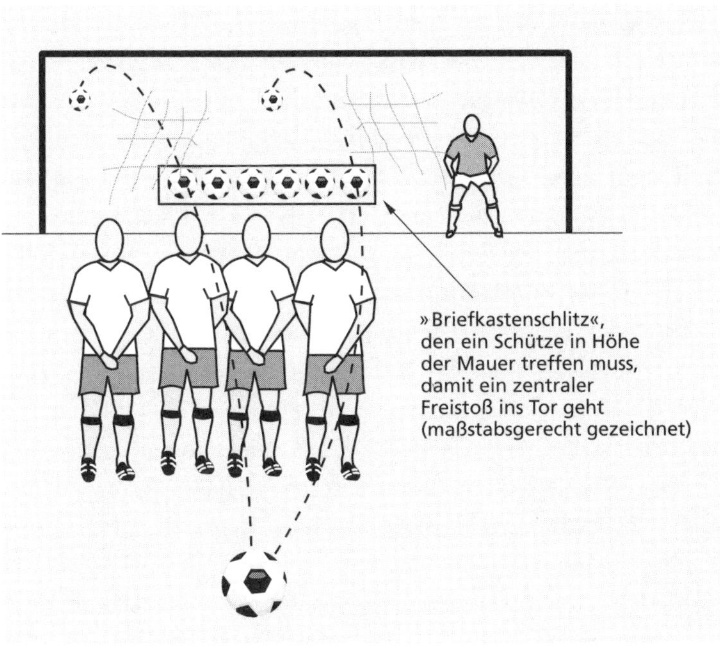

53 Zentraler Freistoß aus 23 Metern

Noch besser ist der »Eselstritt«, die in Kapitel 4 beschriebene Spezialität von Ernie Hunt und Willie Carr. Ihre ursprüngliche Variante war ja leider regelwidrig, weil der Ball nicht weit genug geflogen war, bevor er erneut geschossen wurde – spielt man jedoch einen kurzen Pass, bevor der Ball in die Luft gejagt wird, so ist dieses Problem behoben und der Stürmer kann zuschlagen. Wahrscheinlich ist diese Aktion für das heutige Spiel aber zu anspruchsvoll.

Im Zusammenhang mit direkten Freistößen gibt es noch zwei weitere wichtige Aspekte. Zum einen geht es um zusätzlichen Schutz des Torwarts. Wieso stellt man keine Verteidiger neben die Pfosten auf die Torlinie, wie es bei Eckstößen gemacht wird? Manche Mannschaften wären sicher durchaus bereit, mit dieser Taktik zu experimentieren. Dem Freistoßschützen würden sie nicht im Weg stehen, und der Schuss würde wie in früheren Zeiten in der Hoffnung auf das Tor gehämmert, dass sich eine Lücke auftut oder der Ball abgefälscht wird – nun allerdings mit Effet.

Für die Abwehrspieler hätte das die Konsequenz, dass kein Gegner ins Abseits geraten kann, solange jemand auf der Torlinie steht. In vielerlei Hinsicht entspräche so ein Freistoß also einem Eckstoß, nur dass die Gefahr dann aus der Mitte drohte. So oder so ein Risiko, und man darf gespannt sein, welche Taktik sich in der Praxis durchsetzen wird.

Der zweite Aspekt betrifft die Stürmer, die sich mit in die Abwehrmauer stellen. Sie verbreitern die Mauer, um dem Torwart die Sicht auf den Abschuss zu versperren – dadurch hat er natürlich schlechtere Chancen, den Ball zu halten. Regelwidrig ist das nicht, denn keine Vorschrift besagt, dass der Torwart bei einem Freistoß ungehinderte Sicht auf den Ball haben muss. Außerdem dient dies noch einem weniger redlichen Zweck: Bei fast jedem Freistoß kann man beobachten, wie die Abwehrspieler von ihrer Position gedrängt werden, damit für den Stürmer eine attraktive Lücke in der Mauer entsteht.

Die Schiedsrichter tun sich in solchen Fällen oft schwer mit einer Entscheidung, denn normalerweise werden Spieler geschubst, die gerade in Ballbesitz sind, während in der Abwehrmauer ja niemand den Ball spielt. Auch liegt im Grunde keine Behinderung eines Abwehrspielers vor, denn der Verteidiger in der Abwehrmauer versucht gar nicht, an den Ball zu kommen. Eine Unsportlichkeit ist ein solches Verhalten auf jeden Fall, aber bei Standardsituationen wird grundsätzlich von beiden Seiten viel gedrückt und geschoben, meistens hinter dem Rücken des Schiedsrichters.

In Anbetracht der oben angeführten Fakten kommen wir noch einmal zu der Frage, die wir schon in Kapitel 4 gestellt haben: Gibt es den unhaltbaren Freistoß? Unter dem Vorbehalt, dass der Stürmer dafür über besondere Fähigkeiten verfügen muss, lautet die Antwort: ja.

Die Ergebnisse in *Abbildung 53* zeigen uns, wie schwierig dies in der Praxis ist, doch selbst wenn nur 15 Prozent der entsprechenden Schüsse glücken, ist das schon eine bemerkenswerte Leistung.

Ausgeglichene Spiele werden immer häufiger durch Standardsituationen entschieden, und der absolute Goldstandard in dieser Hinsicht sind Strafstöße. Auch Elfmeterschießen bieten nach 120 ergebnislosen Spielminuten eine neue Möglichkeit, ein Spiel zu entscheiden – auch wenn Puristen dies ablehnen und eine Wiederholung im Falle eines Unentschieden fordern.

Zum gleichen Zweck hat man bei großen Turnieren das »Golden Goal« eingeführt: Ein unentschiedenes Spiel hat auf einen Schlag einen Sieger, wenn eine Mannschaft in der Verlängerung einen Treffer erzielt. Allerdings wagt in dieser Situation normalerweise keine Mannschaft einen radikalen Angriff, so dass es meist doch wieder auf ein Elfmeterschießen hinausläuft. Außerdem gibt es diverse kommerzielle Zwänge: Müssten auch noch unentschiedene Spiele nachgeholt werden, wären die Terminpläne bald übervoll, was im modernen Fußball wegen der hohen Belastung für die Spieler und der damit verbundenen Verletzungsgefahr nicht gern gesehen ist. Auch die Sponsoren, von Softdrinkfirmen über Ausrüster bis hin zu Fernsehsendern, bevorzugen in der Regel ein definitives Ergebnis.

In Kapitel 6 habe ich die psychologischen Aspekte des Elfmeterschießens zwischen Liverpool und dem AC Mailand erörtert. In der ersten Halbzeit war Milan besser, Liverpool in der zweiten, im Elfmeterschießen dominierte dann eindeutig die britische Mannschaft.

Häufig geht es allerdings nicht so gerecht zu wie bei diesem Spiel. So würden die meisten neutralen Beobachter sicher bestätigen, dass Manchester im FA-Cup-Finale von 2005 gegen Arsenal sowohl in der regulären Spielzeit als auch in der Verlängerung deutlich überlegen war. Arsenal quälte sich durch das Spiel, doch der Mannschaft war klar, dass sie trotz der miserablen Leistung nur fünf Schüsse vom Sieg entfernt war. Im Elfmeterschießen trat sie daher in deutlich besserer psychologischer Verfassung an als United. Letzten Endes gab ein einziges Tor, Paul Scholes verschossener Elfmeter für Manchester, den Ausschlag, und Manchester United hatte in der gesamten Saison keinen einzigen Titel errungen.

Manch einer mag sich an dem Wort »verschossen« stören und behaupten, Arsenals Jens Lehmann habe den Ball mit einer Glanzleistung gehalten. In Wirklichkeit sieht es jedoch so aus, dass ein Torwart, der sich an die Regeln hält, bei einem Elfmeter eigentlich nicht an den Ball kommen dürfte – wir werden gleich noch sehen, wieso. Zunächst sollten wir uns aber über die Regeln im Klaren sein, die für den einfachsten aller Freistöße gelten.

Viele Jahre lang war vorgeschrieben, dass der Schlussmann auf der Torlinie zu stehen hatte und die Füße erst im Augenblick des Schusses bewegen durfte. Anfänglich hatten manche

Torhüter den wahren Sportsgeist so sehr verinnerlicht und waren über absichtliche Vergehen im Strafraum derart empört, dass sie sich richtiggehend weigerten, überhaupt eine Parade zu versuchen.

Doch die Zeiten haben sich geändert. Heutzutage darf der Schlussmann sich vor dem Schuss bewegen, muss jedoch auf der Torlinie bleiben. Seltsam auch die Vorschrift, dass die Torhüter dem Schützen zugewandt stehen müssen, bevor der Ball gespielt wird. Dafür mag es eine längst vergessene historische Erklärung geben, aber man kann sich kaum vorstellen, dass eine andere Position irgendeinen Vorteil bedeuten könnte.

Im Gegensatz zu Strafstößen, die in der regulären Spielzeit erfolgen, ist es beim Elfmeterschießen nicht gestattet, einen Ball, der vom Torwart zurückprallt, noch einmal zu schießen. Auch bei einem »normalen« Elfmeter darf der Schütze den Ball nur dann noch einmal spielen, wenn ihn zwischendurch ein anderer Spieler berührt hat. Solche Rückpraller – ob sie nun vom Torwart, von den Pfosten oder von der Querlatte kommen – werden oft von Mannschaftskollegen verwandelt, die dem Ball in den Strafraum hinterhergelaufen sind. Im Elfmeterschießen ist auch das nicht erlaubt, sondern alle ausgewählten Schützen müssen im Mittelkreis zittern, bis sie an der Reihe sind.

Ich habe bereits beschrieben, welche Faxen Bruce Grobbelaar und Jerzy Dudek veranstalteten, um die Elfmeterschießen in Rom und Istanbul zu beeinflussen. Eine solche Taktik ist jedoch nicht neu. Torhüter versuchen schon seit langem, die Elfmeterschützen aus der Ruhe zu bringen, indem sie vor dem Schuss Wortwechsel anzetteln. Eine wahre Fülle von Geschichten datiert aus der Zeit, als der Ball noch verschnürt werden musste, nachdem man die Gummiblase eingesetzt hatte. Damals war es vorgeschrieben, dass der Elfmeterschütze diese Verschnürung in Richtung des Torwarts platzierte, damit sie den Kontakt zwischen Schuh und Ball nicht beeinträchtigte. Manche Torhüter verließen dann ihren Kasten und drehten die Verschnürung wieder in die andere Richtung. In den Regeln stand dazu nichts, und der Schütze drehte den Ball natürlich wieder zurück – aber immerhin hatte der Torwart seine Autorität betont und den gegnerischen Spieler ein bisschen aus dem Konzept gebracht.

Unter biomechanischen Aspekten lässt sich der Elfmeter von allen Standardsituationen am leichtesten analysieren. Für unser Torwartmodell studierten David Kerwin und ich detaillierte Videoaufnahmen, in denen die Testpersonen versuchten, einen Ball unter Spielbedingungen zu halten. Parallel dazu maßen wir die komplexen Bodenreaktionskräfte, wenn der Torwart von einer Messplatte sprang.

Da die Digitalkameras so ausgerichtet waren, dass sie eine Stereoskopansicht der Bewegung einfingen, konnten wir die 3-D-Koordinaten des Torwartsprungs ermitteln und den Augenblick, in dem der Ball die Torlinie überquerte, exakt verzeichnen. Somit ergaben sich, unabhängig vom Sprungwinkel, die Reichweiten des Torwarts *(Abbildung 54)*.

Wie man sieht, ist es nicht möglich, mit einem horizontalen Hechtsprung aus der Mitte der Torlinie die Pfosten zu erreichen, denn die starken Schenkel- und Wadenmuskeln können bei einem horizontalen Sprung nicht konzertiert arbeiten. In vollem Ausmaß gelingt dies nur bei einem vertikalen Sprung, wenn beide Beine gleichmäßig gestreckt werden. Außerdem ist bei extrem flachen Sprüngen nur selten die richtige Traktion zwischen Schuh und Boden gegeben. Manchmal schaffen Torhüter es dennoch über die ganze Torlinie, aber nur, wenn sie zuvor einen Schritt zur Seite gemacht haben. Die größere Reichweite geht also auf Kosten der Reaktionszeit – bei Elfmetern keine weise Entscheidung, es sei denn, dem Torwart gelingt es, die richtige Ecke zu erahnen und er bewegt sich schnell genug.

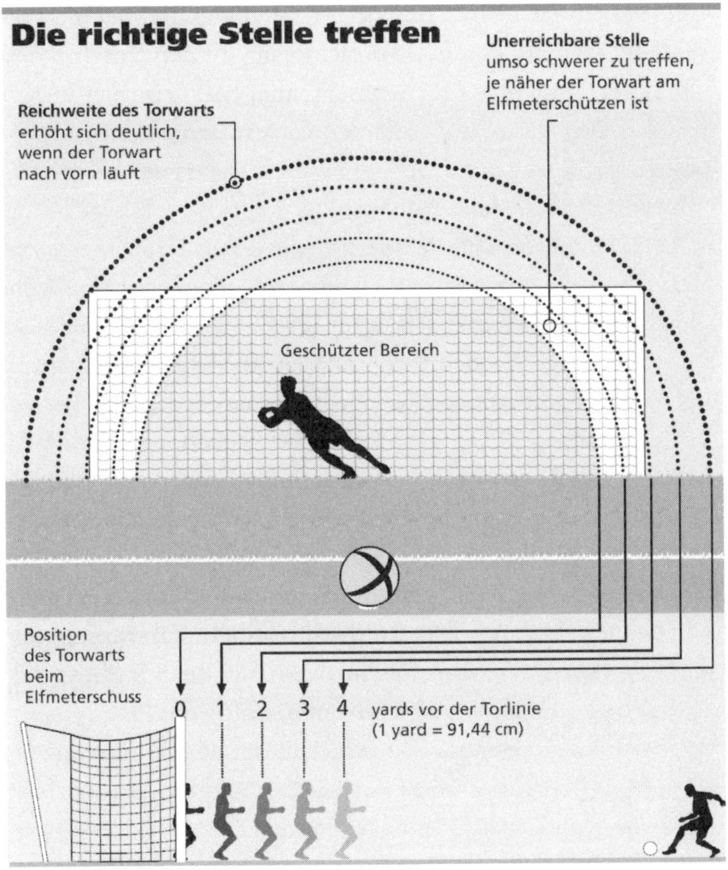

54 Reichweite des Torwart-Hechtsprungs mit unhaltbarer Zone (oben) und Herauslaufen des Torwarts (unten)

Selbst innerhalb der Zone, die der Schlussmann erreichen kann, gibt es keine Garantie dafür, dass er den Ball tatsächlich hält. Ein kompletter Hechtsprung braucht seine Zeit, so dass ein wohl platzierter Ball schon lange im Netz liegt, bevor der Sprung vollendet ist. Die Flugzeit eines gut geschossenen Elfmeters beträgt etwa eine halbe Sekunde, die Reaktionszeit des Torhüters wiederum die Hälfte davon. Wartet Letzterer bis zum Augenblick des Schusses, dann verzögert sich seine Reaktion und der Ball ist schon auf dem halben Weg zum Tor. Um überhaupt eine Chance zu haben, muss der Torwart bereits springen, bevor der Schütze den Ball getroffen hat – was absolut legal ist, solange er dabei die Linie nicht verlässt.

Es gibt verschiedene Anhaltspunkte für die Schussrichtung, an denen sich Profitorhüter orientieren: Zum Beispiel achten sie darauf, in welche Richtung der Fuß, mit dem der Schütze nicht schießt, zum Zeitpunkt des Schusses zeigt. A. M. Franks und T. Hanvey (1997) haben dies während der EM 1996 überprüft und für über 85 Prozent aller Strafstöße bestätigt. Gleiches gilt für den Winkel, in dem die Hüften der Schützen stehen (A. M. Williams und L. Burwitz, 1993). Sind sie geöffnet, also zeigt die Brust vom Torwart aus gesehen zum linken Pfosten, dann wird der Schütze den Ball vermutlich in diese Richtung schießen. Sind sie dagegen geschlossen, geht der Schuss meist auf den Pfosten zur Rechten des Torwarts. Entdeckt er solche Hinweise, muss der Schlussmann schnell in die Schussrichtung hechten, um seine Erfolgsaussichten zu maximieren. Wie in der Mann-gegen-Mann-Situation kommt es auch hier nicht auf gute Haltung an, sondern ein Arm oder ein Bein, in letzter Sekunde ausgestreckt, kann eine wunderbare Parade bedeuten.

Der Schütze sollte immer versuchen, den Schuss in den ungeschützten Torbereich, die »unhaltbare Zone« (obere Grafik in *Abbildung 54*) zu platzieren, die 28 Prozent des gesamten Torbereichs ausmacht. Selbst am Rand dieser Zone können die Stürmer sicher sein, dass der Torhüter auf keinen Fall weiter kommt. Wem dies zu anspruchsvoll erscheint, der sollte sich noch einmal die Präzision vor Augen führen, die erforderlich ist, um eine Abwehrmauer zu überwinden. Über die Schusstechnik scheiden sich ebenfalls die Geister, manche bevorzugen einen Spannschuss mit voller Wucht, andere eine ruhigere, präzise Ausführung mit dem Innenrist. Spannschüsse sind in der

Praxis weniger erfolgreich, denn sie segeln oft am Tor vorbei oder über die Querlatte.

Bei jeder Art von Schuss kommt es darauf an, die Technik zu beherrschen und sie wiederholen zu können. Ein Spieler, der sich zum Elfmeterpunkt begibt, darf keinen Zweifel daran haben, wohin der Ball gehen soll. Dann schießt er nicht einfach aufs Geratewohl, sondern wiederholt eine ihm vertraute Handlung. Da Übung der Schlüssel zum Erfolg ist, sollte jede ernsthafte Trainingseinheit auch Strafstöße umfassen, vorzugsweise nach dem harten Training, damit die körperliche und psychologische Beanspruchung in etwa der Belastung nach einem zweistündigen Spiel entspricht.

Die Zeiten sind längst vorbei, in denen man öffentlich behaupten konnte – wie es ein englischer Trainer nach dem spektakulären Scheitern seiner Mannschaft im Elfmeterschießen einst tat – diese Standardsituation müsse man nicht üben.

Es gibt noch weitere Maßnahmen, mit denen sich die allgemeine Erfolgsquote eines Teams im Elfmeterschießen erhöhen lässt. Forschungen (T. McGarry und I. M. Franks, 2000) haben ergeben, dass die Chancen steigen, wenn die schwächsten Spieler zuerst schießen und die stärksten zuletzt. Unerfahrene Elfmeterschützen sind anfälliger für die leistungshemmende Wirkung der kognitiven Angst, wenn sie übermäßig lange warten müssen. Außerdem stellte der Bericht von McGarry und Franks heraus, dass es strategisch wichtig ist, bei unentschiedenen Spielen gegen Ende der Verlängerung bestimmte Ersatzspieler einzuwechseln. Erfahrene Elfmeterschützen sollten nicht auf der Bank bleiben, wenn sie zu dem bevorstehenden Elfmeterschießen einen positiven Beitrag leisten können.

Der Schütze kann seine Erfolgsaussichten eigentlich nur verbessern, indem er auf die einheitliche Ausführung seiner Schüsse achtet. Manche Draufgänger stoppen während des Anlaufs kurz ab, in der Hoffnung, dass der Torwart dann zu einem

Hechtsprung ansetzt, während sie den Ball in die andere Richtung schießen. Dazu braucht man gute Nerven. Für den Torwart ist die Situation schon anders: Bewegt er sich (regelwidrig) nach vorne, bevor der Ball in der Luft ist, kann er seine Chancen auf eine Parade erheblich verbessern.

Die untere Grafik in *Abbildung 54* verdeutlicht, in welchem Maße die effektive Tordeckung durch den Schlussmann zunimmt, wenn er sich auf den Schützen zubewegt. Auch hier wird »der Winkel kleiner«, der ungeschützte Teil des Tores reduziert sich rapide, und etwa 3,7 Meter von der Linie entfernt blockiert der Torhüter theoretisch den gesamten Bereich. Natürlich ist auch hier nicht garantiert, dass er den Ball wirklich hält, wenn dieser in seine Reichweite gelangt, doch eine aggressive Vorwärtsbewegung wirkt auf den Schützen sehr einschüchternd, so dass er vielleicht gerade deshalb verschießt.

Wie bereits erwähnt, kann dies extreme Ausmaße annehmen. Im Champions-League-Finale von 2003 griff Torwart Dida vom AC Mailand zu entschiedenen, wenn auch verbotenen Mitteln, um den Gleichstand im Elfmeterschießen zu beenden – er lief fast bis an den Rand des Torraums, um den Schuss zu halten. Erstaunlicherweise gibt es bei solchen Taktiken noch immer keine einheitliche Linie der Schiedsrichter, obwohl die Schiedsrichterassistenten bei Wettbewerben auf höheren Ebenen ausdrücklich die Aufgabe haben, auf solche Regelverstöße zu achten. Vielleicht sollten die entsprechenden Regeln noch einmal offiziell bestätigt werden. Schlimm genug, wenn man nach zwei Stunden erbitterten Kampfes das Elfmeterschießen verliert, unendlich schlimmer, wenn das entscheidende Tor ein zweifelhafter Elfmeter ist.

Eine Analyse der Platzierung von Elfmeterschüssen verbessert die allgemeine Taktik und Technik meist erheblich. David Kerwin und ich nahmen eine solche Analyse für Englands letztes Elfmeter-Erlebnis im Viertelfinale der EM 2004 gegen Por-

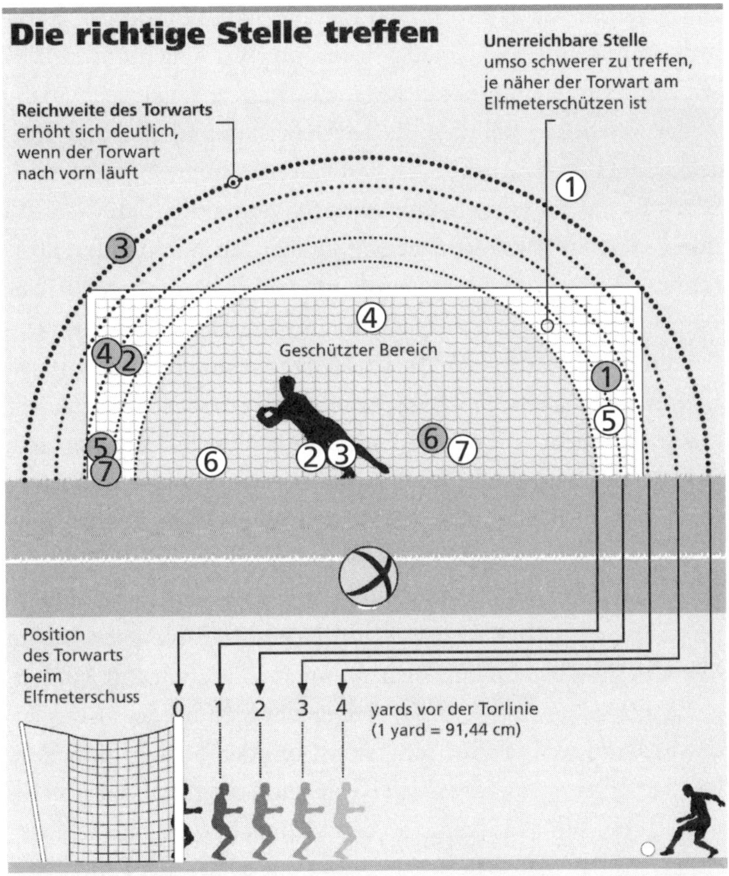

Elfmeter	England (weiß)	Ergebnis	Portugal (grau)	Ergebnis
1	Beckham	verschossen	Deco	Treffer
2	Owen	Treffer	Simao	Treffer
3	Lampard	Treffer	Rui Costa	verschossen
4	Terry	Treffer	Ronaldo	Treffer
5	Hargreaves	Treffer	Maniche	Treffer
6	Cole	Treffer	Postiga	Treffer
7	Vassell	gehalten	Ricardo	Treffer

55 Englands Leistung im Elfmeterschießen gegen Portugal bei der EM 2004 tugal vor. Ganze 14 Elfmeter waren für die Entscheidung nötig, und *Abbildung 55* zeigt die Positionen, an denen der Ball jeweils die Linie überquerte (oder das Tor verfehlte).

Zwei Schüsse, nämlich die von Rui Costa für Portugal und von David Beckham für England, waren ungeeignete Spannschüsse, die beide weit über die Querlatte segelten. Von den übrigen sechs platzierte Portugal fünf Elfmeter in der unhaltbaren Zone, und nur einen, einen unglaublichen Comedy-Kick von Helder Postiga, innerhalb der Zone, in der technisch gesehen eine Parade möglich ist. Postiga traf trotzdem. Laut Statistik verlor England nur mit einem Treffer Unterschied, *Abbildung 55* verrät jedoch, dass fast alle Elfmeter technisch sehr naiv geschossen waren. Mit Ausnahme von Owen Hargreaves' platziertem Schuss waren sie in höchstem Grade haltbar. Drei Schützen zielten direkt auf die Mitte und verwandelten, die anderen beiden Treffer landeten kaum weiter seitlich, so dass es quasi unvermeidlich war, dass der zögerliche Schuss von Darius Vassell schließlich in den Armen von Torhüter Ricardo landete.

Es gibt keine gesicherten Angaben darüber, wie intensiv Standardsituationen im Profifußball einstudiert werden. Bei mäßigen Fähigkeiten bietet ein Strafstoß die besten Erfolgsaussichten – hier hat jeder Spieler eine Chance, der den Ball mit einigermaßen Tempo in einen ungeschützten Teil des Tores schießen kann. Daher ist es überraschend, dass manche Teams so schlecht vorbereitet sind, wenn sich so eine goldene Gelegenheit bietet. Schließlich braucht es keine großen Rechenkünste, um die Verwandlungsquoten der einzelnen Spieler zu ermitteln – sorgfältige Beobachtungen während des Trainings reichen schon aus.

Der Ball sollte – außer in Verletzungsfällen – immer an den Spieler gehen, der gegenwärtig am erfolgreichsten ist, und nicht einfach an den Standard-Elfmeterschützen. Genauso verblüffend ist übrigens die Tatsache, dass Trainer vor einem Elfmeterschießen manchmal einzelne Spieler überreden müssen, dass sie antreten. Dabei ist jemand, der sich nicht freiwillig meldet, doch ganz offensichtlich nicht in der mentalen Verfassung für diese Herausforderung. Die Lösung liegt auf der Hand: Trainiert man diese Situation regelmäßig und unter möglichst realistischen Bedingungen, dann müssen die Spieler im Ernstfall keinen Glücksschuss mehr versuchen, sondern nur eine vertraute Handlung wiederholen.

Gleiches gilt für die anderen hier besprochenen Standardsituationen. Improvisation ist im Fußball zwar sehr wichtig, aber in diesem Fall versprechen Übung und präzise Ausführung mehr Erfolg.

8.
Hoch hinaus – die Zukunft des Fußballs

Vorhersagen sind eine riskante Sache, denn man kann ganz leicht komplett falsch liegen. Ganz besonders gilt das beim Thema Fußball. Wer hätte schon geahnt, dass der Zeitvertreib einiger Schuljungen zum beliebtesten Sport der Welt avancieren würde und dass dessen Aktive, die bis in die 60er Jahre hinein wie Lohnsklaven in einem entwürdigenden Transfersystem wie Waren hin und her verkauft wurden, mittlerweile Multimillionäre sind?

Kaum 50 Jahre ist es her, dass die FA sich weigerte, englischen Topnationalspielern die Kosten für ihre Taxifahrten zum Spiel zu erstatten. Man machte ihnen Vorwürfe, weil sie die öffentlichen Verkehrsmittel nicht benutzen wollten.

Stanley Cullis, Nationalspieler und später als Trainer der Wolverhampton Wanderers außerordentlich erfolgreich, erinnert sich: »Wir standen vor der U-Bahnstation in Wembley, und ich weiß noch, dass die Schlange vom Wembley-Stadion etwa anderthalb Kilometer lang war. Die Zuschauer, die uns erkannten, stießen einander an und zeigten ihren Freunden, dass Soundso, der an jenem Tag für England gespielt hatte, jetzt auch hier anstand … Nein, nein, nein, ein Taxi war auf keinen Fall erlaubt.«

Heutzutage käme ein David Beckham nicht im Traum auf die Idee, sich in einem überfüllten Waggon an einer der Halteschlaufen festzuhalten und auf dem Weg nach Wembley mit den Fans zu fachsimpeln.

Dieser Ausblick in die Zukunft soll also nur eine vorsichtige

Prognose sein: Es geht nicht darum, wie das Spiel in 150 Jahren aussehen wird, sondern um wissenschaftliche Entwicklungen, die sich bereits abzeichnen und die die heutigen Fans höchstwahrscheinlich noch miterleben werden.

Hier drängen sich mehrere Themen auf: Systeme zur Kontrolle von Ball und Spielern sowie technische Hilfsmittel zur Klärung umstrittener Tore, bei denen fraglich ist, ob der Ball die Torlinie überquert hat, dazu der wichtige Aspekt der Belastungskontrolle, neue Erkenntnisse zum Kunstrasen, der mittlerweile im Profisport ein Comeback feiert, sowie die Spielerausrüstung – welche Trikots, Schuhe, Schienbeinschoner und vielleicht sogar Kopfbedeckungen werden demnächst getragen?

Gegenwärtig ist die Torlinientechnologie eines der heißesten Themen im Fußball. Fast jeder weiß, dass der Ball die Linie komplett überquert haben muss, damit ein Treffer gegeben wird. Das ist allein dann schwer zu entscheiden, wenn der Ball über den Boden rollt und die Torlinie deutlich zu sehen ist – fliegt er jedoch durch die Luft, gibt es keinerlei Anhaltspunkte, so dass die Entscheidung manchmal schier unmöglich ist. Wie oft wurden schon rechtmäßige Tore verweigert, obwohl der Ball eindeutig im Netz gelandet war, oder unberechtigte Treffer gegeben! Drei Vorfälle dieser Art – einer aus der Fußballgeschichte und zwei aus der jüngeren Vergangenheit – sollen verdeutlichen, vor welchen Problemen die Schiedsrichter dabei stehen.

Der berühmteste umstrittene Treffer ist sicher das »Wembley-Tor« aus dem WM-Finale zwischen England und Deutschland im Jahre 1966: Damals prallte ein Schuss von Geoff Hurst von der Querlatte zurück aufs Spielfeld. Noch während der Schweizer Schiedsrichter Gottfried Dienst überlegte, bemerkte er, dass sein Linienrichter Tofik Bakhramov heftig mit der Fahne wedelte. Es folgte eine kurze Unterredung – in welcher Sprache wohl? Bakhramov war Aserbaidschaner, ging jedoch als »russischer Linienrichter« in die Annalen ein, da Aserbaidschan damals eine Teilrepublik der Sowjetunion war. Vielleicht genügte den beiden die universelle Sprache des Fußballs.

Jedenfalls macht Bakhramov mit heftigem Kopfnicken klar, es sei ein Tor gewesen, und so entschied Dienst dann auch, was die Deutschen als äußerst ungerecht empfanden. Trotz zahlloser Überlegungen, Ermittlungen und Debatten konnte bis heute nicht eindeutig nachgewiesen werden, ob dieses Tor nun berechtigt gewesen war oder nicht, und wahrscheinlich wird sich das niemals aufklären.

England schoss noch ein viertes Tor, konnte das Spiel gegen Deutschland also zweifellos für sich entscheiden. Demgegenüber war der umstrittene Treffer, den Liverpool in einem ungeheuer wichtigen Champions-League-Spiel gegen Chelsea erzielte, der einzige in Hin- und Rückspiel – wirklich nicht der beste Weg, eine derart bedeutende Begegnung zu entscheiden.

In diesem Halbfinale am 4. Mai 2005 ging es um den Einzug ins Champions-League-Finale. Nach einem vermeintlichen Foul von Chelseas Schlussmann Petr Cech an Milan Baros gelang es Liverpools Luis Garcia, den Rückpraller aufs Tor zu schießen. Wehrte Chelseas Verteidiger William Gallas diesen Schuss vor oder hinter der Linie ab? Wie bei dem berühmten Wembley-Tor konsultierte der Schiedsrichter seinen Assistenten, der das Tor bestätigte. Hier war es vermutlich die richtige Entscheidung, denn sonst hätte es eine rote Karte und damit den Platzverweis für Cech sowie einen Elfmeter für Liverpool geben müssen.

Eindeutig falsch entschied der Unparteiische jedoch im englischen Meisterschaftsspiel zwischen Tottenham Hotspur und Manchester United am 4. Januar 2005. In der Schlussminute stand es 0:0 unentschieden, als Pedro Mendes von den Spurs einen Schuss aus über 50 Metern riskierte. Manchesters Torwart Roy Carroll rutschte der Ball durch die Finger, so dass er fast einen Meter über die Linie hüpfte. Zwar schlug Carroll ihn sofort zurück ins Feld, doch die Zuschauer im Stadion und viele Millionen vor den Fernsehgeräten schrien empört auf. Weder der Schiedsrichter noch sein Assistent hatten klare Sicht auf den Ball gehabt, daher konnten sie das Tor beim besten Willen nicht geben.

Dieser Vorfall war der Tropfen, der das Fass zum Überlaufen brachte: FIFA-Präsident Sepp Blatter verkündete, man werde in Kürze die technischen Möglichkeiten testen, mit denen sich solche Kontroversen endgültig beilegen ließen. Befasst man sich etwas näher mit diesen Ereignissen, so wird deutlich, was solche Technologien alles leisten müssen.

Auch wenn sich Roy Carroll nicht ernsthaft auf seine »Parade« berufen kann, denn er hat mit Sicherheit ganz klar gesehen, dass der Ball im Netz gelandet war: Oft muss der Schiedsrichter im Zweifelsfall für die Abwehrspieler entscheiden, denn es ist nicht ihre Aufgabe, innerhalb der wenigen Sekundenbruchteile, die für eine Ballabwehr per Kopf, Schuss oder – im Falle des Torwarts – Faustschlag zur Verfügung stehen, auch noch darüber zu entscheiden, ob der Ball nun die Linie überquert hat oder nicht.

Beim Wembley-Tor dagegen flog der Ball erst ins Tor und sprang dann zurück ins Feld, ohne dass ein Abwehrspieler daran beteiligt war. Im Laufe der Jahre gab es noch zahlreiche ähnliche Vorfälle. Da Hurst mit seinem Schuss nicht die Mitte der Latte getroffen hatte, lag das Massenzentrum des Balls unterhalb des Massenzentrums der Latte *(Abbildung 56)*.

Solche Aufprallsituationen kennen wir bereits aus der Beschreibung der Schussdynamik in Kapitel 1. In diesen Fällen bewegt sich der Ball, während sich die Latte (sozusagen der »Fuß«) in Ruheposition befindet. Wie bei einem Schuss entsteht dann Effet, der aufgrund der Starrheit der Latte und der erhöhten Reibungsfläche zwischen Latte und Ball enorme Ausmaße erreicht, wenn das Leder nach unten abgelenkt wird. Bei einem

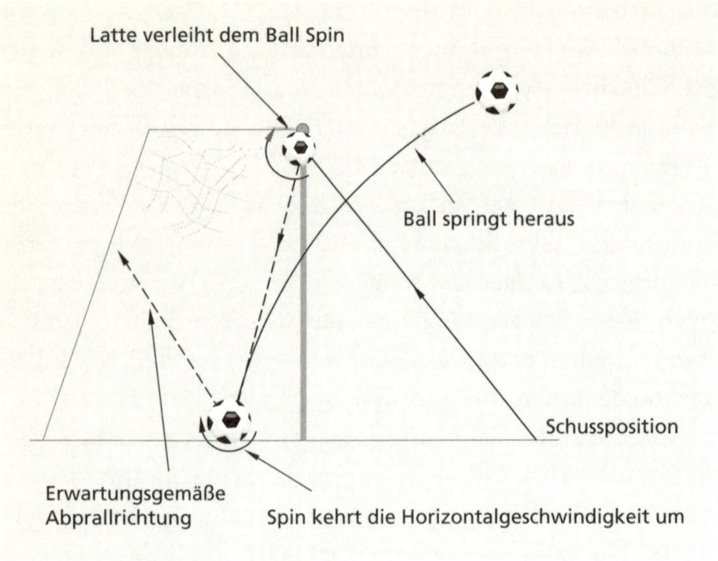

56 Umstrittenes Tor von Geoff Hurst, WM-Finale 1966

nach unten gerichteten Aufprall entsteht immer Rückwärtsdrall. *Abbildung 56* zeigt, dass der Ball durch den zweiten Aufprall normalerweise weiter ins Netz gedrückt würde – die Folge wäre ein unstrittiges Tor. Ist die Oberfläche jedoch besonders trocken, wie im WM-Finale 1966, dann sind Reibungshaftung und Effet unter Umständen so groß, dass eine Umkehrung der Horizontalgeschwindigkeit erfolgt und der Ball herausspringt.

So geschieht es oft beim Golf, wenn ein Schuss so viel Rückwärtsdrall hat, dass der Ball bei der Landung auf dem Grün nicht liegen bleibt, sondern zurückspringt.

Beide Situationen – wenn Abwehrspieler eingreifen oder der Ball sich herausdreht – sind im Fußball deshalb so problematisch, weil sie in Sekundenschnelle ablaufen. Ein Ball, der mit 90 Stundenkilometern durch die Luft fliegt, braucht zum Beispiel nur 18 Millisekunden, um die Linie vorschriftsmäßig zu überqueren und zurück ins Spiel zu gelangen. Wenn die Unparteiischen also nicht gerade absolut richtig stehen und genau in diesem Augenblick aufmerksam hinschauen, können sie ein Tor nur aufgrund von Vermutungen geben.

Auf den ersten Blick scheint der Videobeweis die ultimative Lösung zu sein – schließlich waren die Fernsehzuschauer im Fall Carroll auch sofort zum richtigen Urteil gekommen – aber in der Praxis hilft dies nicht immer weiter.

Zum einen zeigen die Kameras auch bei optimaler Positionierung den Ball fast nie in Relation zur Torlinie, zu den Pfosten oder der Querlatte, sondern das Leder geht oft im allgemeinen Getümmel unter, wenn Abwehrspieler und Angreifer bei Torszenen in den Strafraum drängen. Zum zweiten braucht jemand – der vierte Offizielle – ein wenig Zeit, um zu einer Entscheidung zu kommen. Bei Sportarten mit vielen Unterbrechungen, zum Beispiel American Football oder Kricket, sind solche Verzögerungen akzeptabel, im Verbandsfußball würden sie allerdings den Spielfluss erheblich stören.

Es gibt durchaus sinnvolle Verwendungszwecke für den Videobeweis, zum Beispiel wird er immer öfter zur Analyse von Gewalt im Spiel und abseits des Feldes eingesetzt und trägt entscheidend dazu bei, dass die Täter nicht ungestraft davonkommen. Für strittige Torszenen braucht man jedoch ein Mittel, das die Ballposition ununterbrochen und präzise anzeigt und sich nicht von Hindernissen wie Armen, Beinen oder auch Torpfosten beeinträchtigen lässt, die sonst bei Aufnahmen oft im Wege stehen. Die Lösung lautet: Positionsermittlung mit Hilfe von Hochfrequenz-Funkübertragung.

In den letzten Jahren haben drei deutsche Unternehmen, das Fraunhofer Institut, Cairos Technologies und Ballhersteller Adidas, mit Bällen experimentiert, in die ein Mikrochip integriert ist. Der Chip ist sehr leicht, nur etwa 12 × 16 Millimeter groß und braucht keine externe Stromversorgung. Anhand der etwa 2000 Hochfrequenz-Funkimpulse, die er pro Sekunde ausstößt, ist eine exakte 3-D-Ermittlung seiner Position möglich. Zudem kann das System auch die Position von Spielern messen, die ähnliche Chips in ihren Schienbeinschonern tragen; diese senden allerdings nur 200 mal pro Sekunde Impulse.

Die gesendeten Signale werden von Antennen empfangen, die für gewöhnlich an den Flutlichtmasten rund um das Stadion angebracht sind. Da sich Hochfrequenz-Funkwellen nicht an anderen Objekten stören, die in den Weg geraten könnten – zum Beispiel Körperteile oder Torpfosten –, kann der Ball nicht verdeckt werden. Und auch die mögliche Gefährdung der Spieler durch Hochfrequenzstrahlung sollte keinen Anlass zur Sorge geben, denn die Signalstärke ist 400-mal geringer als bei einem Mobiltelefon.

Zur Ermittlung der exakten Position von Ball oder Spieler wird die Zeit gemessen, die jedes Signal braucht, um die Empfängerantenne zu erreichen. Sind Signalgeschwindigkeit (diese entspricht übrigens der Lichtgeschwindigkeit) und genommene Zeit bekannt, dann wird die Entfernung ganz einfach anhand der Gleichung:

Entfernung = *Geschwindigkeit* × *Zeit* errechnet.

Aufgrund der außerordentlich hohen Geschwindigkeit und der extrem kurzen Zeitintervalle ist eine besonders ausgefeilte Signalverarbeitung erforderlich. Dafür sorgen mehrere vernetzte Computer, während anhand der Signale von Referenztransmittern an bekannten Positionen eine kontinuierliche Kalibrierung erfolgt. Alle Bälle in einem Spiel müssen die gleiche technische Ausstattung aufweisen, da das Leder häufig ausgetauscht wird, wenn es das Spielfeld verlässt; das Messsystem wird bei einem Wechsel dann automatisch benachrichtigt.

Ist der Ball einmal lokalisiert, so werden seine Koordinaten für jeden Augenblick mit denen der Torlinie, der Torpfosten und der Latte abgeglichen. Zudem sollte ein Signal ausgelöst werden, wenn der Ball die Linie überquert hat. Diese Berechnung ist einfacher, wenn der integrierte Mikrochip genau in der Ballmitte liegt, doch wie genau sich das realisieren ließe, ist zum Zeitpunkt der Arbeit an diesem Buch noch nicht bekannt – der Chip kann schließlich nicht ungehindert in der Blase herumhüpfen. Außerdem muss das System recht robust sein und trotz der Beanspruchung während eines normalen Spiels kontinuierlich zuverlässige Arbeit leisten.

Vorausgesetzt, all das wäre einwandfrei umzusetzen – wie exakt kann der Ball verfolgt werden? 2000 Signale pro Sekunde werden übermittelt, das bedeutet also, dass jede halbe Millisekunde eine Position festgehalten wird. In dieser Zeitspanne legt ein schneller Ball, der mit 108 Stundenkilometern fliegt, nur etwa anderthalb Zentimeter zurück. Genau genug also, um Unklarheiten an der Torlinie zu entscheiden.

Bei den Ballgeschwindigkeiten, die im Fußball auftreten, mag die Abweichung vielleicht einen Zentimeter betragen, doch das wäre ein deutlicher Gewinn gegenüber dem heutigen Rätselraten. Zudem funktioniert das System in Echtzeit, das heißt ohne Verzögerung zwischen dem Vorfall selbst und der Benachrichtigung über den Vorfall. Das Spiel muss also nicht unterbrochen werden, damit die Unparteiischen die Köpfe zusammenstecken können.

Gegenwärtig ist noch nicht entschieden, wie die Information an den Schiedsrichter übermittelt werden soll. Eine Möglichkeit wäre eine allgemeine Mitteilung, etwa als blinkende Nachricht auf der Anzeigetafel, so dass Spieler und Zuschauer sofort wissen, dass ein Tor gefallen ist. Dabei stellt sich natürlich die Frage, ob man den Schiedsrichtern die Autorität gibt, über das System hinweg zu entscheiden.

Das sollte zweifellos dann der Fall sein, wenn dem »Treffer« ein Regelverstoß vorangegangen ist – aber aus welchen anderen Gründen dürfte ein Tor noch verweigert werden? Manche

Schiedsrichter sind sicher dagegen, wichtige Entscheidungsbefugnisse an technische Hilfsmittel abzugeben, für andere mag es eine gute Nachricht sein, dass die banalen Fragen – hat der Ball die Linie überquert, war er im Aus? – automatisch geklärt werden, so dass sie sich auf wichtigere Entscheidungen konzentrieren können.

Auch andere Einsatzbereiche für die Torlinien-Technologie wären denkbar. Einwürfe und Eckstöße sind schließlich nicht schwieriger zu messen als umstrittene Tore, die Ballkoordinaten müssen einfach mit den Koordinaten der Tor- oder Seitenauslinie verglichen werden. Auch das heikle Thema »Abseits« wäre damit ein für allemal erledigt. Umstrittene Torentscheidungen sind oft darauf zurückzuführen, dass die Offiziellen nicht feststellen können, wie Ball und Spieler im entscheidenden Augenblick zueinander standen.

Im Prinzip ließe sich ein Abseits leicht per Mikrochip ermitteln, denn man müsste nur wissen, ob der Angreifer näher an der gegnerischen Torlinie stand als der vorletzte Abwehrspieler und der Ball. Doch leider ist diese vermeintlich einfache Regel im Laufe der Jahre unter einem Berg von verschiedenen Auslegungen und Kriterien verschwunden, so dass die Abseitsentscheidungen in der Praxis manchmal nicht mehr nachvollziehbar sind.

Nach der aktuellen Auslegung beispielsweise bezieht sich dieses »näher an« auf »jeden Teil des Kopfes, des Körpers oder des Fußes, jedoch nicht auf die Arme«. Dahinter steckt die Überlegung, dass Hände und Arme nicht im Abseits sein können, da sie den Ball sowieso nicht berühren dürfen. Zudem muss beachtet werden, ob das Abseits »aktiv« war, das heißt, ob der Spieler, der technisch gesehen im Abseits steht, auch tatsächlich ins Spielgeschehen eingreift, einen Gegner behindert oder irgendwie einen Vorteil davon hat, dass er sich an dieser bestimmten Stelle befindet.

Die Mikrochip-Technik kann die Abseitsposition bei beliebig vielen Spielern kontrollieren. Doch während der Ball die Torlinie innerhalb eines kurzen Augenblicks überquert, laufen die Spieler häufiger ins Abseits und wieder hinaus – manchmal greifen sie dabei ins Spiel ein, dann wieder nicht. Würde das System all diese Vorkommnisse ständig übermitteln, würde der Schiedsrichter mit Informationen regelrecht überflutet. Warnsysteme, die ständig falschen Alarm auslösen, werden meist abgeschaltet – es wird also noch etwas dauern, bis die Abseitsfalle mit technischen Mitteln kontrolliert werden kann.

Strafstöße wären da schon besser geeignet, allerdings nicht im Hinblick auf die Frage, ob überhaupt ein Elfmeter gegeben werden sollte. Die neue Technologie könnte zwar zuverlässig feststellen, ob Ball und Spieler überhaupt innerhalb des Strafraums waren, aber nicht, wo genau der Regelverstoß stattfand. Unerlaubte Bewegungen (vorzeitiges Herauslaufen) während des Schusses selbst ließen sich dagegen problemlos ermitteln. Das Kontrollsystem könnte überprüfen, ob der Torwart sich bewegt hat, bevor der Ball geschossen wurde – mehr sieht die Regel in ihrer aktuellen Version auch gar nicht vor.

Unter Umständen müssten Elfmeter dann genauso häufig wiederholt werden wie Fehlstarts in der Leichtathletik. Zum Glück gibt es im Fußball aber eine Ausnahmeregelung: Wird ein Treffer erzielt, obwohl es vor oder während des Schusses einen Regelverstoß gab, dann muss dieses Tor laut Vorschrift gegeben werden. Vermutlich würde man Elfmeter also nur dann wiederholen, wenn der Stürmer verschossen hat oder der Torwart den Schuss nach einer unerlaubten Bewegung gehalten hat.

Bevor die FIFA den Mikrochips grünes Licht gibt, wird die neue Technologie einem gründlichen Belastungstest unterzogen, den übrigens auch der Kunstrasen über sich ergehen lassen musste. Das System hat man erstmals bei der U 17-Weltmeisterschaft im Herbst 2005 in Peru eingesetzt, und die Testphase läuft derzeit noch. Wenn das System sich auch in den nächsten Spielen bewährt, wird es sicher bald offiziell eingeführt.

Gegenwärtig steht noch nicht fest, welche das sein werden. Gut möglich, dass WM-Begegnungen, Champions League und die verschiedenen nationalen Superligen (also die englische Premiership, die Serie A in Italien und die deutsche Bundesliga) diesen Weg einschlagen werden. Doch wie sollen die kleinen Fische im Weltfußball die Installationskosten aufbringen? Vielleicht wird es dann bald zwei verschiedene Klassen geben – reiche Clubs, die strittige Torszenen direkt auf dem Feld zweifelsfrei klären können, und der große Rest, der sich weiter auf menschliches Urteilsvermögen mit den zwangsläufigen Kontroversen verlassen muss.

Für die Spieler gibt es eine gute und eine schlechte Nachricht. Positiv ist es sicherlich, dass das Kontrollsystem nicht nur ihre Position, sondern auch kontinuierlich die Herzfrequenz messen könnte. Wie wir bereits wissen, ist diese ein guter Indikator für die körperliche Belastung und zeigt deutlich, wann ein lebensbedrohliches Ausmaß erreicht ist. Ein Spieler, der in dieser Hinsicht gefährdet ist, würde dann natürlich rechtzeitig ausgewechselt.

Solche Maßnahmen hätten in der Vergangenheit schon einige tragische Todesfälle verhindern können: Nedzad Botonjic, Torwart von NK Ljubljana, starb 2005 im Training, der Ungar Miklos Feher 2004 in einem Spiel für Benfica Lissabon. Auch im Confederations Cup 2003 in Frankreich gab es einen tragischen Fall, als Kameruns talentierter Mittelfeldspieler Marc-Vivien Foe in einem Qualifikationsspiel zusammenbrach und nicht wiederbelebt werden konnte. Das sind nur die bekanntesten Fälle, in den unteren Spielklassen gibt es wahrscheinlich noch viele weitere, und etliche drohende Tragödien haben die Trainer vielleicht durch eine rechtzeitige Auswechslung verhindert.

Die FIFA reagierte mit der Einrichtung eines medizinischen Forschungszentrums in Zürich, das sich mit den Ursachen für plötzliches Herzversagen bei Fußballern befasst. Künftig wird es effizientere medizinische Untersuchungen geben, auch die kontinuierliche Überwachung der Herzfrequenz der Spieler während der Begegnungen stößt auf allgemeine Zustimmung.

Die andere Einsatzmöglichkeit der neuen Technologie wird bei den Aktiven vermutlich weniger Anklang finden: Die verräterischen Mikrochips könnten in den Schienbeinschonern leicht Aufschluss über das jeweilige Arbeitspensum der Spieler geben und somit diejenigen entlarven, die sich nicht richtig ins Zeug legen. Körperliche Probleme wären natürlich eine legitime Entschuldigung, auf die man sofort reagieren könnte, aber für jene Fußballer, die sich einfach vor ihrer Pflicht drücken, gäbe es kein Verstecken mehr.

Damit eröffnen sich faszinierende Möglichkeiten. Verteidiger, Mittelfeldspieler und Stürmer haben bekanntermaßen nicht die gleichen Aufgaben, doch mit dieser Technologie könnten ausführlichere Profile erstellt werden. Ein defensiver Mittelfeldspieler, der direkt vor der Viererabwehrkette agiert, ist zum Beispiel für einen kleineren Bereich zuständig als sein offensiver Mannschaftskollege. Durch den Vergleich der tatsächlichen und der erwarteten Leistung könnten Spieler je nach Situation in bestimmten Matchphasen gezielter ausgewechselt werden.

Sollten Spieler tatsächlich in Zukunft aufgrund dieser Daten ausgewechselt werden – entweder aus berechtigter Sorge um ihre Gesundheit oder zur Verbesserung der Mannschaftsleistung –, dann müssten die Informationen nicht nur den Unparteiischen, sondern auch den Trainern und den medizinischen Betreuern zur Verfügung stehen. Dazu müsste man diese Daten aber irgendwie trennen, denn während die Clubs natürlich das Recht haben, das Wohlergehen ihrer eigenen Spieler zu kontrollieren, wäre es nicht legitim, ihnen auch Zugang zu den Leistungsdaten des Gegners zu ermöglichen. Auch die Position des Balls oder der Spieler sollte nicht übermittelt werden, damit die Schiedsrichterentscheidungen nicht in Frage gestellt werden können.

Mit derart genauen Informationen über die verschiedenen Positionen von Spielern und Ball stände Sportwissenschaftlern eine umfassende Datenmenge für die anschließende Spielanalyse zur Verfügung, von der Effizienz einzelner Aufstellungen bis hin zu Einzelheiten, anhand derer sich ein Freistoß genauestens studieren ließe: Position der Mauer, Ballgeschwindigkeit und aerodynamische Kräfte. Solche Informationen würden eine neue Ära der Spielanalyse einläuten und die wissenschaftlichen Erkenntnisse über das Spiel erheblich verbessern.

In Bezug auf die Torlinienüberwachung ist noch keine endgültige Entscheidung gefallen, Kunstrasen wurde jedoch inzwischen von der FIFA grundsätzlich genehmigt. Der erste Hinweis auf einen solchen Belag ist ein zufälliger Vermerk in einem seltsamen Bericht aus dem Jahre 1961, der für die Ford Foundation in den USA erstellt wurde. Dieser Bericht befasst sich mit der Qualität schulischer Einrichtungen einschließlich der Sportanlagen und kommt zu dem Schluss, diese seien in innerstädtischen Bereichen so stark beansprucht, dass die Oberflächen oft nur noch aus nacktem Erdboden bestünden. Die Kinder wüssten gar nicht mehr, dass die klassischen Ballspiele eigentlich auf Rasen gespielt würden. Der Autor folgert, Kunststoffflächen seien die Lösung, und schreibt in einem »Hinweis an Erfinder: Die Nachfrage dürfte auch außerhalb des Schulbereichs beträchtlich sein.«

Kunstrasen war Anfang der 60er Jahre allerdings noch nicht entwickelt, so dass diese Erkenntnisse vorerst ungenutzt blieben. Irgendwann fiel der Bericht dem Chemiekonzern Monsanto in die Hände, der das darin steckende Potenzial erkannte. Aus stranggepressten Nylonfasern webte man einen Teppich und verlegte diesen 1964 auf dem ersten Kunstrasenplatz an einer Schule in Providence, Rhode Island. Vermutlich wäre es bei diesem einen Experiment geblieben, wenn nicht im folgenden Jahr in Texas etwas geschehen wäre, was ungeahnt für Furore sorgte.

Im Jahr 1965 wurde in Houston unter großem Beifall der Astrodome eröffnet. Der Boden der 3,6 Hektar großen Arena war mit äußerst widerstandsfähigem Naturrasen bepflanzt, so dass die Zuschauer Football und Baseball unter klimatisierten Bedingungen erleben konnten. Angesichts von Tagestemperaturen, die im Sommer bis zu 56 Grad Celsius erreichten, war Baseball zuvor nur abends möglich gewesen. Zudem hatten die Zuschauer bei Spielen unter freiem Himmel unter einer schlimmen Mückenplage zu leiden, so dass sich Insektensprays genauso gut verkauften wie Bier und Hotdogs.

Das neue Stadion hatte allerdings einen Haken: Gegen die gleißenden Dachplatten konnte man den Flug des Balls nicht verfolgen. Also versah man die Platten mit einem dünnen Anstrich, doch ohne natürliches Licht starb der Rasen sofort ab. Die Halle drohte schon als klimabedingte Wüste zu enden, bis der Besitzer des Astrodomes von dem Kunstrasen aus Providence hörte. Monsanto erhielt den Auftrag, das Produkt auch in Houston zu verlegen – so wurde der eigentlich »ChemGrass« genannte Kunstrasen allgemein als Astro Turf bekannt.

Da der Ball von den harten Nylonborsten schnell und unberechenbar zurückprallte, hatten diejenige Mannschaften, die regelmäßig auf Kunststoff spielten, zunächst einen ernormen Heimvorteil. Außerdem gab es Verletzungsprobleme: die gefürchteten »Verbrennungen«, bei denen die Haut am Boden abgeschürft wird, sowie Muskel- und Bänderschäden aufgrund der ungewohnten Traktion. Dennoch schien die Erfindung auch für den Verbandsfußball Vorteile zu bieten.

Heute gehören wirklich unbespielbare Plätze dank besserer Kenntnisse über die Kultivierung und Pflege des Rasens und dank moderner Rasenheizungen der Vergangenheit an – zum Glück, denn wer möchte schon Weltklassespieler in den graslosen Sandgruben kämpfen sehen, die noch vor wenigen Jahrzehnten an der Tagesordnung waren? Kunstrasen könnte allerdings noch einen weiteren Schritt nach vorn bedeuten, besonders für nordeuropäische Vereine, deren Spielfelder im Winter oft noch nicht einwandfrei sind.

Den ersten Kunstrasen verlegte man in England im Jahre 1971, die Queens Park Rangers bestritten ab 1980 Ligaspiele auf diesem Material, und Luton Town, Preston North End und Oldham Athletic folgten bald. Die Unterschiede zu echtem Gras waren auf den ersten Blick offensichtlich: Der Ball schoss wild umher, und obwohl die Spieler zu anderen Schuhen wechselten, mit denen sie beim Rennen und Drehen besser die Balance halten konnten, gab es starke Bedenken wegen der Verletzungsgefahr. Außerdem fürchtete man, das Trägermaterial sei weniger nachgiebig als Gras und Erdboden, so dass bei einem Aufprall von Kopf oder Gliedmaßen ein Risiko bestehen könne. Im Jahre 1985 griff man zu dem großartigen britischen Allheilmittel: Die Verantwortlichen beriefen ein Komitee ein, das unter der Führung des ehemaligen Nationaltrainers Sir Walter Winterbottom die Vor- und Nachteile von Kunstbelägen ermitteln sollte.

Das Komitee leistete gründliche Arbeit und untersuchte drei wesentliche Aspekte: Wie wirkt sich der Belag auf den Ball, auf die Bewegungen der Spieler und auf die Spieler selbst aus? Dabei ging es jeweils um das Verhalten auf natürlichen sowie auf künstlichen Belägen, damit aussagekräftige Vergleiche möglich waren. Da man jedoch erst den abschließenden Bericht abwarten wollte, setzte man neue Installationen in England vorsichtshalber für drei Jahre aus.

Das Verhalten des Balls auf der Oberfläche testete man anhand des Sprungverhaltens und des Rollwiderstands. Auf dem

Kunstrasen war der Rücksprung um drei bis sechs Prozent höher – eine Abweichung, die sich auch ergibt, wenn man den Balldruck innerhalb der erlaubten Werte variiert oder verschiedene Bälle derselben Marke mit gleichem Luftdruck verwendet. Der Rollwiderstand (also die Reibung, durch die der Ball an Geschwindigkeit verliert, wenn er sich über die Oberfläche bewegt) war mit etwa 20 Prozent jedoch erheblich geringer als bei Gras.

Zur Simulation der Spielerbewegungen verwendete man eine Platte, in die Stollen eingesetzt waren. Mit diesem künstlichen »Fußballschuh« simulierten die Tester Verdrehungen beim Laufen, indem sie ihn in den Boden drückten und dann nach und nach so weit drehten, bis er schließlich abrutschte. Zur Untersuchung der Gleitreibung, die beim Anlaufen oder Abstoppen auftritt, brachten sie zunehmende Horizontalkraft auf die Stollenplatte auf und verzeichneten, wann sich diese zum ersten Mal bewegte. Die Tests führten zu keinem eindeutigen Ergebnis, da sich das jeweilige Stollenmuster stärker auf das Resultat auswirkte als die Art der Oberfläche.

Schließlich ermittelten sie noch, welche Auswirkungen der Belag für die Spieler selbst hatte. Dazu verwendeten sie den »künstlichen Sportler« aus Stuttgart, eine wunderbare mechanische Vorrichtung, die den Aufprall beim Laufen simuliert. Diese Eigenschaft ist ganz besonders wichtig, denn wenn sich eine Oberfläche gut »anfühlt«, absorbiert sie bis zu 70 Prozent der Aufprallenergie. Wird deutlich weniger absorbiert, zum Beispiel bei einer harten, unnachgiebigen Oberfläche, dann steigt die Verletzungsgefahr. Absorbiert das Feld dagegen mehr als 70 Prozent der Energie, so ist die Bewegung anstrengender und die Sportler werden eher müde.

Bei den Laufsimulationen stellten Winterbottoms Untersuchungen keinen großen Unterschied zwischen Kunststoff und Gras fest, doch die Versuche, bei denen ein Testkopf auf den

Boden aufprallte, gaben durchaus Anlass zur Sorge. Die Aufprallkraft war bei Kunstrasen deutlich größer, da das Trägermaterial nicht so leicht komprimiert werden konnte und weniger nachgab als die Kombination aus Gras und Erdboden.

Die Veröffentlichung des Berichts im Jahre 1989 bedeutete das Aus für den Kunstrasen in England. Das Material war nun für »höheren« Ligafußball verboten, in den unteren Spielklassen jedoch nach wie vor erlaubt, da dort die wirtschaftliche Frage im Vordergrund stand.

Bevor Winterbottoms Erkenntnisse bekannt waren, hatte man argumentiert, der Belag passe nicht zum englischen Fußball – welche besonderen Eigenschaften die Kritiker dabei im Kopf hatten, verrieten sie allerdings nicht. Vielleicht hätte die Lebhaftigkeit des Feldes, also der schnellere Rücksprung und der geringere Rollwiderstand, die englischste aller Taktiken gefährdet: das berüchtigte Langpassspiel.

Diese Befürchtung bestätigte Winterbottoms Bericht allerdings nicht, denn egal ob Natur- oder Kunstrasen, ein lebhaftes Spielfeld lässt sich mit gezielter Bewässerung leicht in den Griff bekommen. Eher berechtigt war der Einwand, dass der Belag nicht die Qualität eines guten Naturrasens aufwies. Die wahren Gründe seien dahingestellt, die FIFA unterstützte die Erkenntnisse des ehemaligen Trainers der Briten jedenfalls und ordnete an, fortan seien alle internationalen Begegnungen auf Gras auszutragen. Damit war das Thema also erledigt.

Andernorts ist es jedoch künstlichen Belägen zu verdanken, dass im Winter überhaupt vernünftig Fußball gespielt werden kann. Zu den Pionieren gehörte Norwegen, wo man 1977 den ersten Kunstrasen verlegte. An den wenigsten Spielstätten in Norwegen oder anderen Ländern in diesen Breitengraden wächst die ganze Saison über Gras, im äußersten Norden beschränkt sich die Wachstumsperiode sogar auf einen einzigen Monat. Im Jahr 1984, vor Winterbottoms Studie, führten die Skandinavier eigene Forschungen durch und entwickelten ein akzeptables Produkt, dessen Eigenschaften einem Naturbelag recht nahe kamen. Mittlerweile gibt es in Norwegen über 150 Kunstrasenplätze, auf denen die Spitzenspieler in Herbst, Winter und Frühjahr ausschließlich trainieren.

Kunstrasen kam wahrscheinlich nur deshalb zu neuer Geltung, weil die künstlichen Grasfasern mittlerweile aus einem ganz anderen Material hergestellt werden. Das momentan verwendete Polyäthylen ist weicher als Nylon und trotzdem robust und elastisch. Außerdem wird zwischen die »Gras«-Fasern eine Mischung aus Sand und Gummigranulat gefüllt, damit die Aufpralleigenschaften eher dem natürlichen Belag entsprechen.

Diese Neuerungen führten dazu, dass die FIFA sich noch einmal mit dem Thema Kunstrasen befasste und diesen Belag schließlich für internationale Begegnungen zuließ, auch wenn die wichtigsten Turniere weiterhin auf Rasen gespielt werden sollen. Zudem gab die FIFA einen umfassenden Normenkatalog heraus, dem Kunstbeläge entsprechen müssen. Sämtliche Bedenken von Winterbottom sind darin angesprochen, der Rückstoß wird zum Beispiel sowohl für vertikalen als auch schrägen Aufprall spezifiziert, damit der Ball genauso vorhersehbar zurückspringt wie auf Naturrasen. Nach dem Genehmigungssystem der FIFA sind für die Zulassung des Belags nicht nur zahlreiche Leistungstests erforderlich, auch das Feld selbst wird an mehreren Stellen genau vermessen, damit die richtige Verlegung des Kunstrasens gewährleistet ist.

Das FIFA-System existiert nun schon einige Jahre, und weltweit gibt es inzwischen über 80 Kunstrasenplätze, häufig bei Vereinen, die diese zu Trainingszwecken nutzen. Manche hat die UEFA als Pilotprojekte subventioniert (mit fast 200 000 Euro), zum Beispiel die Plätze von Dunfermline Athletic, FC Torpedo Moskau, SV Austria Salzburg und Örebro SK in Schweden. Die Dominanz der nordischen Clubs ist dabei kein Zufall, denn in

Nordeuropa ist es für die Vereine besonders schwierig, in den Wintermonaten europäische Wettbewerbe auszutragen.

Die Gegner, die günstigere Bedingungen gewohnt sind, stehen dabei vor einem interessanten Dilemma: Spielt man ein wichtiges Spiel lieber auf dem fremden Kunstrasen, oder nimmt man in Kauf, dass Spiele wegen Unbespielbarkeit des Platzes abgesagt werden, obwohl es dann später in der Saison zu Terminschwierigkeiten kommt?

Vermutlich werden Kunstrasenplätze in der Zukunft noch häufiger. Europäische Spitzenclubs werden darauf achten müssen, dass ihre Leistung auf dem Kunstbelag nicht abfällt, daher werden viele mitziehen und vielleicht zumindest Trainingsplätze damit versehen. Die größten Bedenken gibt es momentan noch bei den Spielern, denn einige haben nach wie vor kein Vertrauen in Kunststoff und befürchten eine größere Verletzungsgefahr. In diesem Zusammenhang sind die aktuellen UEFA-Statistiken interessant: Auf modernen Kunstrasenplätzen kommt es in 1000 gespielten Stunden zu durchschnittlich 3,2 Muskel- und Bänderverletzungen, im Vergleich zu 7,6 in 1000 Stunden auf Gras.

Wie fast immer geben wirtschaftlichen Überlegungen den Ausschlag. Die Lebensdauer eines modernen Kunstrasens beträgt etwa acht Jahre, nach manchen Quellen sogar zehn bis zwölf Jahre. Auch die Betriebskosten sind beeindruckend, denn sie sind zehn- bis 20-mal geringer als bei Naturrasen. Außerdem ist dieser Boden ununterbrochen bespielbar – vor allem deshalb ein Argument, weil sich immer häufiger mehrere Vereine einen Platz teilen. Auch muss man nicht mehr um den kostbaren Rasen bangen, wenn man den Platz für andere Zwecke vermietet. Das vergleiche man beispielsweise mit der Amsterdam Arena, in welcher der Naturrasen aufgrund der steilen Ränge und der teilweisen Überdachung bis zu viermal pro Jahr neu verlegt werden muss. Letzten Endes entscheidet also das Geld.

Sieht man einmal von den stets lukrativen Trikotverkäufen ab, bietet die Spielerausrüstung offenbar keine besonderen Möglichkeiten mehr. Die Kleidung der Spieler in viktorianischer Zeit wirkt aus heutiger Sicht geradezu lächerlich: weite Hosen, die bis unter die Knie reichten, schwere Hemden und klobige Stiefel. Dabei darf man allerdings nicht vergessen, dass Fußball ausdrücklich eine Wintersportart war, die man häufiger in schwerem Schlamm als auf Rasen ausübte. In der Public-School-Ära Anfang des 19. Jahrhunderts trugen die Spieler so genannte *navvies*, spezielle Schuhe mit Eisenspitzen, mit denen man besonders gut zutreten konnte. Diese waren der Fußbekleidung der *navigators* nachempfunden, jener zähen Streckenarbeiter, die während der Industrialisierung das englische Eisenbahn- und Kanalnetz errichteten.

Als Englands Nationalmannschaft 1953 auf die Ungarn traf, machte sie sich noch über die in ihren Augen leichten Schühchen der Magyaren lustig. Ihr eigenes Schuhwerk, der Nachfolger der brutalen *navvies*, war seit vielen Jahren unverändert und besser für Tritte gegen einen schlammigen Lederklumpen als für ästhetische Darbietungen geeignet. Die Stollen waren in eine fast starre Ledersohle genagelt, und wenn ein Spieler neue Schuhe eintrug, musste er immer einige Nägel flach klopfen, die bis ins Innere hineinragten. Die Schuhe reichten über die Knöchel und hatten wuchtige Zehenkappen.

Unzähligen Generationen von Schuljungen bläute man ein, den Ball mit dem Spann zu schießen und nicht mit den Zehen. Aber wozu brauchte man eine verstärkte Zehenkappe, wenn nicht für den simpelsten aller Schüsse, den mit der Pike? Besonders ausgefeilte Spannschüsse waren mit den engen, hohen Stiefeln, die das Fußgelenk einschnürten, sowieso nicht möglich.

Als England und Ungarn mit ihrem grundverschiedenen Schuhwerk in Wembley einmarschierten, arbeitete man bereits an verschiedenen Innovationen. Adi Dassler, Gründer des deutschen Unternehmens Adidas, experimentierte nicht nur mit leichteren Schuhen, sondern auch mit abnehmbaren Stollen, die nicht festgenagelt, sondern in die Sohlen eingeschraubt wurden. Im WM-Finale von 1954 zwischen Deutschland und Ungarn sollten sich diese Schuhe sehr bewähren, denn nach einem heftigen Regenguss direkt vor dem Spiel war das Feld sehr rutschig. Dassler konnte die Stutzen der Deutschen jedoch durch längere ersetzen, die eine bessere Zugkraft garantierten. Nach dem unerwarteten deutschen Sieg wollten die meisten Profis in den darauf folgenden Turnieren nur noch mit Adidas-Modellen spielen.

Dasslers Schuhe boten nicht nur mehr Bewegungsfreiheit für die Fußgelenke, sondern waren auch fast um die Hälfte leichter als das alte Schuhwerk. Seit damals hat sich das Design ständig weiterentwickelt, jedoch immer unter Berücksichtigung der Anforderungen des modernen Fußballs und der Fähigkeiten, welche die Spieler dabei unter Beweis stellen müssen. Der Schuh sollte den Aufprall beim Laufen abfedern, gleichzeitig aber genug Friktion aufweisen, damit man nicht unabsichtlich abrutscht.

Genaue Messplatten zeigen auf, wie sich diese Kräfte in einem Laufzyklus verändern, also vom ersten Kontakt zwischen Schuh und Boden bis zu dem Punkt, an dem er sich wieder hebt. Die Vertikalkraft erreicht normalerweise Höchstwerte, die das Zweieinhalbfache des Körpergewichts betragen, während die Horizontalkraft etwa ein Viertel dieses Wertes ausmacht. Die Friktion sorgt dafür, dass der Fuß nicht abrutscht, wenn er auf den Boden aufsetzt, und unterstützt ihn dann bei der Bewegung in die andere Richtung, wenn er den Körper vorwärts drückt – die horizontale Friktionskraft ändert sich also während der Laufbewegung.

Ein gut konzipierter Schuh trägt sowohl den vertikalen als auch den horizontalen Kräften Rechnung, indem er die Belastung über eine Innensohle gleichmäßig verteilt. Eine schlechte Polsterung und ungünstige Stollenmuster können die Belastung dagegen konzentrieren und letzten Endes sogar zu Fußverletzungen führen. Aus diesem Grund wird die klassische Sechs-Stollen-Sohle, die keine besonders gute Lastverteilung ermöglicht, allmählich durch andere Designs verdrängt, bei denen nach wissenschaftlichen Methoden eine größere Anzahl von Stollen auf der Sohle verteilt ist. Wahrscheinlich müssen die Stars dank Sponsorenverträgen ihre zahlreichen Schuhe so gut wie nie selbst bezahlen, aber da Studien ergeben haben, dass die Beanspruchung des Schuhwerks im Training etwa dreimal so hoch ist wie im Spiel, ist es auch gut, wenn sie häufig gewechselt werden.

So viel zum Thema Schuhe in Verbindung mit Spieler und Spielfeld; wie sieht es jedoch mit dem genauso wichtigen Kontakt zum Ball aus? So flüchtig wie dieser ist, die wenige Zentimeter große Fläche, die innerhalb von knapp zehn Millisekunden erst zusammengedrückt und dann wieder freigegeben wird, entscheidet über die anschließende Flugbahn. Zu den ersten Neuerungen gehörte die Verbesserung der Friktionsfläche, damit die Spieler den Effet besser zu kontrollieren vermochten. Den Ball selbst konnte man kaum verändern, denn seine Oberflächenhaftung hängt weitestgehend von den Nähten zwischen den aufgenähten Panels ab, während er durch Regen und Bodenfeuchtigkeit oft unerwünscht rutschiger wird.

Alle Bemühungen, den Friktionskontakt zu verbessern, konzentrierten sich also auf den Fußballschuh. Die ersten Patente für einen Schuh sicherte sich der Engländer Jack Danks, der im Jahre 1983 den »Eagle« entwarf. Angeblich soll er auf das Design gekommen sein, indem er die dünnen Gummibeläge studierte, die zum gleichen Zweck auf Tischtennisschläger geklebt werden. Dieses Prinzip übertrug er in Form von Gummifeldern auf Spann und Außenseiten der Schuhe.

Eine bessere Haftung des Balls fördert nicht nur die Kontrolle des Effets; im direkten Zuspiel, zum Beispiel bei langen Pässen, erhöht sich auch die Genauigkeit, wenn der Ball in der Kontaktphase besser haftet. Rutscht der Schuh beim Aufprall nicht von der Balloberfläche ab, so erhält der geplante Schuss einen besonderen Impuls und es kommt seltener zu ungewollten Abweichungen. Danks Entwicklung wurde später auch auf eine Hülle übertragen, die vorne über den Schuh gezogen werden konnte und die gleiche Funktion erfüllte wie die fest angebrachten Friktionsflächen.

Unabhängig von Dank entwickelte auch der ehemalige Liverpool-Spieler Craig Johnston beide Konzepte. Sein Entwurf floss in den Predator-Schuh von Adidas ein, den seit seiner Einführung 1993 viele Freistoßkünstler wie David Beckham und Zinedine Zidane zu schätzen wissen. Im Jahr 2003 verpasste Johnston mit seiner zweiten Innovation nur knapp die begehrte Auszeichnung »Designer des Jahres«. Seine Version einer abnehmbaren Hülle wurde unter dem Namen »das Schwein« registriert und kann über einem normalen Fußballschuh getragen werden. Den Namen wählte er offenbar wegen des Geräuschs, das entsteht, wenn die Hülle getroffen wird: Es klingt wie ein quiekendes Schwein. Bislang hat sich noch kein Spieler zu dieser tierischen Begleitung geäußert, aber die Abwehrspieler sollten aufhorchen.

Die Quietschfrequenz müsste nämlich in etwa proportional zu dem Effet sein, weshalb richtig heftige Freistöße in der Branche auch als *screamers* bekannt sind. Das Schuhwerk wird sich gewiss weiterhin den sportlichen Veränderungen anpassen, Komfort und Schutz vor Verletzungen werden dabei aber im Vordergrund stehen. Ein moderner Schuh bietet zwar keinen besonderen Schutz für den Knöchel, eine fortschrittlichere Anordnung der Stollen unterstützt jedoch die Traktion und verhindert damit Muskel- und Bänderverletzungen, da die Spieler auf rutschigen Böden nicht mehr so leicht den Halt verlieren können.

Theoretisch dürfte es auf Kunstrasen mit den üblichen Schuhen und Stollen keine Probleme geben. Die Bedenken einiger Spieler könnten trotz gegenteiliger Statistiken allerdings dazu führen, dass vielleicht besondere Schuhe für Kunstbeläge entwickelt werden. Diese dürften dann aber anders aussehen als in den 70ern: Die ersten Plastikfelder waren nämlich so starr, dass die Designer ganz auf Stollen verzichteten und Sohlen entwarfen, die aussahen wie bei normalen Turnschuhen.

Im Vergleich zu dem Forschungsaufwand, der mit den Schuhen getrieben wird, geht man die Mannschaftskleidung – Trikots und Hosen – weniger wissenschaftlich an. Dort fließen die Investitionen hauptsächlich in das äußere Design, das dann später auf den Fan-Trikots reproduziert wird, die für die Vereine eine immense Einnahmequelle darstellen. Viele Vereine wechseln ihr Outfit wie eingangs erwähnt so häufig, dass die Fans im ersten Spiel einer neuen Saison manchmal gar nicht wissen, welches der einlaufenden Teams sie eigentlich anfeuern sollen. Veränderungen gibt es allerdings in Bezug auf die wissenschaftliche Forschung, die sich mit den Umwelt- und Sicherheitsaspekten der Spielerausrüstung befasst.

Fußball wird unter äußerst unterschiedlichen klimatischen Bedingungen gespielt. Wenn sich der Sport weiterhin internationaler Beliebtheit erfreuen soll, dann müssen die großen Turniere sich an den neuen Fans und Märkten orientieren. Heutzutage würden kaum noch Einwände dagegen laut werden, eine Weltmeisterschaft in Mexiko abzuhalten, während dies 1970 aufgrund der kritischen Kombination aus Hitze und Höhenlage sehr umstritten war. Auch bei der letzten Weltmeisterschaft 2002 in Japan und Korea waren die äußeren Bedingungen ein Problem, da die Temperaturen bei einer Luftfeuchtigkeit von bis zu 79 Prozent zwischen 25 und 30 Grad betrugen. Unter solchen Umständen ist der Schwitzprozess – also die natürliche Temperaturregulierung des Körpers – stark beeinträchtigt, so dass die Spieler schnell müde werden.

Bei warmem, feuchtem Wetter liegt es nahe, die Oberflächenverdunstung der Haut zu fördern. Dazu muss man die Zwangsventilation in der Kleidung optimieren, vorzugsweise mit netzartigen Textilien, die dazu eher geeignet und zudem leichter sind als herkömmliche Materialien. Die erforderliche Porosität bedeutet jedoch, dass man die Haut sehen kann und das Outfit demnach weniger schick ist. Daher trugen viele Spieler unter dem besser gelüfteten Oberteil ein schweißabsorbierendes Hemd in den Mannschaftsfarben.

Mittlerweile sind viele im Handel erhältliche Modelle nach diesem Prinzip aus mehrschichtigen Materialien hergestellt. Die Schicht, die unmittelbar mit der Haut in Berührung kommt, hat dieselbe Farbe wie das Hemd, dient aber in erster Linie dazu, den Schweiß effektiv nach außen zu transportieren. Dies ermöglichen Fasern einer bestimmten Größe sowie feine Pulverschichten, die als besonders wirksame Feuchtigkeitsleiter fungieren. Die Außenschicht des Trikots kann dann vorne und hinten grobe Netzelemente enthalten, die die Belüftung fördern.

Ideal wäre natürlich, wenn Trikot, Hose und Stutzen automatisch auf die Umgebung reagierten, so dass sich die inhärenten Verdunstungs- oder Isolationseigenschaften des Stoffes von selbst den äußeren Umständen und den besonderen Belastungen im Spiel anpassen. Eine derartige Technologie steht kurz vor dem Durchbruch. Man kann durchaus sagen, dass bestimmte Prototypen – intelligente Stoffe – bereits wie »Computer zum Anziehen« fungieren. Zum Beispiel wurde für medizinische Zwecke ein leichter Stoff entwickelt, der durch exakte Messung von Atmung und Herzfrequenz die Stoffwechselbelastung ermittelt. Die Trikots, die gegenwärtig nur als Geldesel geschätzt werden, könnten in naher Zukunft also sogar Leben retten.

Blessuren entstehen fast immer in Zweikampfsituationen, und obwohl ein schlichter Schienbeinschoner schwere Verletzungen wie Brüche nicht verhindern kann, schützt er die Spieler dennoch vor Tritten oder Schürfwunden durch Stollen, die schmerzhaft über das Schienbein gezogen werden. Schienbeinschoner sind heute von der FIFA offiziell vorgeschrieben, aber viele Generationen von Schuljungen waren die Vorreiter: Sie hatten festgestellt, dass Schulhefte genau die richtige Größe und Biegsamkeit hatten, und schoben sie als Schienbeinschoner in die Strümpfe.

Heutzutage ist das Design natürlich wesentlich fortschrittlicher und bringt die Schularbeiten nicht mehr in Gefahr. Die besten Modelle bestehen aus einer Thermoplastik-Außenschicht, die den Schienbeinkonturen angepasst ist, sowie einer zweiten Schicht, zum Beispiel aus Äthylen-Vinylacetat, die als Stoßdämpfer fungiert. Die Außenschicht verteilt dabei die Oberflächenbelastung, so dass die Innenschicht diese wirkungsvoller abfedern kann.

Im Rahmen einer Studie ließen Lees und Cooper 1995 ein genau definiertes Gewicht aus einer bestimmten Höhe auf verschiedene Schienbeinschoner fallen, die an einem Test-Bein befestigt waren. Anhand der Verlangsamung des Gewichts nach dem Aufprall ermittelten sie die stoßdämpfende Wirkung des Materials. Bei Verwendung eines Schienbeinschoners lag die Verlangsamung zwischen 28 und 56 Prozent gegenüber einem Aufprall auf das ungeschützte Bein. Diese Tests bestätigten die besonderen Vorzüge von Thermoplastik-Außenschichten mit Stoßdämpfung. S. Ankrah und Mills bildeten für ihre Arbeit aus dem Jahre 2003 den Aufprall auf den Schienbeinschoner bei einem simulierten Tritt sehr detailliert nach. Aus den Ergebnissen der beiden lässt sich ablesen, dass die aktuelle europäische Norm für Schienbeinschoner nicht streng genug ist, da sie die Energie eines typischen Tritts zu gering ansetzt. Diese Erkenntnis darf nicht unterschätzt werden, denn der Aufprall konzentriert sich häufig auf einen einzigen Stollen, was die Augenblicksbelastung derart intensiviert, dass die Außenschicht unter extremer Punktbeanspruchung die Energie des Impulses nicht mehr verteilen kann. Jeder Schutz ist besser als gar kein Schutz, aber hier besteht noch Verbesserungsbedarf.

Auf Schienbeinschoner würde sicher niemand freiwillig verzichten, aber es braucht schon ziemlich viel Courage, um für Helme zu plädieren. Auch wenn Kopfbälle als ungefährlich gelten, kommt es doch immer wieder zu Zusammenstößen mit anderen Schädeln, Torpfosten oder Füßen. Torhüter sind besonders durch Tritte gefährdet, so dass sie am ehesten für einen Kopfschutz plädieren könnten. Vielleicht entwickeln sich ja die Jugendabteilungen zur treibenden Kraft, denn hier sollten alle Aktionen, die zu Kopfverletzungen führen könnten, sehr ernst genommen werden. Besonders das Kopfballspiel muss sorgfältig eingeführt werden, damit die richtigen Techniken verinnerlicht sind, bevor mit einem echten Ball trainiert wird. Leichte Helme könnten hier einen guten Dienst erweisen.

Auch wenn man mit gewagten Prognosen ziemlich leicht danebenliegt – einige Entwicklungen im Fußball lassen sich einfach nicht ignorieren. Der Reichtum im Sport, die gigantischen Unterschiede zwischen einigen wohlhabenden Vereinen und Spielern und dem großen Rest, die weltweite Beliebtheit oder die technischen Fortschritte sind dabei noch nicht einmal so unerwartet und würden die Gründungsmitglieder der Football Association gar nicht weiter verwundern. Schließlich war das viktorianische Zeitalter von Unternehmungsgeist und technischen Neuerungen geprägt. Nein, für so jemanden wären zwei andere Punkte sicher der größte Schock, nämlich die Verbreitung und die Beliebtheit des Frauenfußballs – um 1863 absolut undenkbar – sowie die Mutation der Abseitsregel, die mittlerweile absolut undurchschaubar geworden ist. Und das, ohne für den Fußball an sich, die Spieler oder die Zuschauer irgendeinen Vorteil zu bringen.

Während ich dies hier schreibe, ist der Frauenfußball angeblich die am schnellsten wachsende Sportart der Welt, und die Auswirkungen sind mittlerweile international spürbar. Die Frauenfußball-Weltmeisterschaft der FIFA wurde 1999 in den USA vor über 90 000 Zuschauern ausgetragen, und 2005 verfolgten über 21 000 Menschen das Finale der EM 2005 in England. Bereits früher zog der Frauenfußball die Massen an: Im Jahr 1920 drängten sich 53 000 Zuschauer in das Stadion von Everton, als das damalige Frauen-Spitzenteam Dick-Kerr's Ladies seinen größten Rivalen, die St. Helen's Ladies, besiegte. Dick-Kerr war eine Fabrik in Preston, und die Frauen traten ursprünglich gegen die Männermannschaft an. Die FA reagierte 1920 ganz typisch: Sie verbannte den Frauenfußball von den FA-Spielstätten und unterdrückte den Sport somit.

Der Erfolg der Fußballerinnen ist keine Überraschung. In den obersten Spielklassen könnten sie bei dem heute üblichen schnellen Tempo erfolgreich mithalten. Unter Belastung liegt die Sauerstoffaufnahme der Spielerinnen bei etwa 70 Prozent des Maximalwerts (gegenüber 75 Prozent bei den Männern), und die Energieaufwendung insgesamt liegt unter Matchbedingungen bei 80 Prozent des Männer-Wertes.

Wie wir gesehen haben, ist der Energiebedarf nicht auf allen Positionen gleich hoch. Auch wenn die Frauen in Zweikämpfe im Mittelfeld noch nicht so energisch einsteigen wie die Männer, könnten die besten Spielerinnen in den heutigen reinen Männerteams durchaus erfolgreich die Stürmerrolle übernehmen. Einer mexikanischen Spielerin, Maribel Dominguez, wäre dies kürzlich fast gelungen. Nachdem sie 2004 bei den Olympischen Spielen in Athen neun Tore für die mexikanische Frauenmannschaft geschossen hatte, sollte sie zum mexikanischen Zweitligaclub Atletico Celaya wechseln. Ihre Hoffnungen machte jedoch die FIFA zunichte, die 2004 in Zürich entschied, dass »eine strikte Trennung von Männer- und Frauenfußball einzuhalten ist«.

Klar ist die FIFA gegen eine Vermischung im Fußball, aber was genau ist mit »Trennung« gemeint, wenn wir diesen Begriff auf die Fähigkeiten und das Können beziehen? Die FIFA hat sowieso keine besonders fortschrittlichen Vorstellungen von der Förderung des Frauenfußballs, denn 2004 schlug FIFA-Präsident Sepp Blatter allen Ernstes vor: »Die Frauen sollten in femininerer Kleidung spielen, wie im Volleyball. Zum Beispiel könnten die Hosen enger sein. Die Spielerinnen sind hübsch anzuschauen, wenn ich das so sagen darf, und manche Regeln sind ohnehin schon anders als bei den Männern – zum Beispiel haben sie einen leichteren Ball.«

Blatters Gegenpart, UEFA-Präsident Lennart Johansson, äußerte angesichts der äußerst erfolgreichen EM 2005 der Frauen ähnlich umstrittene Ansichten. »Den Konzernen käme ein verschwitztes, hübsches Mädchen, das im Regen auf dem Rasen spielt, sicher sehr entgegen. Das ließe sich gut vermarkten«, sagte er gegenüber der BBC. Die Frauen waren klug genug, diese Bemerkungen nicht ernst zu nehmen, und korrigierten Blatter lediglich in Bezug auf den Ball, mit dem sie spielen – dieser hat nämlich die reguläre Größe und das vorgeschriebene Gewicht, entspricht also voll und ganz dem Spielgerät der Männer.

Die leidige Abseitsregel betrifft beide Geschlechter gleichermaßen und ist genauso unzeitgemäß wie die rückständigen Ansichten der FIFA und UEFA. Nach der ersten Definition war jeder Spieler, der sich vor dem Ball befand, automatisch im Abseits. Heutzutage können Arme und Hände wie erwähnt nicht abseits sein, da sie den Ball sowieso nicht berühren dürfen, ansonsten werden jedoch die verschiedensten Aspekte berücksichtigt – von der Abspielstelle bis hin zu der Frage, ob ein technisch im Abseits stehender Spieler aktiv ins Spielgeschehen eingreift oder nicht.

Bevor die ursprüngliche, extrem strenge Abseitsdefinition in die berühmten 14 Regeln der FA aufgenommen wurde, kannten die ersten Fußballvereine in Sheffield – die mindestens genauso achtbar waren wie die Gründungsmitglieder der FA – überhaupt kein Abseits. In den letzten 150 Jahren hat man die Regel meist zugunsten der Stürmer ausgelegt, was die Definition aber zunehmend undurchsichtig machte. Man muss sich nur einmal vor Augen führen, welches Labyrinth von Schlussfolgerungen die Schiedsrichter in Sekundenschnelle durchqueren müssen. Wo wurde der Ball abgespielt? Wo genau steht der verdächtige Spieler (mit Ausnahme seiner Hände und Arme) im Verhältnis zu den letzten beiden Verteidigern? Sind diese anderen Spieler aktiv oder passiv, also greifen sie in das Spiel ein oder nicht?

Das Ganze ist ein echter Albtraum, und man fragt sich zu Recht, was es kosten würde, die Abseitsregel abzuschaffen – oder vielmehr einzugestehen, dass wir heute fast an diesem Punkt angelangt sind. Die Verteidiger könnten sich dann einfach ihrer Aufgabe widmen, nämlich andere Spieler decken, und müssten nicht versuchen, im richtigen Moment die Abseitsfalle zuschnappen zu lassen. Und die Stürmer könnten sich voll und ganz aufs Toreschießen konzentrieren, ohne sich um das unklare »Eingreifen in das Spiel« zu scheren – was auch immer das bedeuten soll. Sowohl für die Schiedsrichter als auch für ihre Assistenten wäre das eine große Erleichterung, denn sie könnten sich endlich auf wichtigere Belange im Spiel beschränken.

Wahrscheinlich werden innerhalb der nächsten zehn Jahre gemischte Mannschaften Fußball ohne Abseitsregel spielen. Die FIFA wird gemischte Teams anfangs sicher lediglich bei kleineren Turnieren zulassen, und nur wenige Frauen werden es in den Profisport schaffen. Letzten Endes werden sie sich jedoch durchsetzen. Auch die Abschaffung der Abseitsregel wird man zunächst wie üblich vorsichtig angehen, genau wie die Torlinientechnologie und die Frage des Kunstrasens. Doch auch hier wird sich irgendwann der gesunde Menschenverstand durchsetzen. Das alles wird eine neue Ära des taktischen Spiels einläuten, genau wie zu Beginn des 20. Jahrhunderts, als die Mannschaften und Trainer die taktische Aufstellung auf die veränderten Bedingungen abstimmten.

Beide Änderungen werden dem Fußball zugute kommen. Durch den Verzicht auf die Abseitsregel würde der Sport endlich wieder angriffsorientiert, und der wichtigste Aspekt rückt in der Vordergrund: dass Tore geschossen werden. Und durch den Frauenfußball wird der Sport wieder etwas mehr Seele bekommen – diese ist in den letzten zwei Jahrzehnten leider verloren gegangen, weil es bei vielen Teams und Spielern nur noch um Fernsehgelder, Merchandising und Siege um jeden Preis ging.

Solche Veränderungen werden dafür sorgen, dass der schöne Sport weiter floriert – und das ist letztlich im Sinne der Fans.

Danksagung

Jeder, der über Fußball schreibt, vor allem über die wissenschaftlichen Grundlagen des modernen Spiels, steht vor einem Problem. Es gibt kaum schriftliche Zeugnisse aus der Zeit vor den frühen 50er Jahren, als das Spiel noch von Traditionen bestimmt war und über technische Erneuerungen zum größten Teil in Anekdotenform berichtet wurde. Deshalb habe ich mich sehr auf Morris Marples' wissenschaftliches Werk *A History of Football* in der Beschreibung des frühen Spiels in England und bei den Einblicken in die internationale Szene auf Brian Glanvilles witziges und kluges Buch *The Story of the World Cup* gestützt. Rogan Taylors and Andrew Wards *Kicking and Screaming: An Oral History of Football in England* war ebenfalls eine gute Quelle, vor allem für Spieler- und Trainermeinungen über die kulturelle und technische Entwicklung des Fußballs. Die Sportpsychologie ist eine jüngere Disziplin, die im Zusammenhang mit Fußball noch nicht genügend Beachtung gefunden hat. J. Kerrs Buch *Rethinking Aggression and Violence in Sport* erlaubt einen unschätzbaren Einblick in das Gewaltpotenzial des modernen Spiels.

Diese und andere Quellen, auf die ich mich beziehe, sind in der Bibliografie genannt, wo ich einen für ein nicht wissenschaftliches Buch seltsam anmutenden Schritt unternommen und zahlreiche wissenschaftliche Referenzen aufgelistet habe. Das wird weniger schmerzhaft sein, als den Leser im Text mit mathematischen Gleichungen zu konfrontieren, obwohl ich hoffe, dass sich ein paar nicht abschrecken lassen und weiterlesen werden. Ein guter Ausgangspunkt für solche Leser wäre Thomas Reillys und A. Mark Williams umfassende Sammlung von Artikeln in *Science und Soccer*. Zwar keine Bettlektüre, aber einer der besten Berichte über die Wissenschaft vom Fußball mit all ihren Aspekten.

Mein besonderer Dank gilt Peter Tallack von Conville and Walsh, der mich zu *Wie man richtig Tore schießt* inspiriert hat, und Bella Shand von Granta, die mich geduldig durch die verschiedenen Stadien vom ersten Rohmanuskript bis zum fertigen Buch geführt hat.

Vor allem bin ich David Kerwin, Professor für Biomechanik an der University of Wales in Cardiff, zu Dank verpflichtet. Davids biomechanische Einblicke haben bei gemeinsamen Forschungsprojekten meine kühneren theoretischen Spekulationen oftmals gemäßigt, obwohl einige doch abgehoben haben. Wilde Ideen, in der Uni-Cafeteria auf Papierservietten gekritzelt, haben immer noch einen Platz in der Forschung, und David wird viele Fäden im Buch wieder erkannt haben.

Ken Bray – Bath, 2005

Bibliografie

Ankrah, S. und Mills, N. J., »Performance of Football Shin Guards for Direct Stud Impacts«, in *Sports Engineering* 6, 2003, S. 207–220.

Apter, J. H., »The Experience of Being Violent«, Vortrag auf der achten Internationalen Konferenz zur Reversal-Theorie, University of East London, Juli 1997.

Bate, R., »Football Chance: Tactics and Strategy«, in T. Reilly, A. Lees, K. Davids und W. Murphy (Hg.), *Science and Football,* London 1988, S. 293–301.

Bray, K., »Simulation of Goalkeeping Strategies in Association Football«, in H. T. A. Whiting (Hg.), *Readings in Sports Psychology,* London, 1972, S. 258–267.

Bray, K. und Kerwin, D. G., »Modelling the Flight of a Soccer Ball in a Direct Free Kick«, in *Journal of Sports Sciences* 21, 2003, S. 75–85.

Bray, K. und Kerwin, D. G., »Modelling the Long Throw in Soccer Using Aerodynamic Drag and Lift«, in M. Hubbard, R. D. Mehta und J. M. Pallis (Hg.), *The Engineering of Sport*, Bd. 1, International Sports Engineering Association, Sheffield, 2004, S. 56–62.

Cohen, J. und Dearnaley, E. J., »Skill and Judgement of Footballers in Attempting to Score Goals«, in *British Journal of Psychology* 53, 1962, S. 71–88.

Davey, C. P., »Psychological Assistance for Footballers«, in T. Reilly, A. Lees, K. Davids und W. Murphy (Hg.), *Science and Football*, London 1988, S. 519–532.

Deloitte & Touche Sport, *Annual Review of Football Finance*, 2005.

Ekstrand, J., Karlsson, J. und Hodson, A., *Football Medicine,* London, 2003.

Fazey, J. und Hardy, L. , »The Inverted ›U‹ Hypothesis: A Catastrophe for Sports Psychology?«, in *British Association of Sports Sciences Monograph 1*, National Coaching Foundation, Leeds, 1988.

Franks, A. M. und Hanvey, T., »Cues for goalkeepers«, *Soccer Journal*, Mai/Juni, S. 30–38, 1997.

Gerisch, G., und Reichelt, M., »Computer and video-aided analysis of football games«, T. Reilly, J. Clarys und A. Stibbe (Hg.), *Science and Football II*, London 1993, S. 167–173.

Glanville, Brian, *The Story of the World Cup*, London, 1997.

Grant, A. G., Williams, A. M. und Reilly, T., »Analysis of Goals Scored in the 1998 World Cup«, in *Journal of Sports Sciences* 17, 1999, S. 826–827.

Hughes, M. und Franks, I., *Notational Analysis of Sport*, London, 1997.

Jarvis, M., *Sport Psychology*, London, 2002.

Kerr, J., *Rethinking Aggression and Violence in Sport*, Oxon, 2005.

Lees, A., »Biomechanics Applied to Soccer Skills«, in T. Reilly und A. Mark Williams (Hg.), *Science and Soccer*, London 2003, S. 109–119.

Lees, A. und Cooper, S., »The Shock Attenuation Characteristics of Soccer Shin Guards«, G. Atkinson und T. Reilly (Hg.), *Spree, Leisure and Ergonomics*, London 1995, S. 130–135.

Luhtanen, P. H., »A Statistical Evaluation of Offensive Actions in Soccer at World Cup Level in Italy 1990«, in T. Reilly, J. Clarys und A. Stibbe (Hg.), *Science and Football II*, London 1993, S. 215–220.

Mc Crudden, M. und Reilly, T., »A Comparison of the Punt and Dropkick«, in T. Reilly, J. Clarys und A. Stibbe (Hg.), *Science and Football II*, London 1993, S. 362–366.

McGarry, T. und Franks, I. M., »On Winning the Penalty Shoot-out in Soccer«, in *Journal of Sports Sciences* 18, 2000, S. 401–409.

Messier, S. P. und Brody, M. A., »Mechanics of Translation and Rotation During Conventional and Handspring Soccer Throw-ins«, in *International Journal of Sports Biomechanics* 2, 1986, S. 301–315.

Marples, M., *A History of Football*, London, 1954.

Pain, M. A. und Harwood, C. G., »Knowledge and Perceptions of Psychology Within English Soccer«, in *Journal of Sports Sciences* 22, 2004, S. 813–826.

Partridge, D. und Franks, I. M, »A Detailed Analysis of Crossing Opportunities from the 1986 World Cup«, in *Soccer Journal*, Mai/Juni 1989, S. 47–50 und Juni/Juli 1989, S. 45–48.

Plagenhoff, S., *The Patterns of Human Motion*, Englewood Cliffs, NJ, 1971.

Rahnama, N., Reilly und Lees, A., »Injury Risk Associated with Playing Actions During Competitive Soccer«, in *British Journal of Sports Medicine* 36, 2002, S. 354–359.

Reep, C. und Benjamin, B., »Skill and Chance in Association Football«, in *Journal of the Royal Statistical Society, Series A*, 1968, S. 581–585.

Reilly, T. und Ball, D., »The Net Physiological Cost of Dribbling a Soccer Ball«, in *Res. Q. Exerc. Sport* 55, 1984, S. 267–271.

Reilly, T. und Thomas, V., »A Motion Analysis of Work-rate in Different Positional Roles in Professional Football Match-play«, in *Journal of Human Movement Studies* 2, 1976, S. 87–97.

Reilly, T. und Williams. M. (Hg.), *Science and Soccer*, London, 2003.

Tait, P. G., »On the Path of a Rotating Spherical Projectile«, in *Transactions of the Royal Society of Edinburgh* 16 (Teil 2), 1896, S. 491–506.

Taylor, R. und Ward, A., *Kicking and Screaming: An Oral History of Football in England,* London, 1995.

Van Gool, D., Van Gerven, D. und Boutmans, J., »The Physiological Load Imposed on Soccer Players During Real Match-play«, in T. Reilly, A. Lees, K. Davids und W. Murphy (Hg.), *Science and Football*, London 1998, S. 51–59.

Williams, A. M. und Burwitz, L., »Advance Cue Utilisation in Soccer«, in T. Reilly, J. Clarys und A. Stibbe (Hg.), *Science and Football II*, London 1993, S. 239–244.

Abbildungsnachweis

Dem Verlag ist es trotz gewissenhaften und intensiven Bemühens nicht gelungen, alle Bildrechte zu klären, er nimmt aber Hinweise zur Auffindung der Rechteinhaber gern entgegen.

Fotografien mit freundlicher Erlaubnis von
S. 65: © Getty Images,
S. 108: © REUTERS/Jeff J. Mitchell,
S. 109: © Tom Jenkins 2001.

Abbildungen 2 und 3 aus T. Reilly und A. Mark Williams (Hg.), *Science and Soccer*, London, 2003.
Abbildungen 20 und 42 aus T. Reilly, A. Lees, K. Davids und W. Murphy (Hg.), *Science and Football*, London, 1988.
Abbildung 34 aus S. Plagenhoef, *The Patterns of Human Motion*, Englewood Cliffs, N J, 1971.
Abbildungen 43 und 44 aus J. H. Kerr, *Rethinking Aggression and Violence in Sport*, Oxon, 2005.

Die Originalausgabe erscheint 2006 unter dem Titel:
»How to Score« bei Granta Books, London.

Redaktion: Angela Troni
Umschlaggestaltung: HildenDesign, München
Gesetzt aus der Stempel Garamond
Satz: a.visus, München
Druck und Bindung: Druckerei Pustet, Regensburg
Printed in Germany
ISBN 3-86612-082-6